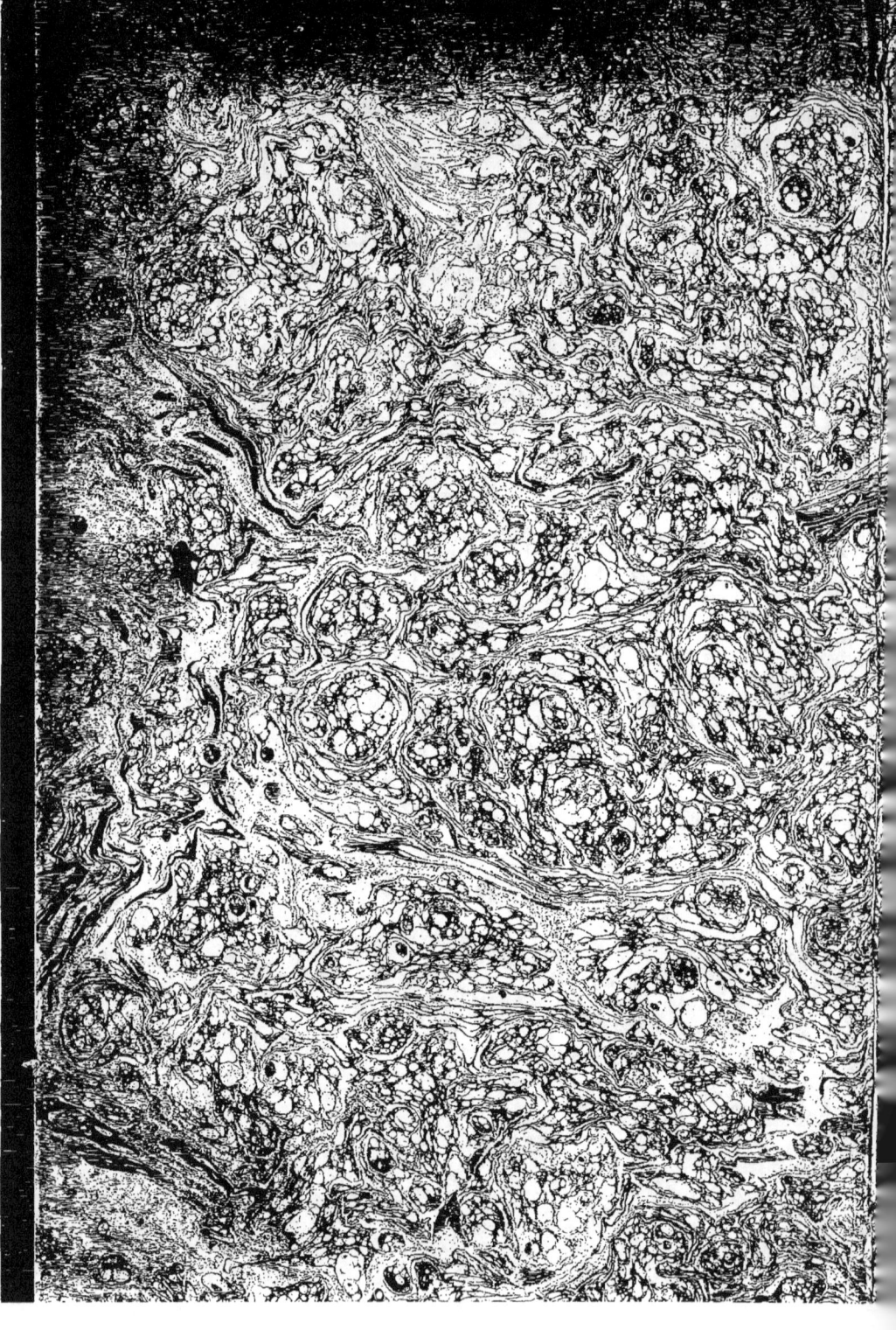

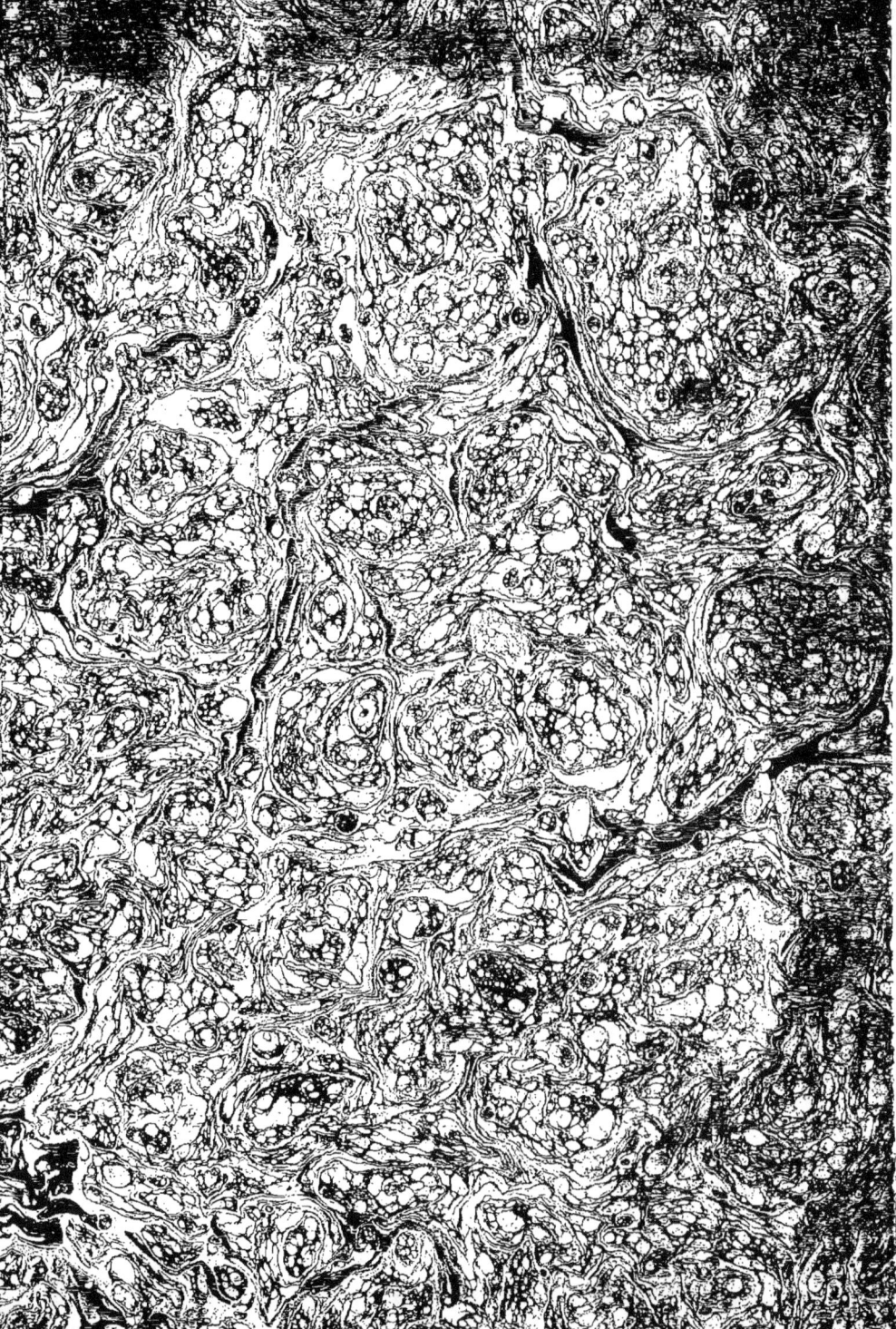

11822 Bis
H

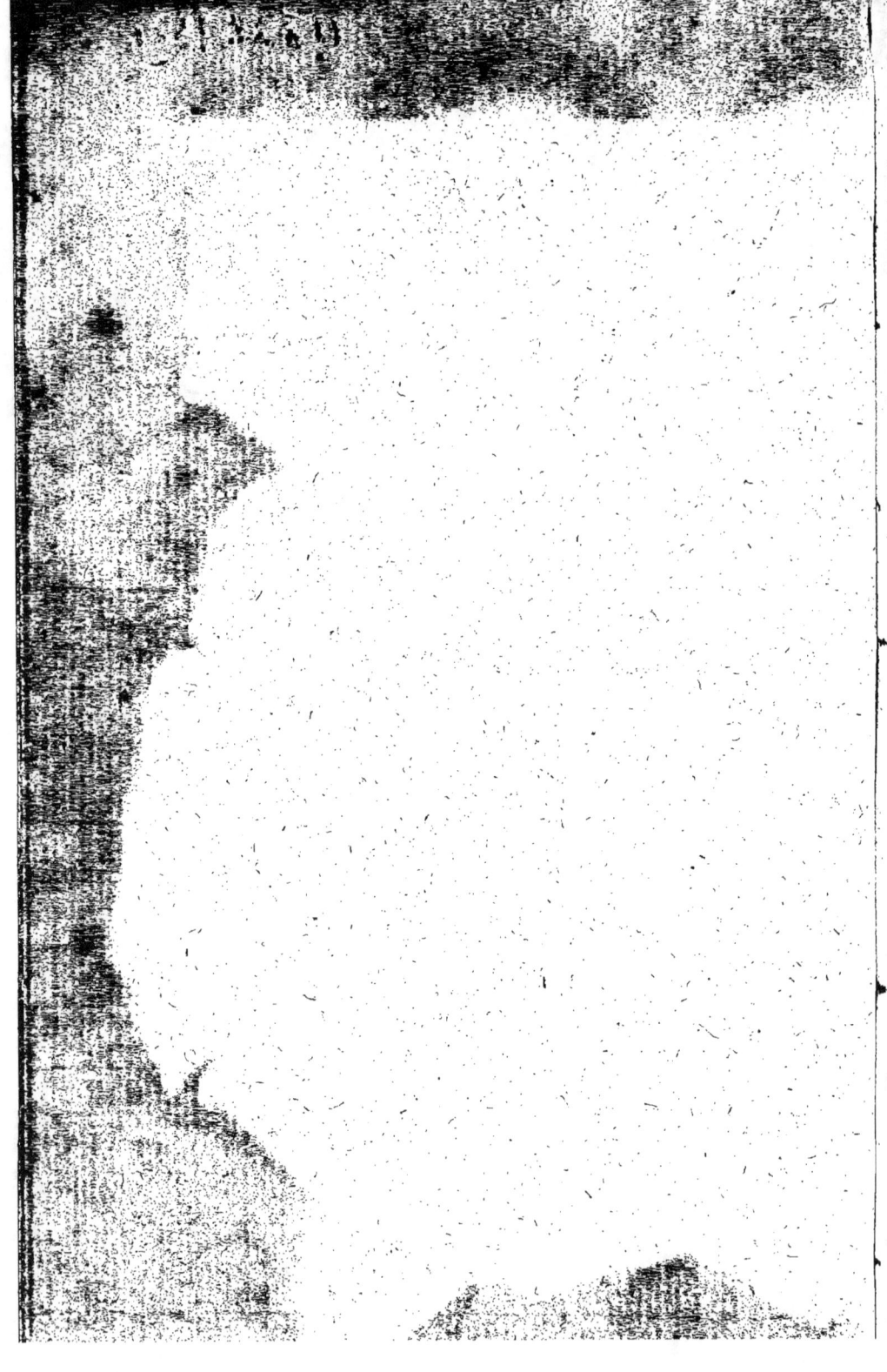

# VOYAGES
## A PEKING, MANILLE
### ET
## L'ÎLE DE FRANCE,
### FAITS

Dans l'intervalle des années 1784 à 1801.

*Se trouve à PARIS,*
Chez MM. TREUTTEL et WÜRTZ, Libraires, rue de Lille, n.° 17.

# VOYAGES
## A PEKING, MANILLE
ET
## L'ÎLE DE FRANCE,
FAITS

Dans l'intervalle des années 1784 à 1801,

Par M. DE GUIGNES,

*Résident de France à la Chine, attaché au Ministère des Relations extérieures, Correspondant de la première et de la troisième Classe de l'Institut.*

### TOME SECOND.

A PARIS,
DE L'IMPRIMERIE IMPÉRIALE.
M. DCCC. VIII.

# RETOUR DE PEKING,

## 15 Février 1795.

Temps clair et doux, avec des vents d'est. M. Raux vint le matin nous prévenir que les mandarins vouloient que les missionnaires se chargeassent de raccommoder la pendule qui étoit brisée ; mais que l'ayant refusé, vu qu'ils n'avoient personne en état de le faire, on devoit l'envoyer à Quanton pour la réparer.

Vers les trois heures, une partie de notre monde étant déjà en route, ainsi que tout le bagage, M. Raux revint à la maison, où se trouvoient pour lors les mandarins de Peking avec ceux de Quanton : ces derniers vouloient absolument nous faire monter en charrettes, et se refusoient à nous donner des chevaux, prétendant que cela ne se pouvoit pas, parce que telle étoit la volonté de l'empereur ; d'après leur obstination, nous demandâmes des petites voitures pour nous rendre jusqu'à la porte de Peking ; et M. Raux leur ayant observé qu'ils ne devoient pas s'arrêter à de pareilles bagatelles, ils ordonnèrent à leurs valets d'en aller chercher ; mais ceux-ci amenèrent des chevaux au lieu de voitures : on peut juger, d'après cela, combien ces gens-là sont menteurs.

L'ambassadeur et M. Vanbraam partirent à quatre heures dans des petites voitures; pour nous, après avoir pris congé de M. Raux, et nous être séparés pour toujours, nous fîmes seller nos chevaux, non sans peine, car lorsqu'ils nous apercevoient, ils avoient une peur effroyable.

Pendant ce temps, les Chinois dévalisoient la maison ; on auroit dit qu'elle étoit au pillage, et dans un instant il ne resta pas la moindre chose.

Lorsque je voulus monter à cheval, cela me fut impossible, l'animal étoit trop effrayé ; un domestique Chinois ayant voulu s'en approcher, il fut jeté par terre : j'entrai alors dans la voiture de notre second mandarin, et nous commençâmes notre route : elle fut la même que la première fois, jusqu'à la porte extérieure du palais. Les murs de l'enceinte sont peints en rouge, et médiocrement élevés; nous les suivîmes pendant quelque temps, et après avoir passé par des petites et mauvaises rues de traverse, nous rentrâmes dans la grande rue qui conduit à la porte de la ville Tartare.

Entrés dans la ville Chinoise, le cocher prit sur la droite et nous fit traverser dans la campagne, entre des maisons éparses, et au milieu de fondrières : le terrain étant sec et sablonneux, la poussière étoit très-forte ; mais le mandarin Tartare, qui se tenoit assis devant moi, n'en paroissoit nullement incommodé : il prit une bouteille d'eau-de-vie qu'il avoit mise par précaution dans la voiture, en avala une bonne gorgée après m'en avoir offert, et la donna ensuite au cocher, qui fit de même et la porta à deux personnes de l'ambassade qui nous suivoient à cheval. Nous cheminâmes assez long-temps dans ce détestable chemin : enfin, ayant passé devant une pagode, nous nous trouvâmes dans la grande rue auprès de la porte occidentale de Peking, la même par laquelle nous étions entrés la première fois. Ici je montai à cheval, et, accompagné d'un guide, je rejoignis bientôt l'ambassadeur et M. Vanbraam, qui étoient en palanquin.

Nous ne vîmes rien d'extraordinaire dans Peking : nous rencontrâmes plusieurs femmes, les unes à pied et les autres en charrettes ; plusieurs de ces femmes étoient habillées d'étoffes blanches.

En sortant de la ville Tartare, on voit auprès de la porte, et près des murailles, la maison des missionnaires Portugais, distinguée par une croix élevée sur le frontispice de leur église.

La poussière étoit moins considérable dans les rues de Peking, que lorsque nous y passâmes la première fois ; il est vrai qu'il s'y trouvoit infiniment moins de monde qu'alors.

Le chemin, à la sortie de Peking, est pavé ; on rencontre d'espace en espace, des auberges et de petits villages; la campagne est unie avec des arbres répandus çà et là. Bientôt nous atteignîmes l'arc de triomphe qui est à quinze ly de Peking; il regarde l'ouest : nous traversâmes ensuite, à la nuit, la ville de Fey-ching-hien, et à huit heures nous descendîmes au bourg de Tchang-tsin-tien, dans une auberge qualifiée du titre de Kong-kouan, où nous trouvâmes un souper aussi détestable que la maison; mais, grâces aux soins de nos domestiques, qui avoient eu la précaution de faire charger nos lits sur leurs charrettes, nous n'eûmes pas le désagrément de dormir sur des planches.

[16.] En quittant le bourg, le chemin est uni et garni d'arbres; nous vîmes un homme mort étendu par terre, auprès d'un village; il paroissoit être depuis quelque temps dans cet endroit. Descendus dans notre Kong-kouan, à Leang-hiang-hien, nous y restâmes jusqu'à ce que nous eussions obtenu de bons chevaux pour continuer la route.

En quittant la ville, le chemin continue d'être uni et bordé d'arbres; mais il étoit tellement rempli de poussière, que les gens de pied, pour l'éviter, traversèrent dans la campagne, tandis que les voitures suivirent une longue chaussée pavée, qui n'est remarquable que par un petit pavillon construit à son extrémité, et dans lequel on aperçoit un petit monument en pierre noire.

On trouve peu après, à l'entrée d'un bourg, un pont assez long, large d'environ quinze à vingt pieds : la rivière étoit gelée.

Vers les quatre heures et demie le temps se couvrit extrêmement dans la partie du nord, et tout annonçoit un orage ; mais au lieu de pluie nous fûmes couverts en un instant d'une quantité prodigieuse de poussière chassée par un vent violent et très-froid ; le soleil en fut obscurci, et nous restâmes quelque temps sans pouvoir rien distinguer. Les Chinois qui voyagent dans cette province, portent, pour se préserver les yeux, des verres de lunettes entourés de cuir, et qui s'attachent par derrière la tête ; n'ayant pas eu cette précaution, la poussière nous incommoda beaucoup, et nous empêcha de considérer à notre aise un pont très-long et très-bien fait sur lequel nous étions.

Ce pont a six cents pieds de long ; il est pavé de grandes pierres, et garni d'un parapet de marbre blanc bien travaillé, et orné, dans divers endroits, de figures d'éléphans également de marbre et bien exécutées. Sur une île qui se trouve au milieu de la rivière, il y a une chaussée qui divise le pont en deux, et sur laquelle on a construit un pavillon : on en voit un pareil à la sortie, et à peu de distance un édifice considérable, soutenu par de gros piliers de bois peint en rouge, dont l'entrée est décorée par deux tigres de bronze. Près de là on trouve un arc de triomphe, des pavillons à moitié ruinés, et des tortues de pierre portant des monumens sur le dos.

Il n'y avoit pas de pont autrefois dans cet endroit ; il n'a été construit qu'après la mort d'un nommé Ouang-yn : cet homme étoit si fort, que pour faire avancer son bateau, il se servoit d'une grosse barre de fer que l'on montre encore dressée contre les parois du pont. Nous n'entrâmes point dans la ville de Tso-tcheou : nous restâmes dans le faubourg ; on nous donna une maison assez bonne et d'une grandeur moyenne : mais dont une partie étoit occupée par une femme qui voyageoit, et que nous ne pûmes voir, par le soin qu'elle prit de faire fermer toutes les portes. Je trouvai dans cette auberge, sur les murs de la chambre où nous couchâmes, une inscription en arabe que je copiai : plusieurs personnes à qui je l'ai montrée, n'ont pu m'en donner l'explication ; elles croient qu'elle ne contient que des noms de particuliers.

البيك بوقوويحب بلم أون ابكنعى آس تبيك أون بــــت
روشنب كموسك باحوحوفي ينب كليب سواو نكاناحــب ببيك
ليبك توسنكش ببك صت سم اب ثم وعًا ......

[ 17. ] Partis par un temps clair et avec un vent de nord, nous traversâmes la ville, qui n'offrit à nos yeux que de chétives maisons, et nous nous arrêtâmes dans le faubourg de la ville de

Sin-tching-hien. La campagne est unie, et les chemins étoient pleins de poussière. On rencontre de temps en temps des petits ponts et des pagodes, dont le plus grand nombre est dans un état misérable. La ville de Sin-tching-hien n'a rien qui mérite attention, et la seule chose remarquable étoit la pagode où nous logeâmes, et dans laquelle nous nous étions arrêtés en venant. L'idole s'appelle Chin-nong; elle est habillée comme les anciens rois, et est entourée des deux côtés de guerriers et de génies qui font des offrandes; on voit par derrière une grotte factice remplie de diables et de divers autres personnages. Nous couchâmes dans cette ville, dont le nom, qui veut dire *ville aux murailles neuves*, ne répond pas à ce qu'elle est en effet, puisque les murailles qui l'entourent sont en partie tombées.

[18.] Nous passâmes dans notre route à travers plusieurs villages, dont les maisons presque plates et bâties en terre, présentoient le plus triste aspect. Le terrain, dans la campagne, ressemble à de la cendre; la poussière qui s'en élève forme souvent en l'air des espèces de trombes, que le vent promène suivant sa direction. Les chemins sont bordés d'arbres, et de distance en distance on rencontre des corps-de-garde, mais la plupart tombent en ruine.

Arrivés à la ville de Hiong-hien, nous ne vîmes,

A 4

en la traversant, qu'une pagode, deux arcs de triomphe, quelques pauvres maisons, des jardins et des terrains abandonnés. Le second faubourg, dans lequel nous restâmes, est beaucoup mieux bâti.

[ 19. ] Peu de temps après avoir quitté cet endroit, nous nous trouvâmes au milieu d'un terrain marécageux, sur lequel les Chinois ont construit une chaussée d'environ cinq cents toises de longueur, et dont les différentes parties communiquent entre elles par de petits ponts. Quoique ce chemin eût été raccommodé nouvellement avec de la terre et des planches, il y restoit encore un grand nombre de trous ; ce qui le rendoit fort dangereux pour les chevaux. Il y a au milieu de cette chaussée un très-petit village avec un arc de triomphe.

Après avoir dîné à Jin-kieou-hien, nous continuâmes notre route par un beau chemin planté d'arbres et dans une campagne unie, variée de temps en temps par des tombeaux.

La poussière étoit moins forte que précédemment ; mais, en général, l'aspect du pays est misérable. Les villages sont pauvres et en mauvais état ; les pagodes sont ruinées, et les dieux exposés aux injures de l'air. On voit presque toujours à l'entrée de ces temples des figures d'hommes et de chevaux ; elles sont en terre et peintes de diverses couleurs : à peu de distance on trouve des cloches qui reposent à terre, et qui paroissent abandonnées.

[20.] Nous arrivâmes de bonne heure à Hao-kien-fou. En entrant dans la ville, et sur l'esplanade qui est entre les deux portes, nous trouvâmes sur un massif de pierre cinq petits canons de fer d'environ trois pieds de long. Ces canons étoient simplement posés sur le massif, et il n'y avoit rien pour les fixer lorsqu'on les tire. Les murailles et une pagode qu'on laisse sur la gauche après avoir dépassé la porte, sont à moitié détruites.

En nous rendant chez le mandarin, nous vîmes de grands espaces entièrement vides, des maisons de peu d'apparence ; et, excepté une seule rue garnie de boutiques fort propres et bien disposées, nous n'aperçûmes rien de remarquable.

Arrivés chez le mandarin, on nous donna un guide pour nous conduire dans la maison où nous devions dîner avant d'aller à la comédie. Personne ne s'étant présenté pour accompagner l'ambassadeur, lorsqu'on vint le prévenir que le spectacle alloit commencer, il partit avec M. Vanbraam en palanquin : nous montâmes ensuite à cheval, mais comme celui que j'avois étoit boiteux, je restai le dernier, et le peuple me jeta des pierres en criant beaucoup après moi.

L'ambassadeur et M. Vanbraam firent le salut

devant le nom de l'empereur, et assistèrent à la comédie ; les mandarins leur firent servir des rafraîchissemens, et leur donnèrent des présens consistant en soieries.

Nous n'assistâmes point à la cérémonie, car à notre arrivée les Chinois nous ayant placés à l'écart, avec des domestiques, nous partîmes et nous parvînmes bientôt à la porte de la ville en suivant une rue remplie de poussière et garnie de chétives maisons. Le chemin en dehors est beau et bordé d'arbres. Nous passâmes plusieurs villages et un pont bâti sur une petite rivière qui étoit pour lors gelée : les corps-de-garde et les pagodes sont toujours dans un état pitoyable ; enfin, dans toute notre route nous ne vîmes rien de remarquable avant d'être auprès des murailles de Yen-hien. Je traversai cette ville à pied, car mon cheval n'ayant plus la force de marcher, j'avois été forcé de l'abandonner avant d'y arriver : ces animaux étant mal nourris, ne peuvent supporter une longue course.

Le Kong-kouan dans lequel on nous conduisit au sortir de la ville, étoit misérable ; mais ayant aperçu en passant dans Yen-hien une maison garnie de banderoles, nous nous y fîmes conduire. Quelle fut notre surprise d'y trouver les gens de notre premier mandarin, disposant tout pour recevoir leur maître ! nous les chassâmes et nous nous installâmes dans ce nouveau Kong-kouan, beaucoup meilleur que celui qu'on nous avoit destiné; ce qui fait voir que les Chinois ne s'oublient pas, et commencent toujours par eux lorsqu'on les laisse faire.

[21.] Nous arrivâmes à onze heures à Fou-tchan-y : les portes qui sont à l'entrée et à la sortie de ce bourg, sont presque détruites, et en aussi mauvais état que les maisons. Enfin, il n'y a rien de remarquable en ce lieu, qu'un pont fort ancien, de quatre arches avec trois plus petites entre les piles : ce pont est pavé de pierres, et bordé de parapets ; mais tout l'ouvrage est sur le point de s'écrouler.

La campagne est toujours unie ; les maisons des villages, toutes assez misérables, sont basses, arrondies, ou presque plates ; les pagodes ne valent pas mieux que les demeures des particuliers, et sont en grande partie très-délabrées. Descendus dans notre Kong-kouan, en dehors de Fou-tching-hien, nous allâmes voir les murailles de cette ville, qui sont à-peu-près tombées. En général, les environs offrent un coup d'œil triste, et l'on ne voit que des ruines.

M. Vanbraam parvint à se procurer un semoir Chinois ; cette machine est composée d'une espèce de trémie, au fond de laquelle il y a deux petits canaux qui conduisent le grain à chacun des deux pieds, dont l'extrémité est armée d'un petit socle.

Le grain s'échappe à mesure que la machine ouvre la terre. Deux Chinois conduisent ce semoir, qui ne peut convenir que dans une terre très-légère (n.° 43).

Les corps-de-garde de cette province sont assez rapprochés; ils consistent dans une maison, une écurie et une espèce de tour carrée sur laquelle il y a un petit pavillon. Deux ou trois soldats habitent ces corps-de-garde, qui sont presque tous délabrés, ce qui doit surprendre quand on pense qu'ils sont peu éloignés de la capitale.

[22.] Après avoir traversé quelques pauvres villages, et suivi un chemin un peu plus poudreux qu'à l'ordinaire, nous arrivâmes à la ville de Kin-tcheou, où nous ne vîmes de curieux que trois arcs de triomphe, une pagode à trois étages, et une tour fort ancienne, qui en a onze avec un comble entouré de cercles de fer.

La campagne après la ville continue d'être plate, avec des villages de distance en distance. La terre est argileuse et grise ; la poussière fut moins considérable que le matin : les chemins bordés d'arbres offroient un beau coup d'œil. Comme ils font quelquefois des coudes assez considérables, nous nous imaginâmes de suivre un sentier à travers la campagne ; et Dieu sait où il nous auroit conduits, si un petit Chinois n'eût couru après nous à toute bride : nous rîmes beaucoup en le voyant venir ; ses bras et ses jambes alloient comme les ailes d'un moulin; il arriva tout essoufflé, et nous reprîmes avec lui la vraie route. Après quelque temps nous vîmes le Yun-ho, ou canal impérial, sur lequel il y avoit beaucoup de bateaux. Enfin, après avoir suivi un chemin creux, nous entrâmes dans le faubourg de la ville de Te-tcheou, première place de la province du Chan-tong. Les boutiques étoient pour la plupart garnies de chapeaux, et ne présentoient rien d'extraordinaire.

L'ambassadeur fut reçu ici en cérémonie. Les soldats se tinrent rangés en ligne à l'entrée de la ville ; ils battirent sur un Lo ou bassin de cuivre, tirèrent des boîtes lors de son passage, et le gouverneur de la ville vint le visiter dès le moment qu'il sut son arrivée.

[23.] L'ambassadeur alla seul avec M. Vanbraam chez le mandarin; car nous étant trompés de chemin, nous n'arrivâmes que quelque temps après. La première cour est spacieuse, et fermée par trois portes; la seconde est plus petite, et entourée de bâtimens. C'étoit dans cette dernière qu'on avoit dressé la salle de la comédie ; elle étoit fort bien disposée et ornée de rubans de couleur plissés de différentes manières.

L'ambassadeur et M. Vanbraam se trouvoient en face dans une grande salle ouverte, assis sur des coussins, ayant vis-à-vis d'eux les mandarins du lieu et les nôtres. Étant allés les rejoindre, le lingua Chinois vint nous dire de nous retirer, donnant pour raison que le spectacle se donnoit seulement pour l'ambassadeur, d'après les ordres de l'empereur : voyant que M. Vanbraam entendoit très-bien ce que le Chinois nous disoit, et qu'il gardoit un profond silence, nous pensâmes, mon compagnon et moi, qu'il étoit plus prudent de sortir, ce que nous fîmes après avoir considéré un instant la disposition de la salle et de la comédie.

La ville est assez peuplée ; les rues sont garnies de boutiques, mais de peu de valeur : nous étions à peine en dehors des portes, que nous vîmes venir l'ambassadeur, précédé par des Chinois frappant sur des bassins de cuivre, et par deux mandarins avec des soldats. Le faubourg est long ; nous trouvâmes en dehors deux rangées de soldats, dont un tira des boîtes lorsque M. Titzing vint à passer : un mandarin du Chan-tong l'escorta tout le temps qu'il fut dans cette province. En quittant Te-tcheou, on trouve une tour de neuf étages. Dans cet endroit nous prîmes une autre route dans la direction de l'est, et nous la suivîmes pendant dix à douze jours.

La campagne dans ces cantons est meilleure ; elle est bien cultivée, et plus remplie d'arbres fruitiers : les maisons sont entourées d'arbres, les chemins en sont aussi bordés, et il y a moins de poussière que dans la route précédente. Nous vîmes plusieurs tombeaux, dont un étoit orné de figures d'éléphans. Ensuite, après avoir dépassé une tour de sept étages, nous entrâmes dans la ville de Ping-yuen-hien. La maison que nous occupâmes appartenoit à un mandarin. Deux arcs de triomphe en décorent l'entrée, et des arbres remplissent la cour. Les appartemens sont grands et fort propres : nous y trouvâmes une glace dressée à la manière chinoise, c'est-à-dire isolée, et une table de pierre ou poudding jaunâtre. Il y avoit dans un des corps-de-logis bâtis sur le derrière de la maison, une grande salle dans laquelle étoient déposés les morts de la famille, dans des cercueils longs et bien peints, ayant à l'endroit de la tête une petite boîte blanche. Nous demandâmes à examiner de près ces cercueils; mais nous ne pûmes que les entrevoir à travers les fentes des fenêtres, car les gardiens ne voulurent jamais nous permettre d'entrer.

Notre demeure étant au pied des murailles, nous y montâmes par une longue rampe, au haut de laquelle on voit un petit pavillon. Elles sont en terre battue, et revêtues en briques, dont la majeure partie du côté de la ville, est tombée. La largeur des murs peut être de douze pieds par le haut. Il est possible d'en faire le tour à cheval, malgré les pavillons qui sont construits sur chacune des portes. De dessus les murailles on domine toute la ville : elle est d'une moyenne grandeur, et des jardins et des terres labourées en occupent une partie. Excepté une pagode, quelques édifices à deux étages, et un petit nombre de bonnes maisons, les bâtimens en général sont de peu d'apparence.

Lorsque l'ambassadeur entra dans la ville, on tira trois coups, et deux soldats à cheval l'accompagnèrent jusqu'à la maison où le mandarin du lieu, et plusieurs officiers vinrent le visiter. L'un d'eux voyant l'embonpoint de M. Vanbraam, se récria beaucoup, en disant qu'il devoit être riche et spirituel. Telle est, ainsi que je l'ai déjà dit, la manière de penser des Chinois : on doit présumer, d'après cela, quelle opinion ils avoient de quelques-uns de nous.

Jusqu'à présent nous avions vu un grand nombre de corbeaux dans la province de Petchely; ces oiseaux disparurent en partie, et le peu qui en resta avoit un collier blanc.

[ 24. ] Les chemins sont bordés d'arbres ; la campagne est unie, et le terrain paroît bon. On aperçoit dans les champs un grand nombre d'arbres fruitiers ; mais on en voit également plusieurs qui ne sont bons à rien, et qui entourent les tombeaux. Les villages sont toujours chétifs et misérables ; on

trouve

trouve aux environs des cylindres de pierres cannelées, que les Chinois roulent sur les pailles pour en faire sortir le grain.

Arrivés au village de Tsy-ho-hien-ngan-chan, on nous servit des poires très-grosses, fort bonnes, et semblables aux beurrés; j'en mesurai une, elle avoit cinq pouces trois lignes de hauteur, sur quatre pouces six lignes de diamètre, et treize pouces et demi de circonférence.

On rencontre un petit nombre de Chinois dans les chemins, et fort peu dans les champs : depuis Peking, la population nous parut généralement médiocre dans les villages; et si les grandes villes nous semblèrent plus peuplées, il ne faut pas s'en étonner, puisqu'elles sont le rendez-vous des gens de la campagne qui y viennent en grand nombre pour vendre ou acheter des denrées.

[25.] La campagne offroit le même coup d'œil que la veille, mais la poussière étoit plus considérable. Les maisons sont mauvaises; les toits n'en sont pas aussi plats que dans la province de Petchely, et ils sont ordinairement faits de paille ou de tuile.

Dans ces cantons, les corps-de-garde contiennent cinq soldats : à l'approche des mandarins ils sortent de la maison et se placent sur une ligne : ils sont grands, vigoureux, et portent pour armes des flèches, des arcs et quelquefois des fusils. Les femmes, que nous rencontrâmes en petit nombre, sont au contraire d'une taille médiocre.

Nous ne vîmes rien de remarquable à Tsy-ho-hien; mais seulement, en entrant, plusieurs tombeaux entourés d'arbres, ensuite une grande pagode, et à peu de distance, une tombe ornée d'une petite tour. On passe, après cette ville, une foible rivière, sur un pont de pierre de neuf arches, long d'environ cent cinquante pieds, et dont les pierres qui forment le parapet, représentent des figures d'animaux. Le pont est pavé, mais en mauvais état.

Nous en étions à une demi-lieue lorsque nous fûmes tout-à-coup très-incommodés par une poussière considérable qui provenoit du terrain sec et sablonneux à travers lequel le chemin étoit creusé. Près de ce passage désagréable s'élève une montagne sur laquelle les Chinois ont construit un fort. Un peu plus bas, sur la gauche, on voit avec plaisir une pagode bâtie sur une colline ombragée d'arbres touffus, et qui font un contraste frappant avec les terrains arides et desséchés d'alentour. La route continue ainsi à travers plusieurs petits villages après lesquels nous nous trouvâmes dans un bas-fond arrosé par un ruisseau qu'on passe sur un pont plat, dont toutes les pierres sont liées par des crampons de fer. Notre journée se termina au bourg de Tchang-cha : comme il étoit de bonne heure, je fus me promener, ce qui me procura l'occasion de voir ferrer des ânes, des mulets et des chevaux. Les Chinois attachent fortement le cheval à un piquet, ensuite ils lui relèvent le pied avec une corde. Le fer est mince, étroit et grossièrement fait, avec des entailles pour la tête des clous. Les ânes paroissent se laisser ferrer plus facilement, car on ne les attache point.

Je trouvai dans le bourg une vieille pagode qui sert de grenier à foin ; elle renferme une cloche antique, supportée par quatre piliers de pierre surmontés d'un toit de la même matière ; la cloche a près de six pieds de haut, sur trois de diamètre. A peu de distance il y a un réchaud de fer pour brûler les offrandes.

Les habitans de ce bourg sont rieurs : ils s'arrêtoient pour se moquer de nous. Nous vîmes du charbon fait avec de petites racines d'arbustes ; il brûle bien : lorsqu'il est rougi au feu, il n'a pas d'odeur et devient sonore.

[26.] Le chemin continue entre les montagnes, et devient fort difficile. Nous traversâmes trois bourgs, quelques villages très-peu considérables, et plusieurs petits ponts, dont un avoit une arche gothique. Cette route étant la seule qui existe dans ces cantons, est très-fréquentée : nous y rencontrâmes beaucoup de coulis ; mais elle étoit très-mauvaise pour les charrettes, et les nôtres ne purent y passer qu'avec de grandes difficultés, à cause des cailloux ronds qui couvrent une bonne partie du terrain. Les pierres des montagnes sont inclinées et divisées par grosses lames ; elles ressemblent à du grès.

Après avoir traversé quelques petits villages, et le bourg de Tchang-chang, dont les hommes et les femmes avoient des goîtres, nous sortîmes enfin d'entre les montagnes, et nous pûmes jouir de la vue de la campagne, qui est très-belle, et diversifiée, de distance en distance, par des maisons et des bouquets d'arbres.

Un peu avant la ville de Tay-ngan-hien, que l'on ne découvre que de fort près, nous trouvâmes deux lignes de soldats postés sur le bord du chemin du faubourg, qui est considérable et garni de boutiques contenant des grains et autres objets nécessaires aux paysans.

La ville n'étant pas éloignée de notre Kong-kouan, j'allai la visiter. On trouve dans la rue principale un arc de triomphe, et à l'extrémité une grande et belle pagode, dont un bonze m'ouvrit la porte. Les bâtimens étoient bien entretenus, et, comme ils ont été construits par ordre de l'empereur, les toits sont en tuiles jaunes et les murailles peintes en rouge et en jaune. Au milieu de la grande cour il y a un Poussa, plus loin une cloche suspendue, et un fourneau de fonte de six pieds de hauteur. Une des pièces de la pagode renferme une déesse dont on ne voit que la tête ; le reste du corps étant caché par des toiles ; deux génies sont sur les côtés, et, plus en avant, un gros tambour et un grand miroir de métal, dont le poli étoit totalement terni.

La nuit commençant à s'approcher, je fus forcé de retourner à la maison, toujours accompagné par les mêmes Chinois, mais en petit nombre. La ville me parut foiblement peuplée.

[27.] En quittant notre Kong-kouan, nous trouvâmes à la sortie du faubourg des soldats rangés en lignes, et qui avoient pour armes des sabres et des fusils. La campagne est unie, belle et très-bien cultivée, avec des habitations de distance en distance. Les chemins sont beaux, bordés d'arbres, et suivent les inégalités du terrain, qui tantôt est foiblement élevé, et tantôt forme des pentes très-adoucies : en général, la route monte et descend, tourne soit à droite soit à gauche, sans qu'on ait fait le moindre travail pour la redresser ou la rendre plus unie. Arrivés au bourg de Tchouy-kia-tchang, nous le quittâmes bientôt ; mais à sa sortie, la campagne ne nous parut pas aussi belle que le matin.

Les corps-de-garde de cette province sont en bon état ; les soldats, au nombre de six dans chacun, sont grands et vigoureux : nous rencontrâmes encore des Chinois avec des goîtres. Le terrain est sec et sablonneux, les pierres se détachent par feuillets. Nous couchâmes à Yo-kia-tchang.

[28.] Nous eûmes le matin des montagnes sur la gauche, mais elles disparurent ensuite et nous laissèrent voir une belle campagne très-bien cultivée ; le terrain est cependant peu arrosé, car on ne trouve de ruisseaux que dans les fonds.

Nous vîmes encore dans plusieurs villages des habitans avec des goîtres, mais en plus petit nombre. Avant comme après la ville de Sin-tay-hien, la campagne est belle, bien cultivée, et garnie d'habitations entourées d'arbres : des petits villages en outre sont bâtis sur la route, et nous en traversâmes plusieurs avant d'être à Mong-yn-hien, petite ville entourée de murs hauts d'environ douze à quinze pieds, et dont on n'aperçoit aucune maison, excepté un fort construit au centre de la place. Le faubourg est long et considérable, parce que, suivant l'usage des Chinois, les maisons ne sont bâties que sur les bords du chemin ; nous n'en vîmes aucune de remarquable, excepté celle qui étoit préparée pour un de nos mandarins : nous crûmes d'abord qu'elle nous étoit destinée, mais nos conducteurs nous firent aller jusqu'à Mong-yn-hien-kia-hing, village assez médiocre, et qui n'a de remarquable qu'une pagode qui est à l'entrée. Nous logeâmes chez un maître d'école et un marchand d'arbres, que les mandarins avoient fait retirer pour nous établir à leur place.

[1.ᵉʳ MARS.] Je fus sur le point de perdre mon journal; heureusement pour moi que je l'avois retiré de dessus ma selle, à laquelle j'étois dans l'habitude de l'attacher ; car, au moment du départ, lorsque je voulus la prendre, elle ne se trouva plus. Les mandarins l'ayant fait chercher inutilement, m'en donnèrent une autre, et nous partîmes.

La route continue sur des hauteurs et dans des bas-fonds. Le terrain est sec et les pierres sont argileuses. Nous traversâmes plusieurs petits villages et un pont sans eau, avant d'arriver au bourg de To-tsang-y, où nous restâmes peu de temps. La route et la campagne sont toujours les mêmes, et nous ne vîmes rien qui méritât notre attention. Arrivés au village de Tsin-to-tsy, on nous servit du lait.

Les soldats des corps-de-garde de ce pays sont autrement habillés que ceux des autres provinces ; ils ont des casaques garnies de clous, et portent sur la tête un casque en fer, surmonté d'un fer de lance avec une houpe rouge. Ces soldats étoient quelquefois au nombre de dix ; ils paroissoient forts et vigoureux.

Nous vîmes le matin des vaches, des bœufs, des moutons et des cochons ; mais nous rencontrâmes peu de monde. La population est foible. Les paysans sont robustes, mais laids ; les femmes ne sont pas mieux.

[2.] Avant d'être au village de Poen-tsing-tcha, nous aperçûmes plusieurs habitations. Le terrain, resserré d'abord entre deux montagnes qui s'aplanissent peu à peu, devient ensuite presque entièrement uni : il est bien cultivé, et l'on y voit des endroits remplis d'arbres fruitiers ; aussi la terre est-elle noire et meilleure dans ces cantons. La route fut la même que le jour précédent : on trouve beaucoup de pierres dans les fonds ; mais nous n'en vîmes plus à l'approche d'une rivière que nous traversâmes à gué, et qui paroît devoir couvrir un grand espace de terrain lorsque ses eaux débordent. Des soldats rangés en ligne nous attendoient sur le rivage ; mais leur présence n'empêcha pas le peuple de nous dire des injures. Débarrassés de ces insolens, nous passâmes sur un pont de quatre arches, dont les garde-foux, en marbre, sont ornés de figures de tigres ; et laissant sur la droite un tombeau décoré de colonnes et de figures d'animaux, nous atteignîmes les portes de Y-tcheou : ces portes sont doubles, placées en face l'une de l'autre, et paroissent en bon état ainsi que les remparts.

Le Kong-kouan où nous logeâmes sert de maison pour les examens des étudians ; il est vaste et composé de plusieurs salles et de pavillons : on trouve à l'entrée deux grandes pièces remplies de mauvais bancs et de méchantes tables pour les écoliers, et plus loin un gros tambour.

En nous promenant dans la ville, nous vîmes des boutiques de peu de valeur, des jardins, des terrains abandonnés, et des maisons de peu d'apparence, dont quelques-unes avoient seulement une entrée en brique. Vers l'extrémité de la ville, nous entrâmes dans une pagode considérable et qui a dû être très-belle lorsqu'on en prenoit soin: abandonnée maintenant, elle n'offre de curieux que plusieurs figures de tortues en pierre, élevées du temps de Kang-hy. La population de Y-tcheou n'est pas grande: des enfans et un très-petit nombre de Chinois nous suivirent dans notre promenade.

[3.] Nous vîmes pour la première fois, en quittant la ville, une porte triple, dont la première ouverture est, comme à l'ordinaire, en face de la rue; mais la seconde, au lieu d'être placée à gauche, est sur la droite, et la troisième, qui est en face de la première, en est séparée par un mur et par des maisons *(n.° 45)*. La campagne, après la ville, est belle et bien cultivée, et l'on y voit beaucoup d'arbres fruitiers: les Chinois, en les plantant, ôtent toutes les racines et ne laissent que trois chicots.

Nous fûmes fort incommodés de la poussière,

provenant du terrain qui étoit sec, sablonneux, et peu arrosé; nous vîmes cependant quelques petits ponts d'une ou même de trois arches, mais il n'y avoit pas d'eau. Après avoir traversé à gué une rivière dont les bords sont garnis de digues qui s'étendent fort loin, nous entrâmes dans Ly-kia-tsy. La campagne après ce bourg est belle et bien cultivée, l'herbe commençoit à pousser. Les maisons des habitans et des villages sont meilleures dans ces cantons; mais les pagodes sont en très-mauvais état. Les hommes sont laids, les femmes sont petites et peu agréables. Enfin, dans toute notre route nous ne vîmes rien de remarquable que quelques brouettes à voiles qui passèrent près de nous avant que nous eussions atteint le village de Che-ly-pou, où nous nous arrêtâmes.

[4.] La première chose qui frappa nos regards en partant, fut la ville de Yen-tchin-hien, ou plutôt sa porte et ses murailles; car nous la prolongeâmes en dehors, et nous n'y entrâmes point. La campagne ensuite est belle et unie, avec des vergers considérables et des maisons. La terre est sablonneuse et extrêmement légère.

Après avoir dépassé quelques villages et un grand nombre de tombeaux, nos voitures traversèrent Hong-hoa-pou, dans lequel la foule étoit considérable; mais en sortant du bourg, nous rencontrâmes les mêmes Chinois, s'en allant par bandes dans la campagne, pour regagner leurs habitations.

Peu de temps après avoir quitté Hong-hoa-pou, on entre dans la province de Kiang-nan. La campagne est belle, et l'on voit des villages et beaucoup de tombeaux dont la plupart sont entourés de pins. Les corps-de-garde changent dans cette province; ils n'ont plus la tour carrée, mais une petite cabane de bois, posée sur quatre piquets fort élevés, et dans laquelle on parvient au moyen d'une échelle; les soldats y sont au nombre de cinq (n.° 19). Notre journée se termina au village de Tong-ou-tchen, près duquel on aperçoit sur une montagne une pagode entourée d'un bois.

[5.] La campagne est belle; on y voit quelques collines, mais elle est généralement unie : des maisons entourées d'arbres sont répandues dans les terres : le sol est léger, et le chemin par fois difficile. Nous laissâmes la ville Sou-tsien-hien sur la droite; elle est bâtie près du canal impérial; aussi les voiles blanches des bateaux qu'on distinguoit en avant des maisons, formoient un joli coup d'œil. Peu après nous nous trouvâmes sur une chaussée pavée, terminée par un pont de pierre d'une longueur considérable et qui peut avoir une vingtaine de pieds de large : les arches ne sont pas voûtées, elles sont formées par de grandes pierres plates. Un pavillon est bâti à l'entrée de ce pont, mais il est presque ruiné. A sa sortie le chemin continue sur une autre chaussée construite en terres rapportées, pour servir de digue aux eaux impétueuses du Hoang-ho. La hauteur perpendiculaire de cette chaussée peut être de douze à quinze pieds, sa largeur par en-haut est d'environ vingt-cinq à trente, et de quarante à quarante-cinq par en-bas : elle va en talus de chaque côté. Nos voituriers ne suivirent pas toujours cette digue, mais ils la quittèrent quelquefois pour abréger le chemin, en passant à travers la campagne : au moment où nous en descendions pour nous rendre au village de Tchouen-ho-tsy, nous vîmes un piquet fort élevé, au haut duquel il y avoit une cage renfermant la tête d'un assassin ; c'étoit la première exposition de ce genre que nous eussions encore vue : cela fait honneur aux Chinois et à leur police.

La campagne, dans le voisinage de la chaussée, est unie ; le sol est léger et le chemin fatigant. Après avoir traversé quelques petits villages, et dépassé une pagode, nous nous arrêtâmes au bourg de Yen-hoa-tsy.

Nous rencontrâmes dans l'après-midi des Chinois, portant sur des brouettes deux pièces de bois, longue chacune de trois pieds, sur quatre à cinq pouces de diamètre. Ces morceaux de bois étoient creux, fendus dans leur longueur, et fermés avec des crampons de fer ; ils contenoient l'argent provenant des tributs et de l'impôt sur le sel, et néanmoins personne ne paroissoit chargé du soin de veiller sur les conducteurs de ces brouettes. Nous en vîmes d'autres, d'une assez grande dimension, destinées à conduire les voyageurs avec leurs bagages ; une grande natte de bambou couvroit toute la machine, et les mettoit à l'abri du soleil et de la pluie. Ces brouettes étant très-grandes, avoient, outre le conducteur ordinaire, un second Chinois et un âne qui les tiroient par devant.

J'avois cru jusqu'à cet instant que les Chinois respectoient l'emplacement destiné aux sépultures ; mais alors je vis de la terre labourée auprès des tombeaux ; d'où il faut conclure que le terrain est précieux dans cette partie du Kiang-nan.

[6.] Nous étions le matin sur la chaussée ; elle suit le Yun-ho, ou canal impérial ; la digue est pleine et sans ouverture ; on rencontre dessus des maisons qui en occupent souvent plus de la moitié. En la quittant pour prendre à travers la campagne, nous aperçûmes un grand nombre de tombeaux, dont plusieurs étoient entourés d'eau, ce qui doit, d'après l'opinion Chinoise, nuire à la conservation des corps ; mais il paroît que, dans ce canton, on n'est pas aussi scrupuleux qu'ailleurs ; ce qui provient sans doute, comme nous l'avons déjà dit, de la rareté du terrain propre à la culture; car des femmes enlevoient même l'herbe qui couvroit les sépultures.

La campagne est bien cultivée; des maisons avec des arbres sont répandus çà et là. Nous trouvâmes quelques villages, et nous vîmes plusieurs corps-de-garde à moitié ruinés, avant d'arriver à Tsiuen-hing-tsy. Ce bourg est considérable; la maison que nous occupâmes étoit bien entretenue, et la salle principale avoit quelques carreaux de vitres aux fenêtres.

La campagne, après le bourg, offre le même coup d'œil; mais le terrain est sec et sablonneux; aussi vîmes-nous plusieurs ponts bâtis sur la terre, et sans qu'il y eût la moindre apparence d'eau: la plupart étoient petits, excepté un seul composé de sept arches. Ces ponts sont si peu solides, que les charretiers préférèrent de passer à côté: les eaux de pluie paroissent les pénétrer de toutes parts.

On traverse de temps en temps des petits villages avant que d'être à Lou-long-y, où nous devions nous arrêter; mais nos mandarins nous firent continuer, afin de terminer dans la journée la route par terre. A peine étions-nous en chemin, que le temps devint très-sombre, et que les objets ne se distinguèrent plus qu'à la faveur des éclairs; aussi nos voituriers furent-ils obligés de prendre des guides : enfin nous entrâmes, à sept heures du soir, dans le bourg d'Yang-kia-yn.

Un des charretiers des mandarins écrasa un enfant dans l'après-midi : on l'arrêta sur-le-champ, quoique cet événement ne fût pas arrivé par sa faute ; car les enfans sont très-curieux ; ils s'attroupoient pour nous voir, et ne se dérangeoient pas, quelque soin qu'on prît de les avertir.

[7.] Il plut, tonna, grêla et neigea tout-à-la-fois ; le temps devint froid et se mit à la gelée, ce qui nous fit rester dans notre Kong-kouan pendant qu'on s'occupoit à décharger les charrettes.

[8.] Le Hoang-ho, du côté du nord, ou d'Yang-kia-yn, est bordé de jetées faites avec de la paille posée par lits, et mêlée avec de la terre. Ses rives sont argileuses et d'une terre jaune et grasse ; aussi n'est-il pas surprenant que ses eaux soient jaunes, et que ce fleuve ait reçu le nom de Hoang-ho [rivière jaune] : le Hoang-ho peut avoir de cinq à six cents toises de largeur à l'endroit où nous le traversâmes. Un grand bateau nous servit à passer de l'autre côté : la rive méridionale est si basse, que nous fûmes obligés de nous faire porter par des Chinois, pour parvenir jusqu'aux palanquins qu'on avoit préparés pour nous ; mais ils étoient si misérables, que nous préférâmes de monter à cheval. Le chemin suit une petite chaussée fort étroite, et ce ne fut pas sans peine que nous arrivâmes à son extrémité, car le soleil faisant fondre la glace, le chemin devint si glissant, que nous craignîmes souvent de tomber dans les terrains inondés qui nous environnoient.

Après un bon quart d'heure d'une route aussi pénible, nous entrâmes dans le bourg de Tsinkiang-pou, dépendant de la ville de Ouay-ngan-fou, où nous devions nous embarquer. Notre premier soin fut d'aller examiner les bateaux : ils sont grands et commodes ; une petite pièce, une grande salle et deux cabinets, composent l'appartement principal. La cuisine et le logement du patron sont à l'arrière ; un petit passage entretient la communication. Les chambres sont garnies de fenêtres, et il règne en dehors, de chaque côté du bateau, une saillie en bois, d'un bon pied de large, sur laquelle les matelots passent du devant à l'arrière sans entrer dans l'intérieur ; il y a en dessus un emplacement couvert qui sert à loger les mariniers et à placer des effets. Le grand mât est composé de deux pièces qui s'appuient sur le bateau, et se réunissent en pointe par le haut : on l'abat et on le relève avec deux autres pièces de bois disposées de la même manière, mais moins élevées, et qui servent de leviers. Lorsque le grand mât est couché en arrière sur le pont, c'est au petit qui alors reste debout, qu'on attache la corde pour tirer le bateau *(n.° 46)*.

En

En attendant le départ, nous allâmes dans le bourg pour acheter des porcelaines et ce dont nous avions besoin pour notre voyage; nous n'y vîmes rien de remarquable, excepté un assez grand nombre de curieux qui nous suivirent constamment pour nous regarder.

Nous quittâmes le quai à cinq heures, et nous suivîmes le canal impérial appelé Yun-ho; il est sale, étroit, et coule entre deux chaussées d'environ douze pieds de hauteur.

Après avoir dépassé plusieurs maisons et un bourg, nous mouillâmes à la nuit à Ouay-ngan-fou.

L'ambassadeur et M. Vanbraam eurent chacun un bateau, MM. Bletterman et Vanbraam le jeune en occupèrent un, et MM. Dozy, Agie et moi, un autre; la suite de l'ambassade fut répartie dans plusieurs embarcations.

[9.] Le canal est plus large, mais l'eau en est toujours sale: les chaussées se prolongent des deux côtés, et sont coupées dans divers endroits pour laisser un passage aux eaux pour l'arrosement des terres: ces ouvertures ou espèces d'écluses sont en maçonnerie, et le haut est garni de grosses pierres inclinées et percées d'un trou à l'une de leurs extrémités, pour y mettre un tourniquet, à l'effet de soulever la porte de bois qui ferme l'écluse (*n.° 47*). Le terrain de l'autre côté de la digue est bas; on n'aperçoit aucune habitation, excepté quelques maisons en terre, et des pagodes en briques bâties sur la chaussée.

Nous vîmes dans l'après-midi des bateaux avec des voiles de toile, les autres les ont de nattes qui se plient par feuilles, comme un paravent. Un grand nombre de corbeaux passèrent le soir près de nous, se dirigeant du côté du sud.

Nos bateaux étoient lourds et manœuvroient difficilement. Lorsque les Chinois veulent s'arrêter, ils laissent tomber une ancre par derrière : dans le cas où le bateau s'éloigne trop du rivage, un matelot porte alors une ancre à terre, et l'on vire dessus pour s'en rapprocher : ces ancres, ou plutôt ces grappins ont quatre branches, dont trois sont pointues, et la quatrième a un anneau auquel est attachée une chaîne de fer qui sert à déraper l'ancre ; ensuite on l'enlève à l'ordinaire. Il y a en outre sur l'avant du bateau une grande rame pour le diriger. Les poulies ressemblent aux nôtres, elles ont de quatre à cinq pouces de diamètre ; mais elles sont en petit nombre, et les Chinois ne les emploient pas par-tout où elles seroient nécessaires.

[10.] Le canal continue d'être bordé des deux côtés par une chaussée d'environ vingt à vingt-cinq pieds de largeur, sur dix à douze de hauteur, coupée quelquefois par des écluses. Nous eûmes le matin des rizières à notre gauche, et le lac

Kao-yeou-hou à notre droite. Ce lac occupe un très-grand terrain, et forme presque le demi-cercle; son diamètre est si considérable qu'on distingue avec peine les terres de la partie occidentale. Nous aperçûmes dans son étendue un grand nombre de bateaux pêcheurs.

Dans l'après-midi nous vîmes quelques maisons, des pagodes et une écluse; la porte en étoit soulevée, et l'eau s'écouloit dans les terres avec beaucoup de rapidité (n.° 47). Nous passâmes pendant la nuit la ville de Kao-yeou-tcheou.

[11.] Le canal coule toujours entre des jetées faites avec de la paille ou des roseaux dont on a soin de former des amas considérables, qu'on renouvelle à mesure qu'on en consomme une partie: on a également pratiqué dans certains endroits, en avant de ces digues, des chemins en planches élevées sur des pieux, et qui servent pour le passage des chevaux. Les Chinois n'ont pu nous expliquer pourquoi on n'en voyoit pas par-tout.

[12.] Nos bateaux s'étant arrêtés avant de passer la ville de Yang-tcheou-fou, nous allâmes visiter une pagode voisine. On trouve en entrant deux arcs de triomphe, l'un bâti au bas de l'escalier, et l'autre au haut (n.° 12). La pagode est considérable et bien entretenue : le pavillon principal contient un dieu, deux guerriers; et plus loin, trois autres dieux rangés sur une même ligne, assis

C 2

les jambes croisées sur une fleur; neuf génies sont de chaque côté, et par derrière on voit une femme ayant trente bras. Un pavillon isolé renferme une autre déesse également assise sur une fleur. Les bonzes nous conduisirent dans leur salle d'étude, qui est très-propre, et qui donne sur un jardin; ils nous prièrent d'accepter une tasse de thé, et nous accompagnèrent en sortant jusqu'à l'escalier.

Le quai près duquel nous mouillâmes, est construit de la même manière que les digues que nous avions vues en traversant le Hoang-ho, c'est-à-dire, en paille mêlée par lits avec de la terre.

Nous partîmes à une heure, et nous employâmes deux heures pour prolonger la ville et les faubourgs; il est vrai que nous allions très-doucement. Les remparts et les portes de la ville ne sont pas bien entretenus; on distingue plusieurs pagodes: la maison du Hopou est seule digne d'attention. Nous vîmes ici beaucoup de bateaux, ce qui n'est pas étonnant, cette ville faisant un très-grand commerce, principalement en sel.

Le nombre des curieux qui couvroient le rivage et les bateaux, étoit plus considérable que tout ce que nous avions vu jusqu'alors : parmi cette foule on distinguoit beaucoup de femmes qui se laissoient voir et se montroient librement; elles marchoient sans peine, quoiqu'elles eussent presque toutes les pieds serrés avec des bandelettes.

Ces femmes paroissoient assez bien ; mais il est difficile de prononcer sur leur beauté, car elles sont dans l'usage de se farder le visage et de se peindre les sourcils et les lèvres : leurs yeux sont petits et arqués. Les hommes nous parurent beaucoup mieux.

A quelque distance en dehors de la ville, on voit à gauche une tour bien bâtie, et de sept étages, dont chacun est divisé par trois rangées de briques noires ; les fenêtres de cette tour sont placées alternativement *(n.° 48)*. Les bords de la rivière sont élevés ; la campagne est unie, bien cultivée et remplie d'habitations construites de distance en distance : on aperçoit aussi dans plusieurs endroits des tombeaux entourés de pins.

Nous nous arrêtâmes au pied de la tour pour recevoir des provisions dont le dernier Hopou de Quanton, qui se trouvoit à cette époque grand mandarin de sel à Yang-tcheou-fou, faisoit présent à l'ambassadeur. Peu de temps après que nous fûmes partis, nous nous trouvâmes devant une autre tour bâtie auprès d'une pagode, et entourée d'édifices et de jardins.

Cet endroit s'appelle Kao-min-chy ; c'est la résidence de l'empereur lorsqu'il voyage ; mais il y avoit dix-sept ans qu'il n'étoit venu dans ces lieux. La tour de la pagode a cinq étages, dont chacun est entouré d'une galerie ornée d'une balustrade en bois et couverte d'un petit toit supporté par des piliers. Cette tour, qui est la plus belle que nous eussions encore vue, a huit côtés, huit portes, et seize fenêtres à chaque étage. Les murs sont blancs, et tout ce qui est en bois est peint en rouge. Le comble est formé d'un gros arbre fort élevé, entouré d'une spirale en fer, surmonté d'un cercle et d'une boule dorée terminée en pointe; quatre chaînes attachées à la circonférence du cercle, tombent sur quatre des angles du toit *(n.º 13)*. On distingue dans les environs beaucoup de bâtimens, un petit pavillon à deux étages, et un arc de triomphe entouré d'arbres, et situé à peu de distance d'un escalier pratiqué dans le quai qui borde la rivière.

Cette pagode et les bâtimens ont été construits par l'empereur Kao-tsou des Souy, il y a environ onze cent quatre-vingt-onze ans. Nous desirions nous arrêter ici; mais nos mandarins, qui dînoient à la ville, n'étoient pas avec nous, et à leur retour il étoit déjà nuit. Nous continuâmes donc notre route, et nous nous arrêtâmes à Ou-yuen, autre demeure de l'empereur.

[13.] Les jardins d'Ou-yuen couvrent un assez grand espace de terrain, dont une partie est remplie d'édifices et de pavillons, tantôt rassemblés, tantôt isolés, et se communiquant par une infinité de petites pièces et de corridors. Une rivière serpentoit autrefois dans ce jardin, mais on n'en voit que le lit, car les eaux ne le remplissent plus, quoiqu'il y ait cependant à peu de distance un étang assez grand. Il existe aussi plusieurs ponts, dont un construit sur des piliers en bois, va en tournant; mais il est en si mauvais état, qu'on n'ose se hasarder à passer dessus. Tout tombe en ruines, et les voûtes sont en partie enfoncées: les appartemens ne sont pas mieux conservés, les planchers, les fenêtres, sont pourris: une seule pièce avoit encore quelque reste de papiers à fleurs; et dans une autre on nous fit remarquer un bloc de marbre noir, monté sur un piédestal de marbre blanc, sur lequel l'empereur a tracé une sentence, qu'on a fait ensuite graver; mais l'ouvrage est grossièrement travaillé. Il règne le long du canal une longue galerie en bois, et couverte; elle menace ruine, et je ne crois pas que personne autre que nous ait osé y passer depuis bien des années. L'ensemble du jardin est très-curieux, et le coup d'œil en devoit être très-beau lorsqu'il étoit bien entretenu. Les rochers factices, que les Chinois aiment beaucoup, sont encore bien conservés; les allées vont en serpentant, et sont pavées de petits cailloux.

Depuis onze cent quatre-vingt-dix ans que les bâtimens qu'on voit dans ce jardin ont été bâtis, on a dû les refaire plus d'une fois, car les Chinois ne construisent pas solidement; et malgré le soin qu'ils ont de peindre les bois et la charpente, le soleil et la pluie détruisant bientôt la peinture, une seule année écoulée sans faire de réparations, doit suffire pour tout anéantir.

L'empereur avoit abandonné l'inutile possession de ce jardin à un marchand très-riche, mandarin de sel à Yang-tcheou-fou, à la charge de l'entretenir; mais celui-ci n'y faisoit rien, dans l'idée que ce prince, fort âgé, n'y viendroit pas. Il est étonnant que les mandarins, qui sont inventifs pour se procurer de l'argent, n'aient pas engagé l'empereur à se rendre de ce côté, ou du moins à en montrer le desir, pour avoir un prétexte de ruiner ce marchand, qui auroit été énormément rançonné pour empêcher cette visite inattendue.

Ces jardins nous donnèrent une idée complète de la manière dont les Chinois les construisent. On y trouve beaucoup de pavillons, des arbres par bouquets, des rochers, des ponts, des étangs, des rivières, mais peu de promenades. Avant de quitter Ou-yuen, on voit dans une des cours, deux tigres en marbre blanc, remarquables par leurs mauvaises proportions (n.° 50). A la sortie des jardins, et le long du canal, on distingue encore les restes de l'escalier, et deux blocs de pierre avec les tronçons des mâts auxquels on suspendoit autrefois des drapeaux.

Au retour de notre promenade, nous vîmes passer plusieurs barques impériales ; elles sont belles et fort grandes. Il y a sur l'avant un cabestan, et tout près, un arc de triomphe en bois rouge, verni et doré, servant à supporter les ancres ; les fenêtres sont du même bois. Une moyenne barque que je mesurai, avoit quatre-vingt-douze pieds de longueur, sur dix-huit de largeur. L'emplacement du cabestan est de quinze à seize pieds ; un passage de trois pieds de large règne des deux côtés du bateau, et sert pour la communication de l'avant à l'arrière *(n.° 52)*. Ces barques ne portent que sept à huit cent pics de riz, mis en grenier [ 39 milliers 1605 hect. à 43 milliers 1096 hect.], tandis qu'elles pourroient en contenir le double ; mais le peu de profondeur des eaux du canal s'y oppose, et même on est obligé souvent d'ôter du riz et de le déposer dans de petits bateaux, pour le reprendre ensuite lorsque les eaux sont plus profondes.

Le riz que ces barques transportent à Peking est destiné pour la maison de l'empereur, et pour la paie des mandarins et des soldats de la province de Petchely. Ces barques vont lentement et ne font qu'un seul voyage dans l'année. Quelques-unes vont fort loin ; néanmoins les conducteurs ne reçoivent pas du gouvernement, dans cette occasion, au-delà de cent taëls [ 750 liv. ] pour leurs dépenses, quoiqu'ils soient obligés d'en faire beaucoup plus ; mais ils s'en dédommagent en prenant des effets et des passagers. Le mandarin loge dans le milieu du bateau ; le derrière est destiné pour la cuisine et pour le logement des matelots, qui y vivent avec leurs enfans et leurs femmes. Il faut quinze et vingt hommes pour le tirage de ces barques. Des gens condamnés pour certaines fautes y sont employés.

Les barques impériales occupant une partie du canal, nous obligèrent de séjourner ici : nous profitâmes de ce retard pour faire une promenade dans les environs ; mais nous revînmes plutôt que nous ne le comptions, à cause des soldats Chinois qui nous accompagnoient. Ces gens aiment à frapper les passans, et, ne pouvant les en empêcher, nous nous décidâmes à rentrer dans nos bateaux.

La campagne est bien cultivée ; le sol est gras et très-productif. On voit des habitations avec des arbres de distance en distance, et beaucoup de tombeaux faits en buttes, recouverts de gazon et entourés de pins.

La rivière fut haute le matin et basse le soir : la différence dans l'élévation des eaux est de six à sept pouces, quoique le courant continue toujours d'aller du même côté, c'est-à-dire, vers le fleuve Kiang ; il est seulement plus ou moins rapide.

[14, 15, 16.] Nous fûmes forcés de rester sans

pouvoir avancer, retenus par le vent contraire et par la pluie : d'ailleurs, les barques impériales remplissant toujours la plus grande partie du canal, il nous eût été impossible d'aller en avant, quand même le temps eût été favorable. Nous vîmes passer différens bateaux, dont quelques-uns avoient une très-jolie forme. Ces bateaux sont pontés, le mât de l'avant est droit, mais celui de l'arrière est incliné ; le cabestan est placé à l'avant et la chambre du patron occupe le derrière. Ces bateaux sont longs, étroits et très-propres ; ils ont des voiles de toile et des ailerons en bois, qui se placent sur les côtés, pour les empêcher de dériver *(n.° 51)*. Nous vîmes aussi un bateau rempli d'os d'animaux. Les gens de la campagne brûlent ces ossemens, et en répandent les cendres dans les champs de riz, pour les fertiliser.

[17.] Le temps étant clair et le vent au nord, les Chinois se mirent en route de bonne heure, et eurent bientôt atteint les rives du Yang-tse-kiang ; elles sont basses des deux côtés, à l'exception de la partie du sud-est, qui présente quelques montagnes. Le fleuve, dans l'endroit où nous le traversâmes, peut avoir une lieue de large ; la vue est magnifique. Presque au milieu du fleuve on passe près de l'île de Kin-chan-sse *[ montagne d'or ]*, dont la beauté répond bien à son nom emphatique. Cette île, en partie boisée, est remplie d'édifices et de pavillons ; un chemin avec une balustrade, et un pont décoré de parapets en marbre blanc, leur servent de communication. Plus loin, sur un des côtés de l'île, il règne un quai avec un escalier qui descend jusqu'à la rivière. Plus haut, à mi-côte, une tour à plusieurs étages domine un grand nombre de bâtimens qui s'étendent du côté méridional.

L'île de Kin-chan-sse est formée d'un gros rocher dont la circonférence peut être d'un bon quart de lieue. Le côté du sud-ouest va en pente ; celui de l'est et celui du nord sont escarpés. A peu de distance de l'île, du côté du nord, un roc isolé s'élève d'une vingtaine de pieds au-dessus des eaux, et ajoute à l'ensemble pittoresque du paysage *(n.° 53)*.

Arrêtés à l'entrée du canal appelé Tsin-kiang-ho, et forcés d'attendre le retour de la marée pour continuer notre route, nous sortîmes de nos bateaux pour nous promener dans le bourg voisin. Après avoir traversé deux ou trois rues, nous arrivâmes par une rampe en pierre à l'entrée d'une pagode que les Chinois s'occupoient à restaurer. On doit dépenser un argent considérable dans la construction de ces sortes d'édifices, car les boiseries et les fenêtres sont toutes surchargées de sculpture. La pièce la plus curieuse de cette pagode, et qui attira notre attention, est la galerie qu'on trouve en entrant, et dont la coupole est formée d'une grande quantité de pièces de bois ingénieusement disposées.

En sortant de ce bâtiment nous allâmes sur la montagne, où l'on trouve encore une autre pagode, qui sert d'habitation à quelques bonzes. On jouit de cet endroit de la plus belle vue du monde. Nous avions sous nos pieds le bourg de Tsin-kiang-pou, dont les maisons, en très-grand nombre, sont couvertes en tuiles; plus loin, dans l'est, toute la ville de Tsin-kiang-fou avec sa vaste enceinte, dont la plus grande partie renferme des champs et des terrains cultivés, au milieu desquels s'élève une tour à plusieurs étages. A notre droite, plusieurs habitations étoient répandues dans la campagne; et, plus près de nous, les montagnes offroient une grande quantité de tombeaux, parmi lesquels on apercevoit des Chinois occupés à prier les mânes de leurs ancêtres. Dans la partie de l'ouest on voyoit l'île de Kin-chan-sse et la roche qui en est détachée. Une suite de rochers, mais plus petits, qui se prolongent dans la partie occidentale de l'île, fait présumer qu'elle occupoit jadis une plus grande étendue de terrain. Au-delà de l'île et dans l'éloignement, on découvre les rives du Kiang, la ville de Koua-tcheou et plusieurs habitations. Du côté de l'est il y a au milieu du fleuve trois petites îles, et sur la rive méridionale, une tour auprès d'une pagode. Après être restés ici quelque temps à considérer ce beau point de vue, nous redescendîmes dans le faubourg, dont les rues sont sales et étroites.

Le flot étant revenu, nos bateaux commencèrent à marcher, et nous entrâmes dans un canal étroit, sur lequel on trouve, de distance en distance, des ponts dont les côtés sont en pierre, mais dont le dessus est formé de grosses planches, qu'on retire pour donner un libre passage aux mâts des bateaux. Nous aperçûmes dans le bourg une assez grande quantité de femmes : elles ont toutes le visage couvert de fard ; ainsi il est difficile de juger de leur teint, car la blancheur de leur figure étoit souvent très-différente de la couleur de leurs mains, qui, généralement, paroissoient assez brunes. La plupart de ces femmes avoient les dents jaunes, ce qui provient du tabac qu'elles fument : habitude qu'elles contractent de bonne heure. Elles étoient coiffées en cheveux avec des fleurs, et paroissoient très-gaies : constamment debout à la porte de leurs maisons, elles n'y rentrèrent qu'à l'approche des mandarins, et reparurent dès le moment qu'ils furent éloignés.

En arrivant auprès des murailles de la ville, nos oreilles furent frappées d'un son extraordinaire, produit par des soldats placés dans les créneaux, et qui souffloient dans de grosses coquilles pour fêter notre arrivée. Cette musique ressembloit assez à celle de nos pâtres en France, lorsqu'à la nuit ils se retirent avec leurs troupeaux. Nous passâmes ensuite sous un pont d'une seule arche, dont le diamètre pouvoit être de trente à trente-cinq pieds, et la largeur de quinze à vingt ( n.° *14* ). La circonférence est formée de treize pierres; il y en a neuf grandes, mais elles ne sont pas également longues; celles d'en bas ont de dix à douze pieds; la longueur des autres diminue à mesure qu'elles approchent du cintre. Entre les deux premiers rangs il y a quatre pierres de deux pieds d'épaisseur, sur une longueur plus considérable: ces quatre petites pierres sont posées dans la largeur du pont. Toutes ces pierres sont taillées en portion de cercle, et quelques-unes ont des entailles qui entrent dans la pierre voisine. Elles sont posées debout et à plat contre le pont; leur largeur est d'un pied et demi à deux pieds, et il y en a plusieurs dans l'épaisseur du pont. Les deux côtés de l'arche ne tombent pas perpendiculairement, mais sortent un peu et forment le fer à cheval; une des pierres d'en bas commençoit à se détacher. En dehors de la circonférence de l'arche il y a un second rang de pierres, mais il n'est placé que pour la décoration. On monte sur ces ponts par des rampes construites des deux côtés : les bateaux sont obligés de baisser leurs mâts pour passer dessous.

Quoiqu'on soit dans la campagne aussitôt qu'on est sorti du faubourg, on voit encore pendant long-temps les murs de Tsin-kiang-fou. Les enceintes des villes, comme je l'ai déjà dit, sont considérables, quoique peu habitées. Les digues, le long du canal, sont faites en paille mêlée avec de la terre, et quelquefois revêtues avec des jarres.

Nous trouvâmes dans le canal, des Chinois qui s'occupoient à en retirer la vase; ils emploient pour cela deux mains de fer liées ensemble par une charnière, et dont les bords sont garnis d'une bande de fer; deux grands bamboux emmanchés dans la machine, et disposés de manière à l'ouvrir et à la fermer, servent à la faire descendre dans l'eau, et à l'en retirer.

[18.] Plusieurs petits ponts d'une seule arche, donnent passage aux eaux pour l'arrosement de la campagne : nous vîmes deux écluses, mais elles étoient écroulées. Arrivés à la ville de Tan-yang-hien, nous en suivîmes les murs qui sont un peu délabrés, et nous passâmes sous deux ponts dont les pièces de bois avoient été retirées pour faire place aux mâts de nos bateaux.

Peu de temps après avoir quitté la ville, on trouve une très-jolie pagode avec un quai qui se prolonge le long de la rivière, et un escalier pour y descendre. On

On voit à l'entrée de cette pagode un arc de triomphe bien conservé; plus loin, des pavillons à doubles toits, peints en rouge, et par derrière, une jolie tour à cinq étages; cette pagode s'appelle San-y-ko (n.° 54). Les Chinois racontent qu'un chrétien nommé Kiang-tsy-tay, vivoit dans ce lieu il y a trois cents ans; on montre encore son appartement dans la partie de l'est; ce chrétien venoit d'un pays situé à l'ouest de la Chine, appelé Kiang-kio.

Après avoir dépassé cette pagode, nous nous promenâmes dans la campagne : elle est unie et coupée par des fossés remplis d'eau ; la terre est grasse et argileuse. Les Chinois cultivent le blé; il commençoit à pousser : ils le sèment en rayons, et quelquefois par touffes placées de distance en distance. Les bords du canal sont élevés, étroits par en haut, et allant en talus du côté des terres ; cette pente est ensemencée, ce qui fait voir que dans cette partie de la Chine, on ne perd pas de terrain. On aperçoit dans la campagne des habitations répandues çà et là; et plus près du canal, plusieurs petits villages qui sont toujours environnés de bouquets d'arbres ou de bamboux, où les paysans se rassembloient pour nous voir passer. Les maisons sont en briques, couvertes en tuiles, et meilleures que celles que nous avions vues précédemment.

Nous trouvâmes en nous promenant une plante semblable au fraisier ; mais les Chinois n'étant pas d'accord sur ses qualités, nous ne pûmes savoir si elles étoient bonnes ou mauvaises. Ayant rencontré une brouette vide, nous nous efforçâmes de la faire rouler ; mais ce ne fut qu'avec peine que nous réussîmes à la tenir en équilibre. On doit juger par-là des efforts du conducteur pour faire aller cette machine lorsqu'elle est chargée et qu'elle porte de plus une voile.

Arrivés au bourg de Liu-tching, nous n'y vîmes rien de remarquable, excepté un pont d'une seule arche. Les femmes, dans cet endroit, portent autour de la tête un morceau étroit de peau brune, avec une petite bande d'étoffe noire, large d'un doigt, qui s'étend du milieu du front jusque entre les sourcils, et dont le bas est orné d'une perle, ( n.° 49 ). Les vieilles femmes portent cette bande plus large, et celles qui sont en deuil l'ont en blanc : cette bande noire sied bien, et relève la blancheur du visage des femmes ; cependant il est difficile, comme je l'ai déjà dit, de juger de leur teint, car elles mettent toutes du rouge et du blanc, non pas séparément, mais mêlés ensemble, de manière qu'il y en a qui ont la figure entièrement rougeâtre.

[ 19. ] La nuit nous empêcha de voir la ville de Tchang-tcheou-fou. Descendus le matin pour nous promener, nous trouvâmes la campagne bien entretenue, traversée par de petits ruisseaux, et des habitations bâties de distance en distance. Le canal est plus large, et la chaussée qui le borde des deux côtés s'abaisse insensiblement presque au niveau des terres : le tirage des bateaux est facile ; les Chinois, qui y sont employés, changent de temps en temps, et sont fournis par les bourgs et les villes du voisinage. Quelques soldats nous accompagnèrent dans notre promenade ; mais ils nous laissèrent aller par-tout, et ne s'occupèrent qu'à nous faire faire de la place lorsque les curieux nous incommodoient.

Après avoir passé plusieurs petits ponts en pierre qui sont construits pour l'écoulement des eaux dans les terres et faciliter le tirage des bateaux, nous arrivâmes à Hung-lin, qui n'a de remarquable que deux arcs de triomphe, une vieille pagode et un pavillon à double étage, dans lequel on aperçoit une pierre noire.

Nous découvrîmes plusieurs pagodes ornées de jolies tours : ces dernières, bâties sur des hauteurs et dominant sur tous les environs, doivent jouir d'une très-belle vue ; elles paroissent bien entretenues, et en les considérant avec une lunette d'approche, nous aperçûmes plusieurs bonzes qui se promenoient dans les environs.

Les Chinois nous firent distinguer entre les

gorges des montagnes, des édifices entourés d'arbres ; ils nous dirent que c'étoit la demeure d'un mandarin, dont l'un des ancêtres, décapité injustement, fut dans la suite reconnu innocent : son tombeau est à Hang-tcheou-fou. Le bas de ces montagnes est rempli de sépultures : ces monumens étant blanchis, ainsi que les murs qui les environnent, on les prendroit de loin pour des villages ; quelques-uns sont entourés d'arbres.

Arrivés à la ville de Vou-sse-hien, nous trouvâmes plusieurs soldats rangés en ligne ; trois d'entre eux avoient des trompettes. Nous passâmes ensuite devant quelques pagodes et deux petites îles couvertes de maisons et de magasins de poteries ; car ce lieu est célèbre par ses vases en terre et ses théyères : on y fabrique aussi des jarres d'une grandeur considérable, et qui ne coûtent cependant qu'un taël [ ou 7 liv. 10 sous ] la pièce. Il y avoit beaucoup de mouvement sur la rivière, et nous y vîmes des bateaux très-jolis et très-bien vernissés. Un pont de bois fait la communication entre le faubourg et la ville, dont on voit les murs et la porte en demi-cercle : peu de temps après l'avoir dépassée, nos bateaux s'arrêtèrent.

Nous aperçûmes dans cette journée, pour la première fois, un cercueil placé sur la terre, dans un champ, et simplement recouvert de quelques gazons.

[ 20. ] En traversant Jou-sse-kouan, bourg très-considérable, nous vîmes trois ponts bâtis sur le canal, et d'autres plus petits, construits sur les branches latérales. Le canal est bordé de quais ; mais ils sont tombés en partie, ou menacent ruine. Parmi un assez grand nombre de maisons, il y en avoit de bonnes, entre autres celle du mandarin du lieu. En passant devant une pagode, nous vîmes plusieurs bonzes aux fenêtres, et une très-jolie personne placée au second étage, derrière une natte légère faite de bambou ; elle étoit bien habillée, d'une figure agréable, et beaucoup mieux que les autres femmes, qui, en général, ne sont pas aussi bien que les hommes : ces derniers portent, pour la plupart, des lunettes. On voit en sortant du bourg, deux pagodes, et l'on en découvre d'autres sur les montagnes : ce pays semble être la patrie des bonzes ; ils paroissent l'avoir choisi de préférence, en effet nulle part ils ne sont aussi nombreux.

Ces cantons offrent aussi une grande quantité de tombeaux, dont plusieurs occupent un espace de terrain considérable, et sont d'une construction recherchée. Les cercueils sont déposés dans des maisons faites exprès, précédées de figures de chevaux, d'éléphans, de tigres et de beliers, et entourées, de tous côtés, d'arbres antiques que la cognée respecte, et qui tombent uniquement par caducité.

Les sépultures des particuliers ont la forme de petites maisons, et sont couvertes en tuiles (n.° 57). Le pauvre élève une butte de terre au-dessus du cercueil de son parent, ou se contente de le placer à découvert sur le sol; cette vue est désagréable, et jette dans l'ame une tristesse sombre et mélancolique. Parmi ce grand nombre de tombes répandues ça et là, nous vîmes dans la journée un champ entièrement rempli d'une multitude de pierres placées debout sur le terrain, et ayant depuis un pied jusqu'à trois de hauteur : ce lieu nous parut être un cimetière.

Arrivés au bourg de Pa-to-hio, nous employâmes une demi-heure pour le traverser : les maisons sont en briques, avec le devant en bois. La population est plus considérable dans ce pays; les femmes portent le bandeau de peau et la bande noire; elles mettent du fard, peignent leurs sourcils en noir, et les rendent très-étroits; elles se mettent en outre du rouge aux lèvres, et forment un point d'un rouge vif au milieu de la lèvre inférieure : toutes ces femmes paroissoient fort contentes d'être regardées, et ne se retiroient point lorsque nous les considérions.

La campagne après le bourg est très-belle, et coupée par plusieurs canaux sur lesquels il y a des ponts, quelques-uns d'une seule arche, et d'autres de trois. Les tombeaux sont toujours en grand nombre ; nous vîmes un arc de triomphe élevé en l'honneur d'une femme qui ne s'étoit pas remariée après la mort de son mari : il faut obtenir l'agrément de l'empereur, pour construire ces monumens. Peu de temps après, nos bateaux passèrent sous un pont de trois arches très-élégamment fait et nouvellement bâti (n.° 15). Pour consolider l'ouvrage, les Chinois ont mis des pierres qui traversent l'épaisseur du pont, et dont les extrémités s'emboîtent dans d'autres placées debout ; mais tout cela est insuffisant, et les ponts ne durent pas long-temps ; ce qui n'est pas étonnant, lorsqu'on réfléchit que les pilotis qu'emploient les Chinois, n'ont que trois ou quatre pouces de diamètre, sont placés à sept ou huit pouces de distance, et enfoncés médiocrement ; aussi ne peuvent-ils supporter la bâtisse, qui par conséquent s'écrase promptement. De plus, les côtés de l'arche ne tombant pas perpendiculairement sur la pile, et les pierres courbes et peu épaisses qui font le revêtissement, n'y étant retenues que par une entaille, il suffit du plus petit affaissement pour les en faire sortir, et, par suite, pour faire écrouler entièrement le pont.

Après avoir passé devant plusieurs maisons qui bordent la rivière, nous ne tardâmes pas à mouiller au bas d'un quai, devant un arc de triomphe construit en dehors des murs de la ville de Sou-tcheou-fou. La rivière étoit couverte de bateaux ; et comme la plupart furent obligés de se retirer pour nous faire place, le coup d'œil devint très-animé. De l'endroit où nous étions, on voit les murs de la ville, et une tour de sept étages ; plus loin, un bâtiment à double toit, et sur la gauche un pont de bois. On s'aperçoit qu'on est ici dans une des plus riches provinces de la Chine ; les maisons sont meilleures, et les Chinois mieux habillés. L'arc de triomphe devant lequel nous étions, est en pierre ; il est composé de trois portes, et surmonté de petits toits ; l'ouvrage est surchargé de dessins fort lourds : tout cet édifice, dont le haut est très-considérable, n'est porté que sur quatre gros piliers : les pierres sont à jointures, et entrent les unes dans les autres. Ce monument élevé en l'honneur d'un mandarin nommé Pong-hou, a été construit sous le règne de l'empereur Kang-hy (n.° 55).

[21.] Vers les neuf heures du matin, notre troisième mandarin vint chercher l'ambassadeur : nous partîmes tous en palanquins, M. Titzing et M. Vanbraam, chacun porté par quatre coulis, et nous, par deux seulement. Les rues de Soutcheou-fou sont étroites ; nous passâmes un petit pont, sous lequel il y avoit très-peu d'eau : les boutiques sont médiocres, et ne renferment rien de beau. Il y avoit peu de femmes dans le chemin, mais beaucoup de peuple ; aussi, pour le contenir, avoit-on placé de distance en distance des soldats armés de gros bâtons.

Arrivés chez le mandarin, les Chinois nous conduisirent dans une pièce séparée, et nous firent entrer ensuite dans la salle de cérémonie, où étoit déposée une lettre de l'empereur. MM. Titzing et Vanbraam firent le salut, après quoi on les fit asseoir d'un côté, et nous cinq, vis-à-vis d'eux. Le plancher étoit couvert de gros tapis rouges, et plusieurs grosses lanternes de corne étoient suspendues au plafond. Le fond de la salle étoit garni de paravents avec de petits carreaux, derrière lesquels se tenoient les femmes des mandarins. Le pavillon destiné à la comédie étoit bien disposé, et l'espace qui le séparoit du bâtiment, étoit couvert par un ciel formé de bandes entrelacées de toile jaune, rouge et bleue.

Les Chinois apportèrent d'abord des tables chargées de fruits, une pour l'ambassadeur, une pour M. Vanbraam, et trois pour nous cinq. De petits mandarins, décorés d'un bouton d'or, nous servirent en mettant un genou en terre ; ils nous offrirent d'abord les fruits, ensuite les viandes, et plusieurs fois du vin Chinois, auquel nous ne touchâmes pas. Dans le même temps, les acteurs parurent sur le théâtre, et exécutèrent différentes marches : plusieurs de ces comédiens étoient déguisés en oiseaux, et l'un d'eux représentoit une biche. Tout ce manége dura deux heures, et auroit continué plus long-temps si l'ambassadeur ne se fût levé pour aller dans une salle voisine. Il demanda alors à voir les édifices de Sou-tcheou-fou; mais les mandarins firent beaucoup d'objections, en disant qu'il n'y avoit rien de curieux; enfin, sur nos instances, ils nous conduisirent dans une pagode que l'empereur avoit honorée de sa présence, et qui est en grande réputation à la Chine. Cette pagode, en partie bâtie sur une hauteur, est extrêmement délabrée, et nous aurions perdu notre temps en venant la visiter, si de là nous n'avions découvert toute l'enceinte de la ville qui est vaste, et qui renferme de grands terrains cultivés, avec des champs et des habitations isolées. La partie de la ville qui contient le plus de maisons, offre deux tours et quelques édifices qui nous parurent beaucoup meilleurs que celui où nous étions. M. Titzing voyant que les mandarins ne se montroient pas disposés à nous mener ailleurs, se détermina à retourner dans nos bateaux. Les soldats rangés en ligne chez le mandarin et à la porte de la ville, tirèrent trois coups de boîte, et firent de la musique lorsque nous passâmes. Les Chinois offrirent des présens consistant en soieries, en thé et en provisions.

De retour dans nos barques, nous voulions nous aller promener dans la ville; mais nos mandarins nous ayant annoncé que nous ne tarderions pas à partir, nous n'osâmes pas nous écarter. Nos domestiques Chinois en parcourant Sou-tcheou-fou, virent de belles boutiques, et nous dirent que les femmes étoient très-jolies, mais nous ne pûmes en juger par le petit nombre que nous aperçûmes : on en fait commerce, et elles se vendent fort cher.

[22.] Nous avions le lac Tay-hou à notre droite. La campagne est unie et coupée par des ruisseaux; les maisons sont construites en terre, et couvertes en briques. On continue de voir des tombeaux de formes différentes, et une grande quantité de cercueils placés dans les champs ( n.$^{os}$ 56 et 57 ). Les Chinois prétendent que l'humidité du terrain les détruiroit bientôt, c'est pourquoi ils les déposent sur le sol, ayant le soin de les huiler en dedans et en dehors, et de mettre beaucoup de chaux avec le cadavre. Lorsque les corps sont détruits, et qu'il n'en reste plus que les os, ils les brûlent, et renferment les cendres dans des vases ou jarres qu'ils mettent dans la terre. Les habitans de ce canton sont aussi peu scrupuleux que ceux des autres parties de la province; ils sèment et récoltent des grains sur les tombeaux. Nous trouvâmes en nous promenant, des champs remplis de mûriers ; ces arbres sont petits, plantés en allées et taillés courts : on cultive aussi du blé et une plante dont la graine sert à faire de l'huile.

Nous passâmes deux ponts de cinq arches avant que d'être à Ping-ouan-kin, et quatre autres dans ce bourg, qui est considérable, mais dont le quai en pierre, qui règne le long du canal, est en mauvais état. A la sortie du bourg on laisse à droite un lac, au milieu duquel on voit une petite île avec une pagode.

La campagne est bien cultivée et coupée par des canaux, sur lesquels on a construit des ponts d'une arche; quelques-uns en ont trois. Les habitations paroissent plus considérables, et le pays est plus peuplé; les corps-de-garde sont bien entretenus, et nous en vîmes un près duquel il y avoit trois arcs de triomphe.

Plusieurs bateaux, d'une structure différente, passèrent près de nous dans l'après-midi; ils portoient deux voiles de toile, l'une basse et l'autre plus élevée : le mât se dresse ou s'abaisse par le moyen d'une bascule. Ces barques ressemblent à celles des Hollandois. On voit aussi sur le canal des petits radeaux faits de bamboux; un petit mât avec une voile sert à les diriger; les conducteurs logent dans une petite cabane couverte en nattes et construite sur l'arrière.

[23.] Nous passâmes pendant la nuit dans la ville de Kia-hing-fou, première place de la province du Tche-kiang.

La campagne est belle et remplie de mûriers.

Ces arbres ressemblent à ceux qui croissent en France; ils produisent des fruits bons à manger; leur hauteur est depuis trois pieds jusqu'à quinze, et le diamètre de l'arbre va depuis deux pouces jusqu'à cinq. Les Chinois coupent toutes les pousses de l'année, et ne laissent que les mères branches, qu'ils taillent en trois chicots de cinq à sept pouces de longueur. Les vieux arbres sont conduits comme les jeunes; on les plante par allées, et l'on sème des fèves dans l'intervalle *(n.° 57)*. Le terrain est argileux et plat; il s'y rencontre cependant quelquefois des hauteurs, où les Chinois enterrent leurs morts; aussi ne voit-on plus autant de tombes déposées dans les champs.

Avant d'être à Hiong-kiao, où nous vîmes trois arcs de triomphe, dont un d'une construction toute particulière *(n.° 58)*, nous passâmes un pont nouvellement bâti. La circonférence de l'arche est formée par vingt-une pierres, savoir, cinq grandes de chaque côté, avec quatre petites qui les séparent, et trois pour la clef. Les grandes pierres sont arquées; elles ont six pieds de hauteur, et diminuent à mesure qu'elles approchent du cintre: l'épaisseur des pierres est d'un pied et demi à deux pieds. L'ouverture du pont est de trente à trente-cinq pieds, et la largeur va de douze à quinze et même à vingt.

Arrivés à Ming-tching, nous n'y vîmes rien

de remarquable que deux ponts placés d'un à l'entrée et l'autre à la sortie du bourg. Ce lieu est considérable ; les maisons sont pour la plupart en bois.

La campagne, après le bourg, est belle et bien cultivée ; on aperçoit encore, de temps en temps, quelques cercueils posés dans les champs, et plusieurs tombeaux, dont quelques-uns sont remarquables par leur construction ( n.° 56 ). Le bas du tombeau est formé d'un large piédestal à six côtés, sur lequel s'élève une colonne hexagone, d'environ douze à quinze pieds de hauteur sur près de trois pieds de diamètre ; elle est surmontée d'une pierre à six angles relevés, et dont le milieu se termine en pointe.

On ne voit plus autant de pagodes, mais on trouve des arcs de triomphe. Nous passâmes devant trois de ces monumens, dont deux étoient élevés en l'honneur de femmes restées veuves, et le troisième à la mémoire d'un homme qui s'étoit distingué par ses services.

Avant d'arriver à la ville de Che-men-hien, on traverse un faubourg, qui a un pont à son entrée et un semblable à sa sortie, avec d'autres plus petits dans l'intérieur. Le canal suit les murs de la ville, qui sont en pierre, avec des bastions, mais tombés en partie. On raconte que lorsqu'on vouloit bâtir autrefois les murs de Che-men-hien, ils s'écrouloient d'eux-mêmes à mesure qu'on les élevoit. Un astrologue consulté sur cet événement, proposa pour expédient de jeter de distance en distance des pains d'or pour servir de fondemens ; on fit ce qu'il vouloit, et dès-lors les murs ne tombèrent plus : tels sont les contes des Chinois ; mais, trop rusés maintenant, ils ne recommenceroient pas la même opération.

Nous nous arrêtâmes en dehors de la ville ; les maisons et les habitans n'annoncent plus la même aisance, et l'on ne voit pas autant de monde.

Les femmes emploient toutes du fard pour se peindre le visage ; elles paroissent jolies de loin ; mais considérées de près elles le sont moins. On ne sauroit s'imaginer le contraste de la couleur de la peau de la figure avec celle des mains ; elles les tiennent toujours un peu pliées en avant, ou presque cachées par les manches de leurs robes. En général, les femmes n'ont pas la bouche bien ; les dents supérieures sont larges, et sur-tout jaunes : cette couleur désagréable provient, comme on l'a déjà dit, du tabac qu'elles sont dans l'habitude de fumer.

[ 24. ] Le terrain est plat le long du canal, avec des collines et des montagnes dans l'éloignement ; la campagne est belle, bien cultivée et coupée par des ruisseaux ; les habitations sont éparses.

En nous promenant le matin, nous trouvâmes des champs entièrement remplis de la plante dont on fait l'huile *(n.º 66).* Nous vîmes des pêchers et un grand nombre de mûriers; ces derniers sont disposés par allées, avec des fèves et des grains semés dans les intervalles. Plus loin, nous trouvâmes du blé planté par touffes, avec un petit rayon pratiqué de chaque côté pour la conservation de l'eau. Cette méthode peut être bonne, mais le grain est semé à de trop grandes distances.

En continuant d'avancer, nous remarquâmes dans un endroit un cercueil déposé sur la terre; il ne répandoit aucune mauvaise odeur, sans doute parce qu'il étoit ancien, car il étoit assez entr'ouvert pour laisser voir les ossemens du cadavre.

Cette manière de placer les morts doit avoir de grands inconvéniens, sur-tout si le cercueil vient à s'ouvrir lorsque le corps est encore frais.

Au moment de rentrer dans nos barques, nous aperçûmes dans un bateau une femme bien habillée en soie, ayant des fleurs dans les cheveux, et attendant seule le moment de passer le canal; elle s'avança doucement pour nous considérer, et nous parut jeune, très-agréable et beaucoup plus jolie que toutes les Chinoises que nous avions vues jusqu'alors. Il paroît que les femmes sont dans l'usage de marcher seules dans la campagne, ou seulement accompagnées d'une domestique; elles

traversent

traversent ainsi la rivière en portant avec elles leurs enfans.

Nous ne tardâmes pas à parvenir au faubourg de Hang-tcheou-fou, dans lequel on trouve plusieurs ponts et des maisons bâties en bois et couvertes en tuiles. Il étoit une heure lorsque nous nous arrêtâmes le long du quai.

Nous descendîmes bientôt à terre, accompagnés de quelques soldats pour nous faire faire place, et nous suivîmes la rue du faubourg qui conduit à Hang-tcheou-fou; elle est pavée et bordée de maisons : des soldats étoient placés de distance en distance pour contenir le peuple ; précaution inutile, car il resta très-tranquille. On passe un pont et un arc de triomphe avant d'arriver à la porte, qui est double. Des soldats étoient rangés en ligne sur l'esplanade, et auprès d'eux il y avoit deux pièces de canon montées sur des affûts à trois roues, dont les deux de l'avant étoient à rais, et celle de derrière pleine. Ces canons pouvoient porter de dix à douze livres de balle; ils avoient la bouche renforcée par un bourrelet, et l'un d'eux paroissoit avoir été cassé dans cet endroit par un boulet. Nous aurions desiré considérer ces pièces de plus près, ainsi que les grosses carabines Chinoises qui étoient vis-à-vis, mais cela nous fut impossible.

Nous trouvâmes encore des soldats et un mandarin après la seconde porte, et à peu de distance deux arcs de triomphe en pierre : ces monumens sont très-beaux, et ornés de sculptures saillantes, mais qui semblent avoir été ajoutées et être faites de quelque composition ; car dans un endroit où les ornemens étoient brisés, je distinguai des fils de fer contournés suivant le dessin. Notre promenade se prolongea assez loin dans la ville ; les rues en sont médiocrement larges, mais dans certains quartiers elles sont étroites et bordées de masures auprès desquelles on trouve des champs labourés. La population paroît considérable ; les femmes sortoient librement de leurs maisons pour nous considérer ; elles étoient toutes fardées, même les petites filles de sept à huit ans. Excepté les boutiques des apothicaires qui sont belles, les autres méritent peu d'attention. Nos soldats voulurent nous mener plus avant pour nous en montrer d'autres, mais nous retournâmes sur nos pas, dans la crainte d'être surpris par la nuit. En revenant, nous achetâmes chez un parfumeur des sachets, ainsi que du blanc et du rouge à l'usage des femmes : le rouge avoit l'odeur de la rose.

En rentrant dans le bateau, nous apprîmes que la mère de notre patron avoit ses deux filles à bord, et qu'elles étoient restées pendant seize jours dans une petite chambre au-dessous de la cuisine ; position fort gênante et que cette pauvre femme auroit pu leur éviter ; car nous n'aurions pas voulu la chagriner pour le plaisir de satisfaire notre curiosité.

[25.] Il étoit neuf heures lorsque nous quittâmes les bateaux. L'ambassadeur, accompagné des soldats Hollandois, étoit dans son palanquin, précédé par un mandarin et par plusieurs soldats Chinois, dont un tenoit un grand parasol de soie; nous le suivîmes également portés dans des chaises par quatre coulis. Arrivés à la porte de la ville, nous trouvâmes de la troupe, et l'on tira trois coups de boîte. Les rues sont pavées, mais peu larges, et de temps en temps on trouve de petits ponts et des arcs de triomphe. Il y a de très-belles boutiques, fort vastes et garnies de diverses marchandises; celles des parfumeurs sont les plus ornées. Le peuple, qui n'étoit cependant pas aussi nombreux que nous aurions dû nous y attendre, bordoit les rues, gardant un profond silence et restant tranquille, quoiqu'il n'y eût que fort peu de soldats placés de distance en distance pour faire la police. On n'entendoit du bruit que dans les carrefours, où les Chinois se pressoient davantage pour nous voir. Nous ne vîmes qu'un petit nombre de femmes; les unes restoient devant leurs portes; les plus riches se tenoient derrière des jalousies, et d'autres, placées dans des palanquins auprès des endroits où nous devions passer, nous regardoient sans se cacher.

En avançant dans la ville, nous passâmes devant une mosquée. Cet édifice n'a de ressemblance avec les bâtimens Chinois que par le toit; le reste en diffère totalement; la bâtisse en est plus exhaussée et plus imposante; la porte, qui est grande, élevée et ronde par le haut, a le dessous en forme de coupole, entièrement remplie de trous à la distance d'un pied les uns des autres; de chaque côté il y a des colonnes surmontées d'un entablement dont le dessus se termine dans une espèce de croissant. Sur le dehors on lit cette inscription en arabe:

قاالنس سكّا نووكالى وازّ المساحـلـلنّ والاق الحواسعُ السنّ
واحلا حلنلب فرقاس

« Temple pour les Musulmans qui voyagent et
» qui veulent consulter l'Alcoran. »

Le vice-roi, qui commande à deux provinces, ne résidant pas dans la ville, nous allâmes chez le gouverneur de la province, où nous trouvâmes plusieurs soldats rangés dans la cour auprès de deux figures de tigre en pierre. Les Chinois nous firent d'abord attendre dans une chambre séparée, et de là nous conduisirent dans la salle de cérémonie où étoit la lettre de l'empereur, renfermée dans une espèce de petite pagode faite avec une étoffe de soie jaune. Le gouverneur paroissoit d'un certain âge; il avoit une figure prévenante, et portoit le bouton rouge de corail et la plume de paon. Ce mandarin ayant frappé trois fois la tête contre terre, prit, d'un air respectueux, la lettre de l'empereur, la lut en la tenant à la hauteur de ses yeux, et la remit dans le petit pavillon de soie. MM. Titzing et Vanbraam firent alors le salut ordinaire, puis ils prirent place, le premier du côté droit de la salle, avec trois d'entre nous, et le second vis-à-vis de lui, avec les deux autres : aussitôt des acteurs, qui se tenoient dans une salle très-bien disposée, commencèrent à jouer la comédie, et firent sortir de dessous une grosse grenade un grand nombre de petits oiseaux, et un homme habillé en chauve-souris. On nous apporta alors des fruits et différentes viandes; mais, peu d'instans après, l'ambassadeur s'étant levé, le gouverneur rentra dans la salle, et lui demanda s'il avoit vu la comédie et s'il avoit *mangé;* lui ayant répondu que oui, on se sépara.

Nous vîmes en descendant dans la cour un cadran solaire en pierre fait par les Chinois; et au moment où nous quittâmes la maison du mandarin, les soldats tirèrent trois coups de boîte. La route que nous suivîmes nous ayant fait repasser devant la même mosquée que nous avions déjà vue, nous demandâmes à la visiter, mais on nous dit qu'elle étoit abandonnée. Nous continuâmes donc de marcher, et peu après étant sortis de la ville par une porte carrée et fort petite, nous en prolongeâmes les murailles, qui, à notre surprise, nous parurent assez mal entretenues. Le chemin est pavé et passe à côté de quelques maisons, d'où nous découvrîmes un lac appelé Sy-hou, et des montagnes boisées qui l'entourent de toutes parts. Parvenus auprès d'un village, nous passâmes sur un petit pont, en laissant à droite une montagne sur laquelle est construite une tour de sept étages.

On aperçoit ensuite un grand nombre de sépultures entourées de pins et de cyprès : ces tombeaux d'une structure différente de ceux que nous avions vus précédemment, ont la forme d'une petite maison; les murs en sont blancs, assez bas, et surmontés d'un toit peu élevé; le devant est de bois peint en noir; et le dedans est partagé par des cloisons qui forment de petites cellules dans lesquelles on dépose les cercueils *(n.° 62)*.

Ces tombeaux varient pour la forme ou la grandeur, suivant le goût ou la richesse des propriétaires. Le plus remarquable étoit celui de ce mandarin qui fut décapité injustement, et dont on nous avoit montré la maison de campagne avant la ville de Sou-tcheou-fou. Ce monument est composé de deux cours : dans la première on voit en entrant, de chaque côté le long du mur, les quatre calomniateurs représentés à genoux, les mains liées derrière le dos; l'un d'eux est cassé et se trouve hors de sa place : parmi ces quatre figures, qui sont en cuivre, se trouve celle d'une femme. On honoroit autrefois la mémoire de ce mandarin, en venant tous les ans frapper sur la tête de ses accusateurs, comme pour les punir du crime qu'ils avoient commis. Un peu plus haut, et de chaque côté, sont trois mandarins, un tigre, un belier et un cheval. Toutes ces figures sont en pierre, et placées en avant de trois portes servant d'entrée à la seconde cour qui renferme les tombes du père et du fils. Ces tombes ont la forme d'une calotte. Celle du fils est sur le côté, et plus petite que celle du père qui est au milieu de la cour, et en avant d'une grande table de pierre chargée de vases faits de la même matière. Un bloc pareil, sur lequel on a gravé les noms de ces mandarins, indique que Ngo-fey, et son fils Ngo-ouang, vivoient il y a environ huit cents ans, sous l'empereur Tchao, de la dynastie des Song (n.os 60 et 61).

En quittant le tombeau de ce personnage célèbre, nous continuâmes notre route, ayant à notre gauche une petite île boisée à laquelle on communique par un pont de pierre. Cette île est remplie de pavillons : ici, plusieurs femmes accoururent pour nous considérer ; mais la petitesse de leurs pieds les empêcha d'aller assez vîte pour nous rejoindre. Nous ne tardâmes pas à parvenir à une longue chaussée qui traverse le lac, et s'élève de quelques pieds au-dessus du niveau des eaux; sa largeur est de vingt-cinq à trente pieds; le milieu en est pavé, et les bords sont cultivés en certains endroits et garnis de saules, de pêchers et d'arbres de différentes espèces. Des petits ponts *(n.° 59)* sont construits de distance en distance sur la jetée, afin de laisser un passage libre aux bateaux, dont les uns étoient occupés à la pêche, et les autres destinés aux personnes qui viennent de la ville pour se promener *(n.° 59)*. Une grande partie du lac est entourée de collines et de montagnes boisées d'où se précipitent des torrens qui fournissent à l'entretien de ses eaux; plusieurs petits ponts assez bien bâtis augmentent la beauté du paysage, et entretiennent en même temps la communication parmi les diverses habitations qui sont répandues sur les bords du lac.

Nous marchions depuis quelque temps lorsqu'après avoir traversé un grand nombre de spectateurs, nos porteurs s'arrêtèrent dans une cour environnée d'édifices. Plus loin, des escaliers en pierre conduisent jusqu'à la moitié de collines dont le penchant est couvert de pavillons, de rochers factices et de chemins tortueux. Ces lieux, s'ils étoient mieux entretenus, seroient d'une grande beauté, et mériteroient l'inscription emphatique que l'empereur a faite en leur honneur, et que l'on conserve, écrite en gros caractères, sur une planche élevée : *Siao-yeou, Tien-yuen* [ On trouve des jardins qui imitent, en petit, ceux du ciel ].

Montés au sommet des collines, nous découvrîmes tout le lac, dont l'étendue peut être d'une lieue. Du côté opposé on aperçoit le fleuve Tsien-tang-kiang, qui court à l'est ; et plus près, des maisons et des tombes qui remplissent la campagne : ces hauteurs sont couvertes de pins et de Thuya, ou d'arbres de vie. Nous serions restés long-temps à examiner ce beau paysage, mais le vent froid du nord nous fit descendre, et nous rejoignîmes nos mandarins qui nous attendoient pour nous conduire à la pagode de Ting-tse-tse, dont nous trouvâmes les environs remplis de curieux : le chef des bonzes vint au devant de l'ambassadeur. On voit en entrant dans l'enceinte, deux guerriers de trente à quarante pieds de hauteur ; et plus loin, un bâtiment carré qui contient cinq cents dieux. Cet édifice est partagé par allées, dont chacune a quatre rangs de divinités : dans le croisement des allées il y a en outre des dieux en bronze, et des tours du même métal, qui ont neuf étages avec des petits Poussa aux fenêtres. Toutes ces figures sont dorées, excepté un petit nombre habillées en noir, et quelques autres ressemblant à des nègres, et ayant comme eux la barbe et les cheveux frisés. Le premier de ces dieux s'appelle San-pao-fo. Parmi toutes ces divinités, les bonzes nous montrèrent l'empereur. On présume que cette déification prématurée doit attirer les largesses de ce prince; aussi la pagode et tous les bâtimens sont parfaitement bien entretenus. En sortant de là on nous mena dans une salle où il y avoit un puits profond d'environ vingt-cinq pieds : une lumière descendue jusqu'au fond, nous permit de distinguer le gros tronc d'un arbre, qui, suivant le rapport des bonzes, avoit servi seul à la construction de la pagode, et avoit cessé de croître lorsqu'elle fut terminée. Il faut croire qu'on avoit tiré de cet arbre tout le parti possible, car il étoit presque au niveau de l'eau. Les bonzes nous débitèrent cette fable de la meilleure foi du monde, et nous la reçûmes de même.

Cette belle pagode est desservie par trois cents bonzes. Le supérieur porte, comme les autres, une robe grise, mais il a par-dessus une grande écharpe d'un rouge-clair. En le quittant, nous allâmes examiner une vieille tour bâtie sur une éminence voisine; elle a plusieurs étages, ou, du moins, elle les a eus, car le temps et le tonnerre l'ont beaucoup endommagée. Il ne reste rien des voûtes intérieures; les ouvertures des fenêtres sont confondues, et l'on ne voit plus qu'une masse de brique de couleur rouge, entremêlée de quelques broussailles. Cette tour, bâtie sous l'empereur Tsieou des Song, compte quinze cents ans d'ancienneté; néanmoins les briques sont encore très-bonnes. On lui a donné le nom de Louy-fong-ta *[tour des vents et du tonnerre]*.

On voit dans les environs un tombeau composé d'un pavillon et d'une pierre noire entourée de maçonnerie. De cet endroit on découvre tout le lac, et au milieu deux très-petites îles, dont une est remplie de pavillons et renferme un étang : trois gros piliers de fer fort anciens, sont placés en triangle à peu de distance de cette île, et paroissent avoir servi à attacher les barques. On aperçoit à droite une partie de la ville, et une tour qui est bâtie sur une colline *(n.° 16)*. On ne pouvoit choisir, suivant les idées chinoises, de place plus agréable pour un mort, car il doit jouir encore, d'après eux, de la délicieuse vue de tout ce qui l'environne : cependant, si ce lieu est superbe par sa situation, il est triste, et l'on y est affecté d'un sentiment qui porte à la mélancolie. Je ne puis dire si cette sensation que j'éprouvai, provenoit de la vue antique de ces lieux, ou si elle n'étoit que l'effet du temps sombre qui répandoit un air de tristesse sur cette multitude de pins qui couvrent les montagnes et entourent les tombeaux, mais elle me suivit long-temps.

Après être rentrés dans nos palanquins, nous continuâmes notre route. Le chemin est en bon état et pavé; il règne au milieu un cordon formé par de grandes pierres, et sur les bords un autre plus petit d'environ six pouces de largeur; les intervalles sont cailloutés. Quelques soldats étoient rangés le long du chemin, à quelque distance d'une des portes de la ville, dont on voyoit encore les murs; mais à l'entrée du faubourg nous en trouvâmes un plus grand nombre, ayant des mandarins à leur tête. Ces soldats avoient des sabres, des flèches et des fusils; ils portoient des cottes de maille et un casque luisant surmonté d'un fer de lance. Ils avoient bonne mine et l'air martial : quelques-uns d'eux, placés de distance en distance, soufflèrent dans une conque marine, tandis que d'autres tirèrent lorsque l'ambassadeur passa. Nous ne traversâmes qu'une partie du faubourg, qui nous parut être considérable, et nous arrivâmes bientôt en face d'une maison et d'un petit arc de triomphe en bois, orné de banderoles rouges, auprès duquel il y avoit encore des soldats. La marée étant basse, le terrain, qui est noir et ferme, étoit à sec. Les porteurs nous conduisirent jusqu'à nos bateaux, en passant sur un pont formé avec des planches placées sur des charrettes attachées deux à deux. Un grand nombre de buffles devoient remmener ces charrettes après notre embarquement. Nous en remarquâmes d'eux d'un blanc rougeâtre, les autres étoient d'un gris sale. Ces animaux galopent facilement avec un ou deux

Chinois sur le dos ; ils tiennent la tête horizontalement et le cou alongé.

Nos barques étant petites, nous fûmes obligés de nous diviser pour être plus commodément ; de sorte que je restai seul. Ces bateaux sont longs, couverts en bois, avec une fenêtre sur les côtés, garnie de coquilles ; ils tirent peu d'eau ; la forme en est ronde en-dessus comme en-dessous, excepté que le milieu est un peu plat. La plus grande largeur se trouvant à deux ou trois pieds au-dessus de l'eau, ils s'abordent sans se faire de mal ; d'ailleurs les planches cèdent au choc : l'intérieur est partagé en trois chambres ; une grande, qui contient deux lits fixes en bois ; une autre plus petite sur le devant, et la troisième à l'arrière, dans laquelle le patron couche et fait sa cuisine : les deux extrémités du bateau sont pointues, celle de l'arrière est plus élevée. Le mât se place à l'avant, et la voile est de toile. Les mariniers sont obligés de passer ou dans l'intérieur, ou par-dessus, pour se rendre de l'avant à l'arrière, n'y ayant point de saillie pratiquée en-dehors comme aux bateaux que nous venions de quitter.

Nous nous mîmes en route à quatre heures sur le fleuve Tsien-tang-kiang, qui est très-large : la rive gauche est basse, avec des montagnes à quelque distance ; mais la rive droite est escarpée et formée par des montagnes boisées, qui sont presque à pic sur la rivière : on aperçoit cependant quelques petites vallées ; le chemin de halage suit la croupe des montagnes.

Après quelques momens de marche, nous nous arrêtâmes le long du rivage. Devant rester ici un jour pour attendre notre premier mandarin, qui étoit de Hang-tcheou-fou, et dont le père étoit marchand, nous profitâmes de ce retard pour aller nous promener dans les environs, et visiter une pagode remarquable et appelée Hoey-fa-tse : elle est bien bâtie, les cours sont pavées et les bâtimens bien entretenus, à l'exception néanmoins d'un seul, dont les bonzes ont fait un magasin. On trouve en entrant dans la cour deux pavillons, dont l'un renferme une cloche et l'autre un tambour. La tour est belle ; elle a huit côtés de vingt-cinq pieds de face chacun ; l'épaisseur du mur, au rez-de-chaussée, est de dix-huit pieds, y compris l'escalier voûté qui conduit aux étages supérieurs. Cet escalier, dont la largeur est d'environ trois pieds, est en forme de spirale, et soutenu intérieurement par un second mur de six pieds d'épaisseur, faisant le pourtour d'une salle d'environ dix-huit pieds de diamètre, qui occupe le centre de la tour. Il y a à chaque étage une pareille pièce qui renferme une niche avec un Poussa, excepté à l'étage supérieur, du milieu duquel part une très-grosse poutre qui soutient le comble et s'élève en-dehors de plusieurs pieds au-dessus du toit. La hauteur de la tour, y compris le comble, peut être de cent soixante-dix pieds ; nous comptâmes cent quatre-vingt-dix marches de huit bons pouces chacune. Il y a en-dehors, à chaque étage, une galerie couverte ; elle commence à se dégrader dans quelques endroits. La vue est superbe de la pièce supérieure : on découvre le cours du fleuve, une partie de la ville et des faubourgs, et, plus près, un grand nombre de tombeaux. Quelques petits jardins potagers dépendent de cette pagode, dont les environs, entièrement couverts d'arbres, lui donnent un air vraiment pittoresque. Cinquante bonzes font ici leur séjour ; ils nous dirent que la tour existoit depuis sept cents ans ; ce qui est difficile à croire, par le bon état où elle se trouvoit encore ; mais les galeries n'étant qu'ajoutées, il est à présumer qu'elles auront été renouvelées plus d'une fois.

Nous vîmes le soir un Chinois conduisant seul son bateau ; il ramoit avec les pieds, et tenoit la barre avec les mains. Il paroît que c'est un usage reçu, puisque d'autres Chinois qui étoient avec lui, ne cherchoient nullement à l'aider.

La réception de l'ambassadeur à Hang-tcheou-fou fut très-bonne ; d'où l'on peut conclure qu'elle auroit pu être par-tout la même ; mais, dans les lieux où nous passions, notre premier mandarin, homme très-orgueilleux et très-bête, prenoit la place de l'ambassadeur, et se faisoit rendre des hommages qui n'étoient pas pour lui : né dans ce pays, et fils d'un marchand, il n'osa pas faire ici l'homme d'importance, aussi tout se passa dans le plus grand ordre. Il se fait un grand commerce à Hang-tcheou-fou, et l'on y fabrique beaucoup d'étoffes de soie.

[26.] La marée monta vers les six heures et demie du matin, elle venoit avec une grande rapidité; nos matelots écartèrent les bateaux les uns des autres pour éviter l'abordage; une demi-heure après, ils se placèrent de nouveau près du rivage. Nous desirions voir encore la ville pour y acheter quelques raretés; en conséquence M. Titzing en parla à notre troisième mandarin; mais cela souffrant quelques difficultés, nous nous contentâmes d'aller sur une montagne voisine, d'où nous découvrîmes une partie du lac Sy-hou et de la ville de Hang-tcheou-fou. En revenant nous vîmes un grand nombre de tombeaux, dont un sur-tout fixa notre attention. Sur une grande esplanade à laquelle on parvient par deux escaliers, on trouve une tombe circulaire et sphérique en dessus, et de chaque côté deux pierres noires, qui indiquoient autrefois la qualité du mort, car actuellement on y découvre à peine un caractère (n.° 62).

Notre

Notre promenade fut très-agréable; tantôt nous étions sur des hauteurs, et tantôt dans des vallées profondes où l'on trouve de l'eau excellente. Les arbres les plus communs sont les pins; les Chinois en coupent les branches et en font des amas considérables pour les vendre ensuite.

De retour à nos bateaux, et après nous être reposés quelque temps, nous allâmes le long du rivage. On aperçoit de distance en distance des maisons bâties à l'entrée de plusieurs petits plateaux où l'on cultive du riz, et l'herbe dont on fait de l'huile. Nous passâmes sur deux ponts, dont l'un de cinq arches étoit plat et presque écroulé d'un côté : il nous parut étonnant que les Chinois ne le raccommodassent point, puisqu'il n'y avoit pas d'autre chemin dans cet endroit, et que nous y rencontrâmes un grand mandarin avec tout son cortége. Dans cette promenade, qui fut de près d'une lieue, nous ne vîmes qu'un petit nombre de paysans, et quelques femmes qui se mirent aux portes pour nous regarder ; et quoique nous ne fussions que deux, personne ne se permit de nous dire la moindre chose.

[27.] On nous conduisit le matin entre les gorges des montagnes, dans un jardin planté d'arbres fruitiers ; ils étoient tous en fleurs, et formoient un contraste frappant avec la triste verdure des pins qui couvroient tous les environs.

Nous trouvâmes à notre retour nos Chinois occupés à recevoir des provisions, et bientôt après, nos bateaux quittèrent le rivage, laissant à droite des montagnes boisées avec de petits villages dans les bas, et sur la gauche un terrain plat avec des montagnes dans l'éloignement. La rivière est large : l'eau en montant et en descendant, fait prendre à la vase les formes les plus singulières. Chaque brin de paille, entouré de limon, représente un vase, un arbre ou une maison.

Nous vîmes ensuite des habitations où l'on s'occupoit à faire du vin, et un village renommé pour son commerce en huile, et remarquable par un quai qui règne le long de la rivière ; près de là des Chinois travailloient à terminer un très-grand bateau. Nos mariniers tiroient les barques avec de petites cordes très-fortes ; chacun avoit la sienne.

[28.] Terrain plat avec des montagnes à une lieue de distance, mais qui se rapprochent de temps en temps, et forment des vallées. Ces montagnes sont arides à leur sommet, et boisées à leur base. Le terrain est ocreux et sablonneux ; les pierres sont disposées par bancs inclinés, et se détachent par feuillets.

Après avoir dépassé une tour de sept étages, dont il ne restoit que la pièce de bois qui soutenoit le comble, et deux cercles de fer, nos bateaux mouillèrent près des murailles de la ville de Fou-hiang-hien. On voit à sa sortie, du côté des montagnes, un pont très-bien fait, composé de trois grandes arches, et d'autres plus petites *(n.° 64)*. Les environs sont en partie couverts de maisons et de magasins remplis de branches de pin, que les Chinois transportent par eau dans beaucoup d'endroits, car nous rencontrâmes plusieurs bateaux et des radeaux, qui en étoient entièrement chargés. La campagne est belle et pittoresque; les champs sont couverts d'herbe à huile; on aperçoit aussi beaucoup de pêchers, et d'autres arbres fruitiers sous lesquels les Chinois sèment quelques grains. Les mûriers, dont on trouve un grand nombre, sont ici plus gros que ceux que nous avions vus précédemment; on les élague en dedans pour leur donner de l'air, mais on ne coupe pas toutes les petites branches. En général, ces arbres ne paroissent pas aussi bien taillés que dans la province de Kiang-nan.

On ne voit plus autant de monde, et même on n'en rencontre que fort peu : les habitations sont en petit nombre : elles sont le long de la rivière, et pour la plupart chétives. Nous ne vîmes dans cette journée qu'une pagode, et un seul arc de triomphe.

[ 29. ] La qualité et la disposition du terrain continuent d'être les mêmes : la campagne est remplie d'arbres, de mûriers et de bamboux; presque tous les champs sont couverts de blé et de navettte.

Pendant toute la matinée nous ne vîmes rien de curieux, excepté une montagne dont le sommet étoit couvert d'arbres à travers lesquels on distinguoit une pagode et une vieille tour. D'un côté la montagne se prolonge en pente, que les Chinois cultivent par terrasses; de l'autre côté elle est à pic sur un bras de rivière qui la sépare de Tong-lou-hien. Cette ville n'est pas fermée de murailles; les maisons en paroissent bonnes, et quelques-unes ont jusqu'à deux étages au-dessus du rez-de-chaussée. Le seul ornement de Tong-lou-hien consiste dans un arc de triomphe qui est bâti près du fleuve. Le terrain après la ville est plat sur la gauche, et montueux sur la droite; mais les montagnes s'ouvrent ensuite, et forment une vaste plaine dans laquelle on voit un grand nombre de mûriers et de bambous, avec des champs de blé et d'herbe à huile.

Nos bateaux furent obligés de faire beaucoup de détours sur la rivière, pour éviter les rochers et sur-tout les bas-fonds qui sont formés par des amas considérables de galets. Dans ces circonstances les Chinois étant obligés de tirer avec plus de force, font descendre la corde qui est au haut du mât, et l'attachent au milieu, pour éviter de faire incliner le bateau.

[30.] Nous étions le matin dans un passage

resserré par des montagnes arides et élevées. La rivière, quoique large, n'étoit libre qu'au milieu, à cause des bas-fonds qui sont sur les côtés.

On ne voit çà et là qu'un petit nombre d'habitations qui sont occupées par des marchands de bois. Une petite pagode dominée par deux rochers isolés, séparés l'un de l'autre, et sur lesquels il y a un monument en pierre, est tout ce qui attira notre attention. Le terrain continue d'être montagneux ; mais les montagnes s'abaissent à la fin et forment de grandes vallées où nous vîmes des champs de blé, de féves et de navette. La campagne offre de jolis points de vue ; on distingue au loin sur les hauteurs, des terrains cultivés, et plus près, des champs remplis d'arbres, de bamboux et de mûriers. Les maisons sont presque toutes à deux étages, elles sont bonnes et bien bâties. On trouve une tour de sept étages, et un pavillon qui n'en a que quatre, avant d'arriver à la ville de Yen-tcheou-fou, dont nous passâmes assez près, mais en la laissant sur la droite, ainsi que le bras de rivière qui en baigne les murs, et une seconde tour de la même forme que la première.

Nous aperçûmes quelques champs de thé, dont les plants étoient isolés et éloignés d'environ deux à trois pieds les uns des autres.

[31.] La route continue entre des montagnes

au bas desquelles il y a des plateaux qui s'étendent plus ou moins, et dont une portion est remplie d'arbres, de mûriers, de bamboux, et l'autre contient de grands espaces où l'on cultive le blé, la navette et les féves : les collines sont couvertes de pins.

Après avoir dépassé une tour à sept étages, une pagode et quelques villages dont les maisons en briques sont bonnes et à deux étages, nous nous arrêtâmes au faubourg de Lan-ky-hien, ville bâtie au pied d'une montagne.

[1.er Avril.] La campagne est unie des deux côtés, avec des montagnes dans l'éloignement. On voit néanmoins sur le devant plusieurs collines, dont les unes sont arides et les autres cultivées par gradins, et dont les bas sont garnis de pins et de bamboux. Le terrain est rougeâtre et sablonneux; les pierres se détachent par feuillets ; les champs sont remplis de mûriers, de féves, de navettes (n.° 66) et de blé : ce dernier est planté par touffes isolées et disposées en rayons ; sa feuille est large : il paroît pousser avec force. La rivière continue d'être d'une difficile navigation, à cause des basfonds qui, dans certains endroits, donnent à ses eaux une telle rapidité, que les paysans sont forcés d'élever des digues pour s'opposer au courant et l'empêcher de dégrader les terres. Ces courans se rencontrent aux détours de la rivière, à la suite de petites îles, derrière une pointe avancée, ou après des bas-fonds : l'eau s'y accumule pendant un certain temps ; mais franchissant enfin l'obstacle qui la retenoit, elle coule avec impétuosité et entraîne tout ce qu'elle rencontre. Dans ces cas, les patrons mouillent et laissent tomber à cet effet un long morceau de bois qui traverse le devant du bateau : cette manière, qui est expéditive, sert également lorsqu'une des cordes des tireurs vient à casser.

On voit des maisons bâties de distance en distance dans la campagne ; elles sont très-bonnes, peintes en noir, avec un encadrement de couleur blanche autour de toutes les fenêtres *(n.° 65)*. Après avoir passé devant le bourg de Hong-tchoun, qui est généralement bien bâti, et avoir laissé une tour de cinq étages, nous trouvâmes des moulins *(n.° 68)* pour piler le grain. Ils sont entourés de nattes et couverts en paille. Une roue de sept à huit pieds de diamètre, portant des palettes à sa circonférence, fait tourner avec elle cinq morceaux de bois fixés sur son axe, qui pèsent tour à tour sur autant de leviers dont l'extrémité, garnie d'un pilon, retombe dans un mortier de pierre placé en-dessous : ces sortes de roues plongent ordinairement de trois ou quatre pieds dans l'eau.

La campagne est toujours très-belle. Dans un endroit, une tour à sept étages, mais d'une moyenne proportion ; plus loin, un arc de triomphe placé en avant d'un antique tombeau, forment un très-joli point de vue ( n.º 69 ).

[2.] La campagne est plate, on voit seulement de temps en temps quelques collines boisées. Les maisons paroissent bonnes, les terres sont bien cultivées; on y trouve du blé, de l'orge, des féves et de la navette, outre des mûriers et des arbres de différentes espèces.

Avant d'être au bourg de Ya-tsin, dépendant de la ville de Long-yeou-hien, qui est à une demi-lieue dans les terres, on dépasse une tour de sept étages, et peu après une autre semblable peu éloignée d'une colline entièrement composée de pierres rougeâtres, disposées par bancs inclinés.

Au village de King-ping-kieou, nous fûmes obligés de passer entre la terre, et des arbres qui se trouvent dans la rivière : le courant étoit rapide en cet endroit; mais le vent du nord nous favorisant, nous sortîmes heureusement de ce passage dangereux. Nous aperçûmes ensuite dans la campagne quelques plantes de thé, des pins, des mûriers et des champs entiers d'orangers. Plusieurs vaches paissoient auprès d'un village dont les habitans exploitent les carrières voisines. Ces gens ne creusent pas en dessous, mais travaillent à découvert et de haut en bas.

Nous ne vîmes rien de curieux qu'un arc de triomphe, et une tour de neuf étages avant de nous arrêter pour souper. On trouve le long du rivage de grosses pièces de bois enfoncées dans la terre pour amarrer les bateaux ; le courant est rapide et ronge les terres ; elles étoient minées prodigieusement d'un côté. On fait ici beaucoup de charbon avec des branches de pin ; plusieurs bateaux en étoient chargés. Je trouvai, en me promenant, du lilas semblable à celui d'Europe, mais sans odeur ; il n'avoit que huit à dix pouces de hauteur, et sembloit ne pas devoir s'élever au-delà d'un pied *( n.° 67 )*. On rencontre peu de monde, et ce pays paroît ne contenir qu'un très-petit nombre d'habitans.

[3.] Nous arrivâmes pendant la nuit à la ville de Kieou-tcheou-fou. Le courant étant très-rapide, les bateaux, pour traverser le fleuve, furent obligés de s'élever prodigieusement sur la gauche ; mais en le traversant, ils furent entraînés avec une telle force, que rendus près de terre ils se trouvèrent plus bas que l'endroit opposé d'où ils étoient partis. Parmi les bateaux qui refouloient avec nous le courant de la rivière, j'en remarquai un petit dans lequel il y avoit une jeune fille et un Chinois d'un certain âge ; celui-ci étoit couché nonchalamment, tandis que la pauvre fille faisoit tous ses efforts pour faire avancer sa petite barque.

La campagne au-delà de la ville est unie ; on voit cependant dans l'éloignement, des montagnes arides, et sur l'avant, plusieurs collines rougeâtres, dont les moins hautes sont cultivées par gradins, et les plus élevées couvertes de pins. La culture est celle du blé, de l'orge, des fèves et de la navette. On trouve des orangers et des mûriers, mais ceux-ci n'avoient pas encore poussé. Des maisons isolées et bien bâties sont répandues dans les champs : le terrain est sablonneux sur un fond d'argile dont l'épaisseur est quelquefois de dix à quinze pieds.

Nous vîmes plusieurs moulins pour piler les grains ; l'un d'eux avoit une roue semblable à celle de nos moulins, dont l'axe faisoit aller cinq pilons : une autre de ces roues en faisoit mouvoir une plus petite placée perpendiculairement pour faire tourner une meule horizontale; mais la machine n'alloit pas, étant en partie brisée. Plusieurs Chinois étoient occupés à passer et à bluter la farine. Ces moulins appartiennent, en communauté, à un village dont chaque paysan a le droit de venir faire piler son grain : l'entretien est supporté par chaque particulier suivant ses moyens. On rencontre aussi près des villages, de jeunes enfans qui font sécher au soleil des vermicelles étendus sur des nattes : les Chinois consomment beaucoup de ces sortes de pâtes, dont les filets sont plus ou moins gros.

Nous aperçûmes des buffles et des vaches, mais

en petit nombre : on voit peu de monde dans la campagne ; unie d'abord, elle changea bientôt ; les montagnes se rapprochèrent, et même jusque sur le bord de la rivière : nous vîmes ensuite plusieurs villages, et des fours à brique.

[4]. La campagne est toujours la même : les hauteurs sont tantôt près de la rivière, et tantôt assez éloignées, mais forment toujours des plateaux entre les gorges où l'on cultive le blé et les navets : en général le pays est montueux. Nous vîmes beaucoup d'orangers, quelques lataniers et des mûriers, dont les boutons commençoient à grossir.

Avant d'arriver à la ville de Tchang-chan-hien, dont les murailles s'étendent jusqu'aux montagnes voisines, et renferment plusieurs collines arides, nos bateliers mouillèrent auprès d'un pont dont les piles sont en pierre, et sur lesquelles on étend de l'une à l'autre des pièces de bois qu'on retire à volonté pour donner un libre passage aux barques, qui remplissoient, dans ce moment, une bonne partie de la rivière. La campagne autour de la ville est très-bien cultivée; les champs sont partagés par planches où l'on sème des légumes. On voit à l'entrée, une tour de sept étages, qui tombe en ruines; la porte de la ville est pareillement dégradée, et le pavillon qui est au-dessus, n'est fermé que par des nattes. Les murailles sont basses et construites en pierre ; les rues sont étroites, cailloutées, et bordées de boutiques dans lesquelles on vend de petites bourses, des pipes et des souliers garnis de gros clous. Les bouchers ont le même usage qu'en Europe, et étalent leur viande sur de grosses pièces de bois. Plusieurs maisons sont en briques, et d'autres entièrement en bois. Durant notre promenade nous fûmes suivis par un petit nombre de Chinois, et nous vîmes peu de monde. De retour dans nos bateaux, nous demandâmes aux mandarins des chevaux pour notre voyage par terre ; ils firent d'abord des difficutés, en disant qu'il n'étoit pas facile de s'en procurer ; mais ayant insisté, ils promirent à la fin de nous en fournir.

[5.] L'ambassadeur partit en palanquin dès le matin ; mais les mandarins nous ayant fait attendre pour des chevaux, il étoit près de onze heures lorsque nous nous mîmes en route, entourés d'un grand nombre d'enfans qui crioient après nous, et qui nous suivirent dans la ville. A sa sortie, on trouve un chemin très-bien entretenu, qui consiste en une chaussée pavée de petites pierres avec un rang d'autres plus larges placées au milieu. Il est disposé de cette manière dans les villages et dans les bas-fonds ; mais dans les autres endroits, la terre est seulement bien battue ; ce chemin peut avoir environ vingt pieds de largeur ; il monte et descend foiblement, en passant tantôt dans des vallées ensemencées, et tantôt entre des collines couvertes de pins ou cultivées. On voit du blé, de l'orge, des navets, des pois gris et du Tchou-ma; cette espèce de chanvre, qui a la côte et la feuille épaisse, croît très-haut; il est fort, et on s'en sert pour faire des cordes et de grosses étoffes.

Nous traversâmes quelques petits villages, et nous vîmes plusieurs maisons qui servent de retraite aux voyageurs. Avant d'arriver au bourg de Tsao-ping-y, situé à moitié du chemin, et dans lequel nous nous arrêtâmes pour prendre des rafraîchissemens, nous trouvâmes dans une gorge de montagne, une porte fortifiée avec des murailles qui s'étendoient sur les hauteurs voisines : ce poste, défendu par un petit nombre de soldats, sert à garantir le pays contre les incursions des voleurs. A peu de distance du bourg on en trouve encore un pareil, qui fait la séparation entre les provinces du Tche-kiang et du Kiang-sy. Après le bourg, la route continue entre des collines plus ou moins élevées, et dont quelques-unes offrent des pierres argileuses, grises, veinées de blanc, ou brunâtres avec des taches vertes. Le chemin en général est bien entretenu, et coupé de distance en distance par des rigoles pratiquées pour l'écoulement des eaux; il faut y faire attention, car un de nos compagnons de voyage culbuta, avec son cheval, et roula dans les terrains inondés qui sont destinés à la culture du riz, et qui bordent la route. Les Chinois nous avoient prévenus que nous verrions beaucoup de tabac, mais nous n'en aperçûmes qu'un champ d'une médiocre étendue.

Après avoir passé trois arcs de triomphe, nous arrivâmes auprès d'une petite rivière sur laquelle il y a un pont en pierre, et qui est très-bien fait; des Chinois s'occupoient à y placer des parapets; mais la pluie nous empêcha de rester plus long-temps, et nous força d'entrer promptement dans le faubourg de Yu-chan-hien, dont les maisons sont presque toutes en bois, à l'exception de quelques-unes qui ont les côtés en briques; elles sont généralement meilleures que celles de la ville, où l'on ne voit de remarquable que deux arcs de triomphe très-bien travaillés, et deux pagodes. La porte est bâtie en demi-cercle; elle est peu élevée ainsi que les murailles, et construite, comme elles, avec des pierres rouges. Entrés dans le second faubourg, nous ne tardâmes pas à arriver dans le Kong-kouan qui nous étoit destiné, et qui se trouva être le même que le lord Macartney avoit occupé l'année d'avant. Cette maison, que l'ambassadeur anglois prétend être destinée à faire les examens, n'en a nullement l'apparence, et sert uniquement aux marchands qui vont en voyage : elle est grande et assez bonne; les principaux murs sont en briques, et la façade en bois.

Nous allâmes dans le faubourg pour voir si nous trouverions quelque chose à acheter, mais les boutiques n'avoient aucun objet de valeur; les Chinois se tinrent aux portes de leurs maisons pour nous regarder; plusieurs nous suivirent, mais le nombre n'en fut pas considérable.

Nos bateaux n'étant pas éloignés, nous fûmes les examiner; ils étoient de deux espèces: les grands sont lourds et n'ont que des nattes qui se poussent en place de portes; les petits ressemblent assez à ceux de Nan-ngan-fou. Le bateau destiné pour l'ambassadeur, étoit tout en bois *(n.° 17)*; il avoit au milieu une grande salle, ensuite une chambre à coucher, et en avant deux autres pièces dont une pour les matelots. Les Chinois qui rament sont placés sur l'avant; ils peuvent faire le tour du bateau en dehors, sur une planche saillante qui règne tout autour. Le patron se tient à l'arrière, monté sur une espèce de coffre; il a également une rame près de lui, dont il se sert au besoin. Un toit en bois le met à l'abri du soleil et de la pluie. La partie antérieure du bateau est percée de trois trous, qui servent au même usage que dans les bateaux de Nan-ngan-fou; le mât est placé vers les deux tiers de la longueur du bateau; la voile est de natte, et se plie par feuilles.

L'ambassadeur n'arriva qu'à six heures du soir, et après lui nos lits et une partie du bagage. Deux soldats Hollandois obtinrent seuls des chevaux, les autres vinrent en palanquins; nos domestiques et plusieurs effets ne quittèrent Tchang-chan-hien qu'à quatre heures de l'après-midi, les mandarins n'ayant pu parvenir à se procurer plutôt les coulis nécessaires. Les chevaux paroissent être très-rares dans ce pays, nous n'en rencontrâmes aucun, les Chinois voyageant presque tous à pied ou en palanquin.

Nous ne rencontrâmes que peu d'habitans et encore moins de voyageurs dans la route que nous fîmes par terre dans cette journée, quoique ce passage fasse la séparation des deux provinces de Kiang-sy et de Tchekiang, et que, suivant les Chinois, il serve de communication à sept provinces différentes.

[6.] Nos effets n'étant pas encore arrivés, nous allâmes dans la ville, où nous vîmes un arc de triomphe très-bien travaillé: nous entrâmes ensuite dans une ancienne pagode appelée Ouang, dans laquelle des Chinois venoient de faire un sacrifice en égorgeant une poule sur un petit tigre en pierre, placé à l'entrée de la salle principale. Le sang étoit encore chaud. Nous regrettâmes beaucoup de n'avoir pas été témoins de cette offrande, et des cérémonies qui se pratiquent dans cette circonstance; c'étoit la première fois que j'entendois parler d'un sacrifice sanglant. Nous visitâmes
ensuite

ensuite une autre pagode ; celle-ci n'étoit pas encore entièrement achevée. On emploie beaucoup de bois dans la construction de ces édifices, et les Chinois les font avec un soin particulier, car les portes et les fenêtres sont travaillées à jour et ornées de sculptures. La porte extérieure est en brique et fort bien construite.

En revenant à notre Kong-kouan, nous rencontrâmes notre premier mandarin, précédé des soldats, des tranche-têtes, des bourreaux et des porteurs de chaînes du gouverneur de la ville, chez lequel il alloit faire sa visite. Tout fier de cet attirail *respectable*, il crut que nous nous arrêterions pour le saluer ; mais nous continuâmes notre route sans le regarder. Nous aperçûmes peu d'hommes dans la ville, et encore moins de femmes.

Le derrière de notre maison étant occupé par le propriétaire et par ses femmes, celles-ci nous regardoient par les fentes de la porte et par un trou pratiqué dans la cloison ; mais un Chinois étant survenu au moment où elles ne s'y attendoient pas, il les fit retirer ; nous mîmes alors une planche devant le trou, pour montrer au maître de la maison que nous ne cherchions pas à voir chez lui. Quelques-unes de ces femmes étoient jeunes, assez jolies et bien habillées.

La rivière qui passe à Yu-chan-hien n'est pas

large ; ses bords sont plats, avec quelques collines, dont les unes sont arides et les autres couvertes de pins, qui croissent par-tout ; les montagnes sont dans l'éloignement. Nous nous embarquâmes le soir.

[7.] On cultive dans les champs l'orge, le blé et le Tchou-ma ou chanvre : on trouve aussi des arbres à suif et des mûriers, mais ceux-ci paroissent plus rares. Les habitations sont de distance en distance, et forment un bel effet. On aperçoit aux environs quelques bestiaux, et plusieurs moulins ; ils sont mieux faits dans ces cantons que ceux que nous avions vus précédemment, et portent sur l'axe quatre dents pour chaque levier ou pilon, ce qui le fait agir plus promptement. Le terrain est sablonneux et rougeâtre ; les pierres sont de la même couleur : les Chinois les tirent des collines voisines, qu'ils exploitent de haut en bas et à découvert.

La ville de Kouang-sin-fou, où nous nous arrêtâmes seulement pour y prendre des vivres, a des murailles en pierres rouges ; une petite tour avec un comble en pierre et ayant plusieurs étages, une seconde qui n'en a que deux, enfin, un petit pavillon ouvert, construit en pierres rouges, sont tout ce que nous vîmes de remarquable auprès de cette ville.

Nous arrivâmes dans la soirée à Ho-keou. Ce bourg est considérable et paroît fort peuplé :

les fondemens des maisons sont en pierres rouges.

Tandis que nous faisions route, les officiers des lieux devant lesquels nous passions, envoyoient complimenter les mandarins qui nous conduisoient : lorsqu'ils venoient eux-mêmes, ils restoient sur le bord de la rivière ; et lorsque nos bateaux défiloient, ils présentoient de loin leurs complimens écrits, et se mettoient même à genoux lorsqu'ils étoient d'un grade très-inférieur.

[8.] De hautes montagnes s'élèvent à l'est. La campagne est plate, avec des collines dans l'éloignement : celles qui sont les plus basses sont cultivées par terrasses ; les autres sont arides et composées quelquefois entièrement de pierres rouges. On voit un grand nombre de pins : les Chinois en plantent dans tous les endroits où ces arbres peuvent croître. Le terrain en général est rouge. La culture auprès de Y-yang-hien, où nous arrivâmes le matin, est celle du blé, de l'orge et de l'herbe à huile. Après avoir quitté cette ville, dont les murs en pierre et en partie détruits sont peu élevés du côté de la rivière et presque au niveau des maisons, la violence du vent nous obligea de nous mettre à l'abri, à peu de distance d'une tour de sept étages, presque aussi large par le haut que par le bas, et dont le comble en pierre avoit la forme d'une lanterne surmontée d'une autre plus petite. Cette tour est bâtie sur une foible hauteur, totalement composée de pierres rouges disposées par bancs inclinés *(n.º 17)*.

[9.] Nous partîmes de très-bonne heure, mais nous nous arrêtâmes de nouveau, malgré tout ce que put objecter M. Vanbraam pour déterminer nos mandarins à continuer : ceux-ci prétendoient que nous ne pouvions connoître la direction du chemin, et que les vents étant contraires dans l'endroit où nous étions, ils devoient l'être encore plus loin ; enfin, le temps s'étant un peu calmé, nos bateliers se remirent en route dans l'après-midi.

Le terrain est toujours entrecoupé de collines et de montagnes : ces dernières sont en arrière et présentent les formes les plus singulières. Après avoir marché quelque temps, nous passâmes devant une colline percée à jour, appelée Tching-neng-che, et nous arrivâmes, peu de temps après, à la ville de Kouey-ky-hien, précédés par un bateau contenant des soldats qui frappoient sur des bassins de cuivre, et qui jouoient sur des instrumens. Les murailles de la ville sont basses du côté de la rivière, et sont construites en pierres rouges : on aperçoit par-dessus plusieurs arcs de triomphe et quelques maisons qui paroissent fort bonnes.

On voit près de la ville une montagne nommée Long-fou-chan, près de laquelle il y a un canal et un village qui fut jadis la demeure d'un astronome fameux nommé Tchan-hien-tse. Les Chinois prétendent qu'il guérit les possédés du démon : ceux qui l'invoquent en reçoivent un billet avec son nom; une personne de la famille de ce personnage, portant le même nom que lui, occupe sa place, et jouit de certains priviléges et d'une pension qui lui est accordée par l'empereur.

[10.] Une petite tour de pierre, haute d'environ quinze à vingt pieds, est tout ce que nous vîmes de curieux avant d'être à la ville de Ngan-jin-hien, dont les murs, bâtis en pierres rouges, s'étendent au loin et renferment plusieurs collines arides. La campagne, après la ville, est très-belle et coupée par des ruisseaux. Le terrain est uni et rempli d'arbres, principalement de ceux qui produisent le suif : dans les endroits où il n'y en a pas, on voit de l'orge et de l'herbe à huile.

Nous marchâmes très-lentement dans l'après-midi, nos bateaux attachés l'un à l'autre se laissoient aller au fil de l'eau et n'osoient faire route, parce que les patrons avoient reçu l'ordre d'aller doucement, et d'avoir l'attention de ne pas dépasser la barque de notre premier mandarin. Ce Chinois auroit cru sa dignité compromise si un de nos bateaux avoit été plus vîte que le sien; il avoit même déjà fait donner quelques coups de bambou au patron de la barque de l'ambassadeur, pour n'avoir pas exécuté ses ordres : aussi depuis se tenoit-il de l'arrière, et les autres bateaux n'osant plus aller comme à l'ordinaire, nous n'arrivâmes qu'à six heures du soir au village de Ouang-kia-pou, à peu de distance de la ville.

[11.] On trouve de temps en temps des maisons et de petits villages répandus dans la campagne : la culture est l'orge, le blé, l'herbe à huile et le Pe-tsay. Cette plante potagère, fort estimée des Chinois, ressemble à nos cardes poirées; elle parvient jusqu'à deux pieds et plus de hauteur, et pèse de dix à quinze livres. Les Chinois exposent cette plante au soleil pour la faire sécher, ou la confisent dans la saumure.

Après avoir passé le bourg de Long-tchin, éloigné d'une lieue de la ville de Yu-kan-hien, nous trouvâmes la campagne unie et disposée par grands plateaux; les terres sont rouges, basses et partagées par la rivière, ce qui forme plusieurs îles sur lesquelles on recueille du foin en assez grande abondance.

Les Chinois n'ont pas de faulx; ils se servent d'une espèce de couperet *(n.° 70)* de huit à neuf pouces de longueur sur trois de largeur; le côté du tranchant est droit; le dos est arrondi, et porte à l'extrémité la plus large une douille de fer disposée de biais, à laquelle on adapte un manche. Les Chinois font peu d'ouvrage avec ce mauvais instrument, qu'ils tiennent droit et sans se pencher. Le foin est chargé dans des bateaux à mesure qu'on le coupe : une partie est consommée par les animaux ; l'autre est étendue dans les champs, où elle se pourrit et sert d'engrais. Après avoir passé devant plusieurs fours à briques, nos bateaux mouillèrent à l'extrémité du bourg appelé Cha-hong.

[ 12. ] La rivière forme différens canaux ; elle devient large ensuite, et l'on voit une grande étendue d'eau dans le sud-ouest. Nous avions le lac Po-yang à l'ouest, mais il nous fut impossible de le découvrir. La rivière reprit bientôt sa largeur ordinaire, et la campagne devint plus élevée : on y voit des arbres, des habitations et des tombeaux. Les maisons des villages sont dans un état déplorable, elles tombent en ruine, et je ne sais comment on permet aux Chinois de les habiter. Le terrain est rougeâtre, argileux, et veiné de jaune.

Nous n'aperçûmes dans toute la journée que quelques vaches, un petit nombre de bœufs, et huit chevaux, qui paissoient librement dans les champs. Nous rencontrâmes le soir un bateau pêcheur (n.° 70); il étoit long, étroit, ayant d'un côté une planche blanchie et inclinée jusqu'au bord de l'eau, et de l'autre côté un filet de la longueur du bateau. Le poisson, en voyant cette blancheur, saute par-dessus, sans dépasser le bateau à cause du filet ; ce qui peut arriver à Macao, où l'on pêche de la même manière, mais sans filet.

[13.] La campagne est plate, la rivière fort large; mais une île qui en occupe le milieu, diminue sa largeur; cette île est celle devant laquelle nous nous étions arrêtés en montant, aussi nous ne tardâmes pas à distinguer la maison que nous avions déjà occupée. Le rivage que nous suivîmes ne présente rien de curieux, excepté plusieurs fours à chaux qui sont construits avec de petites pierres rouges posées de biais les unes sur les autres, et retenues en dehors par des cordes *(n.° 71)*. La pierre qu'on emploie pour faire la chaux, est tendre et blanchâtre.

Parvenus aux faubourgs de Nan-tchang-fou, capitale de la province du Kiang-sy, nous n'y vîmes que des maisons misérables: un petit nombre de soldats nous attendoit le long de la rivière, et bientôt après nos bateaux s'arrêtèrent auprès d'une place entourée de maisons. Nous allâmes nous promener dans les faubourgs et dans une partie de la ville. Les rues en sont étroites et sales, quoique pavées avec de larges pierres plates. Nous vîmes un grand nombre de boutiques, mais les plus belles sont presque toutes situées dans le même quartier, les autres sont peu riches; il y en a d'entièrement remplies de chapeaux de paille et d'éventails; plusieurs contiennent tout ce qui est à l'usage des comédiens. Étant entrés, chemin faisant, dans une boutique pour acheter quelques bagatelles, nous rîmes beaucoup de voir le marchand s'enfuir à toutes jambes; mais les soldats Chinois qui nous accompagnoient pour écarter le peuple, ramenèrent promptement cet homme, qui d'abord pâle et tremblant, se remit bientôt de sa frayeur, et nous vendit très-cher : il paroît que c'est l'usage dans ce lieu, car ayant marchandé quelques porcelaines dont la forme différoit totalement de celles qu'on trouve à Quanton, nous fûmes obligés de les laisser, vu le haut prix qu'on nous les fit : la même chose nous arriva chez un marchand de curiosités, qui nous demanda le quadruple de ce que l'objet valoit. Il paroît qu'on fait un grand commerce à Nan-tchang-fou, à en juger par le nombre des boutiques, et par la manière dont elles sont fournies.

Un grand nombre de Chinois remplissoit la place devant laquelle nos barques étoient arrêtées, cependant la foule n'étoit pas très-considérable, et nous n'en fûmes pas incommodés durant notre promenade. L'île qui étoit près de nous, étoit environnée de beaucoup de bateaux, dont une partie sert à faire un pont qu'on retire à volonté. Les Chinois nous proposèrent de changer de barques, mais nous préférâmes de garder les mêmes.

[14.] Vers les neuf heures, le troisième mandarin qui nous accompagnoit, vint prendre l'ambassadeur pour le conduire dans la ville : notre premier conducteur s'étant emparé du pavillon que les Chinois avoient construit pour recevoir l'ambassade lorsqu'elle descendroit, et nos bateaux se trouvant à l'extrémité de la place, l'endroit où M. Titzing mit pied à terre, étoit tellement rempli de boue, qu'on fut obligé de mettre des planches pour qu'il pût parvenir jusqu'à son palanquin. Cela fait voir de quelle manière les Chinois en agissent avec les étrangers : si une fois on leur cède quelque chose par politesse, ils l'exigent ensuite comme un droit.

L'ambassadeur fit le salut ordinaire ; il assista ensuite à une comédie et à un repas que lui donnèrent les mandarins de Nan-tchang-fou, qui en général furent très-honnêtes. M. Titzing étant revenu, bientôt après nos bateaux se mirent en route, laissant l'île à droite, et la ville et le faubourg à gauche. Les pavillons du bateau de l'ambassadeur furent changés ; les mandarins en firent mettre de rouges à la place des jaunes qui y étoient auparavant.

La campagne est plate, sauf quelques collines : les habitations sont répandues de distance en distance dans les champs ; les paysans s'y occupent à la culture du blé, de l'orge, de l'herbe à huile et du Pe-tsay ; aussi voit-on beaucoup de piquets, dressés exprès, pour faire sécher cette dernière plante.

[15.] La campagne est très-belle ; elle est unie ; mais on voit quelquefois des collines dont les bas sont cultivés. Les habitations sont répandues dans les champs, et toujours environnées d'arbres. On distingue aussi des villages, et nous vîmes deux pagodes, dont une, bâtie sur une colline boisée, présentoit un fort joli point de vue. Les bords de la rivière sont couverts d'arbres de différentes espèces, de saules et d'oziers. Le fleuve forme plusieurs îles ; son cours est rapide ; il ronge et emporte les terres : pour y remédier, les Chinois construisent des quais, mais qui s'écroulent promptement par le peu de soin qu'ils mettent à les faire. La côte est sablonneuse sur un fond d'argile. Nous vîmes peu de monde, très-peu de bestiaux et quelques bateaux qui remontoient ou descendoient la rivière.

Arrivés à la ville de Fong-tchin-hien, on nous donna de la musique ; mais les musiciens n'étant pas plus habiles que ceux que nous avions entendus lorsque nous étions passés précédemment, leur concert fut aussi détestable que la première fois : cependant cette musique plut si fort à notre premier mandarin, que, pour en jouir seul, et à son aise, il fit passer nos bateaux de l'autre côté de la rivière.

[16.] La campagne est belle et coupée par des ruisseaux : les collines sont couvertes de pins, ou cultivées par terrasses, sur lesquelles il y avoit du blé et de belles orges. On apercevoit des champs entiers d'herbe à faire de l'huile : le terrain est argileux, rouge par fois, et tantôt jaunâtre. Les maisons sont entourées d'arbres, et répandues çà et là ; elles sont bâties généralement en bois, et paroissent mauvaises ; les pagodes, au contraire, sont en bon état, et bien construites. Nous vîmes plusieurs fours à chaux ; les uns étoient dans la terre, les autres en dehors : ces fours sont petits, entourés de nattes attachées avec des cordes. Pour souffler le feu, les Chinois se servent d'un grand rond d'osier *( n.° 71 )*. La pierre à chaux est tendre, blanchâtre, avec des veines grises. Nos bateaux s'arrêtèrent, l'après-midi, au bourg de Tchang-tchou-chen, éloigné de trois lieues de la ville de Lin-kiang-fou : le courant y étant rapide, les Chinois ont construit un quai le long de la rivière. Ce bourg paroît considérable, et il s'y fait un grand commerce en drogueries.

[ 17. ] Le terrain est plat et coupé par des ruisseaux ; on aperçoit plusieurs collines ; des montagnes paroissent dans l'éloignement : la terre est argileuse, de couleur rouge et jaunâtre. Nous vîmes le matin une Chinoise assise, avec son bagage, sur une brouette conduite par deux hommes *(n.° 18)*. On passe devant une tour blanche de neuf étages, avec un comble en pierre, et devant une pagode qui en est peu éloignée, avant que d'arriver au bourg d'Yun-tay, dans lequel on fait de la chaux, et où nous trouvâmes beaucoup de bateaux chargés de charbon. Ce bourg est considérable; mais nous n'y vîmes de remarquable qu'un grand vase à brûler des offrandes, placé, suivant l'usage, au devant de la pagode : ce vase étoit en fer, et pouvoit avoir de dix à douze pieds de hauteur (n.° 72). La campagne, après le bourg, est fort belle ; on voit beaucoup d'orangers; les habitations sont placées de distance en distance.

Nous vîmes l'après-midi deux pagodes, dont l'une est voisine d'une tour qui n'a plus que trois étages et à très-peu de distance de la ville de Sin-kan-hien, dont on distingue le quai bâti le long de la rivière, et deux autres pagodes qui en sont peu éloignées.

Nous descendîmes ici pour nous promener. On cultive l'orge, l'herbe à huile et le Pe-tsay. Nous aperçûmes dans les champs de l'avoine, mais en très-petite quantité, car les Chinois l'arrachent; ils n'ont pas même de nom pour cette plante qu'ils désignent sous le nom générique de Me *[grain]*. Ils parurent étonnés lorsque nous leur dîmes qu'elle servoit à la nourriture des chevaux. Nous trouvâmes de l'ivraie, du sainfoin, et de l'oseille dont nous mangeâmes les feuilles, au grand étonnement de ceux qui nous suivoient. En continuant notre promenade, nous traversâmes un petit village dont les femmes s'occupoient à filer du coton herbacé.

[18.] Le terrain continue d'être le même. Le haut des collines est garni de pins, mais le bas est cultivé. La ville de Hia-kiang-hien, où nous arrivâmes dans l'après-midi, ne présente aucun édifice remarquable, et ses murailles sont en très-mauvais état. On voit seulement au-delà de la rivière, qui est large en cet endroit, plusieurs pagodes et un arc de triomphe. En quittant la ville, le terrain est plat à droite, avec des montagnes éloignées; du côté opposé elles sont placées sur le bord du fleuve et arides : sur l'une d'elles on voit une vieille tour ruinée par le tonnerre, ce qui lui a fait donner le nom de Ta-louy-ta *[ tour frappée par le tonnerre ]*.

[19.] Les montagnes sont quelquefois près du fleuve, et dans d'autres endroits elles en sont éloignées; les bas sont cultivés par terrasses : en général, le terrain est montueux ; il est jaunâtre et rougeâtre sur un fond d'argile. La campagne est coupée par des ruisseaux, et l'on voit dans les champs des maisons et plusieurs tombeaux ; nous en vîmes un qui occupoit à lui seul une colline entière ( n.° 18 ).

A la ville de Ky-chouy-hien, où nous trouvâmes des soldats rangés en ligne, nous descendîmes sur une très-jolie pelouse qui règne le long de la rivière. Une pagode se trouvant à peu de distance, nous y entrâmes ; elle a deux étages ; du plus élevé on découvre une belle campagne, unie jusqu'aux montagnes, qui ne sont pas très-éloignées. Les murs de la ville sont en mauvais état ; l'intérieur est misérable, peu peuplé, et, à l'exception d'un petit nombre de bonnes habitations, la plus grande partie de la ville est remplie de petits jardins, d'espaces vides et de méchantes maisons tombant presque en ruine. Les boutiques sont chétives. Cette ville a dû être jadis dans un état plus florissant, car nous vîmes les restes de plusieurs arcs de triomphe ; un autre n'étoit pas encore totalement ruiné, et un dernier venoit d'être nouvellement construit.

Arrivés près des murailles, nous y montâmes pour découvrir les portes de la ville ; mais nous en trouvant trop éloignés, nous descendîmes par une brèche faite aux murs, et par laquelle on jette les immondices.

[20.] La vue, après Ky-chouy-hien, est très-agréable. Les bords de la rivière sont couverts d'arbres ; le terrain plat d'abord, présente ensuite des collines rougeâtres et boisées : plus loin sont des montagnes, dont la plus avancée a la forme d'un pain de sucre.

Après avoir passé deux tours blanches, nos bateaux mouillèrent en-dehors de la ville de Ky-nganfou, que nous allâmes visiter. Le faubourg est long et garni de boutiques. Les murailles de la ville sont mauvaises. Le quartier que nous traversâmes n'étoit occupé que par des maisons de peu d'apparence; mais étant éloignés du centre de la ville, il nous fut impossible de juger de l'intérieur. Le hasard, car nous étions sans guides, nous ayant conduits à une autre porte, nous nous trouvâmes dans la campagne; elle est très-jolie et coupée par des ruisseaux. Un chemin pavé nous ramena dans le faubourg, et, après une heure de marche, nous rentrâmes dans nos bateaux. Un très-petit nombre de Chinois nous suivit; nous en vîmes fort peu durant notre promenade, et la quantité de ceux qui étoient sur le rivage, pour nous regarder, n'étoit point du tout considérable. On ne voit pas beaucoup de bateaux sur la rivière, et rien n'annonce une ville du premier ordre.

A peine étions-nous en route, que nous revînmes sur nos pas pour changer une partie de nos vivres qui étoient gâtés. Repartis, pour la seconde fois, nous passâmes une demi-heure après devant une tour de neuf étages, qui a la forme d'un cône tronqué; elle est noire, sans comble, et paroît très-ancienne. Le terrain est plat et entremêlé de collines; les montagnes sont tantôt proches et tantôt éloignées de la rivière.

Arrêtés à Touy-fong, nous allâmes dans ce bourg qui est considérable; les rues, où l'on voit

beaucoup

beaucoup de boutiques, sont pavées avec des briques et de petites pierres. Étant entrés dans une maison qui avoit de l'apparence, nous remarquâmes le plafond de la première salle disposé en coupole et très-bien travaillé : il y a dans la cour, qui est au milieu de la maison, des pierres placées debout, sur lesquelles on a gravé le nom et la qualité du propriétaire. Les boiseries de l'appartement principal sont vernissées, et dans une des pièces on voit une grosse lampe suspendue.

Plusieurs maisons du bourg nous parurent aussi bonnes que celle que nous venions de visiter. Les Chinois nous en montrèrent une appartenant à un mandarin qui s'étoit enrichi : les murs en sont neufs et les portes vernies, mais le temps ne nous permit pas d'y entrer.

Les chemins en-dehors du bourg sont bordés d'arbres. Dans certains endroits on voit des Chinois occupés à faire des cordes de bambou. L'homme qui les travaille est monté sur un échafaud de douze à quinze pieds de haut, et la corde descend à mesure qu'elle est tressée. Lorsqu'elle est achevée, on la met à tremper dans un trou dans lequel on a versé de l'urine. Les habitans du bourg restèrent fort tranquilles ; quelques-uns nous suivirent, et parurent très-contens lorsque nous nous arrêtâmes à considérer leurs maisons. Le terrain, dans les environs, est sablonneux, rougeâtre et quelquefois jaunâtre. Dans l'après-midi un corps mort flottoit sur la rivière.

[21.] Le terrain est montueux; les endroits plats sont cultivés et parsemés de maisons et de différens arbres.

Je vis le matin des chiens qui mangeoient un cadavre abandonné sur la grève. Dans l'après-midi nous passâmes devant un tombeau d'une grande étendue et qui étoit presque détruit. On voit dans la partie la plus élevée une grande pierre debout, deux mandarins et trois animaux; plus bas, il y a deux chevaux placés vis-à-vis l'un de l'autre: toutes ces figures sont en pierre *(n.° 73)*. La colline sur laquelle ce monument est situé, est rougeâtre et jaunâtre; les pierres qui la composent sont par bancs inclinés. La campagne devient ensuite plus unie; et après avoir passé une tour de neuf étages, qui penche par le haut, nos bateaux ne tardèrent pas à mouiller près du rivage, à peu de distance de la ville de Tay-ho-hien.

[22.] De l'endroit où nous étions on aperçoit une partie de la ville et une tour blanche: il y en avoit une autre près de nous; mais celle-ci étoit petite, rouge et tellement couverte de broussailles, qu'on l'auroit prise pour un gros tronc d'arbre. La campagne est toujours la même, et fait voir de temps en temps des collines rougeâtres, dont les parties élevées sont couvertes de pins et les plus basses, destinées à la culture. Nous vîmes plusieurs petits villages, des corps-de-garde et quelques tombeaux qui n'avoient rien de remarquable, hors un seul qui étoit orné de figures de pierre, représentant des chevaux, des beliers et des tigres. Nous aperçûmes dans l'après-midi une trentaine de vaches. On trouve à la sortie d'un bourg appelé Pe-kia-tsun, une pagode, et un arc de triomphe formé de deux triangles égaux, dont le sommet est réuni par une bâtisse ; à peu de distance est une tour dont il ne reste que deux étages, avec un escalier en-dehors : nous crûmes d'abord qu'elle étoit très-ancienne ; mais on nous dit que cette ruine avoit été construite récemment avec des rochers factices apportés de Quanton. On s'en aperçoit en la considérant de près ; car cet ouvrage est d'un style mesquin, et trop médiocre pour représenter une tour antique et minée par le temps.

[23.] La campagne est unie et coupée de collines boisées : on voit des maisons et beaucoup d'arbres. Nous n'aperçûmes de curieux qu'une tour de neuf étages, bâtie sur une hauteur, et une pagode, au bas de laquelle est un quai qui borde la rivière et dont il sort deux petits filets d'eau. Plus loin la campagne est la même ; mais on découvre des montagnes, sur-tout auprès de Ouan-ngan-hien, où nous nous arrêtâmes. Les maisons de cette ville ont peu d'apparence, et son seul commerce consiste en huile qu'on retire des graines du Tcha-tchou qui croît dans tous les environs. Les montagnes qui font face à la ville sont couvertes de pins ; mais c'est sur-tout dans les bas qu'ils sont en plus grande quantité. Sur une de ces montagnes on distingue une tour de cinq étages : chaque étage va en diminuant ; les deux premiers sont larges et très-inclinés, les trois autres le sont moins. La tour a huit côtés et ressemble à une pyramide. Le terrain au-delà de la ville est montueux et très-boisé. Nous parvînmes bientôt dans un endroit nommé Mien-tsin-tang, vis-à-vis d'une grande vallée qui se prolonge entre des hauteurs, et dans laquelle on voit un village et un petit pont bâti sur un ruisseau.

Étant descendus à terre, nous prîmes le chemin qui suit le bas des montagnes ; celles-ci s'ouvrent quelquefois et forment des vallées dans lesquelles on cultive le riz et la navette : les hauteurs sont couvertes d'arbres à huile. Nous vîmes, en nous promenant, quelques orangers en fleurs.

[ 24. ] La rivière étant montée pendant la nuit de huit à neuf pieds, le courant devint si fort que nos bateliers n'osèrent se mettre en route ; ce retard nous permit de nous promener dans le voisinage.

Le terrain uni étant rare, les Chinois cultivent le riz dans les petits plateaux qui sont au bas des montagnes, ou dans ceux qui, quoique plus élevés, sont néanmoins susceptibles d'être arrosés par les eaux qu'on y conduit des hauteurs. Les montagnes sont généralement couvertes de pins et de taillis ; mais dans les endroits où la terre est meilleure, on l'emploie à la culture du Tcha-tchou *(n.os 74, 75).* Cet arbuste ressemble au thé par sa feuille, mais elle est plus grossière ; sa fleur est blanche et composée de cinq pétales. La baie qui lui succède a la forme alongée, et renferme quelques noyaux huileux dont les Chinois tirent de l'huile en les écrasant dans des moulins destinés à cet usage. Ces moulins sont mus par une grande roue à augets, que fait aller un foible courant d'eau, et qui elle-même en fait tourner une autre placée horizontalement dans le bâtiment. Cette dernière roue est partagée par quatre pièces de bois qui sortent un peu en-dehors de la circonférence, et portent à chaque extrémité une petite roue garnie de fer qui roule dans un canal de bois également doublé de fer, dans lequel on met les graines du Tcha-tchou pour être écrasées : lorsque celles-ci le sont suffisamment et qu'on en a exprimé ensuite toute l'huile, les Chinois en composent, en les mêlant avec de la paille, des espèces de pains dont ils se servent au lieu de savon. Nous trouvâmes dans un de ces moulins un arbre creusé et qui paroissoit servir de pressoir ; mais personne n'étant là, nous ne pûmes en connoître l'emploi.

[25.] La route continue entre des montagnes qui, tantôt très-près de la rivière et tantôt éloignées, laissent entre elles des plateaux que les Chinois mettent à profit. Les hauteurs sont couvertes d'arbres à huile : dans les bas, on voit des maisons, des bouquets de bamboux et plusieurs lataniers.

Le terrain est rougeâtre et par fois jaunâtre : les pierres posées par bancs inclinés se détachent par feuillets ; elles ressemblent à des grès, et d'autres fois elles sont très-douces au toucher et comme des cos.

Nous nous arrêtâmes à Ou-hio, qui n'a rien de remarquable que deux ponts, dont l'un est bâti à l'entrée et l'autre à la sortie du bourg. Les piles du premier sont en pierres et supportent des madriers en bois. L'eau qui coule sous ce pont vient des montagnes ; elle est limpide et claire, et contraste étrangement avec l'eau sale et jaune de la rivière. On fabrique ici de la chaux, car plusieurs personnes s'occupoient à en charger des bateaux. Nous entrâmes dans une pagode dont une partie avoit été employée à élever un théâtre : il paroît que les dieux à la Chine sont traités un peu cavalièrement ; car leurs demeures sont destinées à divers usages, et servent également aux voyageurs et aux comédiens.

Le terrain après le bourg est le même, mais

cependant plus plat dans certains endroits. On passe près de plusieurs habitations et d'une île boisée, sur laquelle nous vîmes des bestiaux. Parvenus à Leang-fou-tang, bâti sur le bord d'un ruisseau, nous allâmes voir ce bourg, qui avoit été depuis peu la proie des flammes : cela n'est pas étonnant, car presque toutes les maisons sont en bois ; cependant on les construit de nouveau et de la même manière. Nous vîmes plusieurs orangers en fleurs.

Notre maître-d'hôtel fut obligé d'acheter ici des provisions, nos mandarins n'ayant pris aucune précaution pour s'en procurer : aussi lorsque nos bateaux arrivèrent, ils nous cédèrent promptement la place et passèrent de l'autre côté de la rivière. Nous étions étonnés de cet excès de politesse ; mais nous n'en fûmes plus surpris lorsqu'on nous eut dit que nous n'avions rien pour souper. L'ambassadeur se décida en conséquence à ne partir que lorsque nous aurions des provisions suffisantes. Je vis encore un cadavre flottant sur l'eau.

[26.] Nous ne quittâmes le bourg qu'après avoir reçu ce qui nous étoit nécessaire pour deux jours. Le terrain est montueux, sec et aride ; la terre est rougeâtre, jaunâtre et argileuse : on voit de l'orge, du riz, de la navette, des cannes à sucre et l'arbre à huile. Les villages sont misérables.

Nous passâmes dans un endroit où le cours de la rivière est embarrassé par des rochers ; mais les eaux étant hautes, nous n'en aperçûmes aucun. Les hommes qui tiroient les bateaux avoient beaucoup de peine à cause des chemins qui étoient couverts d'un limon gras et glissant, ou coupés de temps en temps par des ruisseaux qu'il falloit passer à la nage : ceux des Chinois qui ne savoient pas nager, rentroient alors dans les bateaux, pour redescendre ensuite. On est révolté de l'indécence de la plupart de ces gens; obligés d'ôter leurs habits pour traverser les différens ruisseaux qu'ils rencontrent, ils ne les remettent plus, et continuent à tirer les bateaux en restant entièrement nus, et sans s'inquiéter s'ils passent devant des maisons, ou devant des femmes.

[27.] Après avoir prolongé une petite île, un village et une pagode, on ne trouve plus de rochers; le terrain continue d'être montueux pendant quelque temps, mais à la fin les montagnes disparoissent, et l'on n'aperçoit plus qu'un petit nombre de collines dont plusieurs sont coupées en terrasses. On voit des arbres à suif, des bamboux, des pins et des arbres à huile ; la culture est l'orge, le blé et le chanvre ; la terre en général est rouge-jaunâtre. On trouve en avançant, une tour de neuf étages, et l'on parvient bientôt au point où se réunissent les deux rivières, Kan et Tchang : de cet endroit on aperçoit un corps-de-garde en avant des murs et de la porte septentrionale de la ville de

Kan-tcheou-fou : sur la gauche, un quai qui borde la rivière Tchang ; et par dessus des murs, une tour de neuf étages, d'une forme tout-à-fait singulière. Chaque étage est plus large en haut qu'en bas, néanmoins tous les étages vont progressivement en diminuant : le comble ressemble à un vieux chapeau de paysan Chinois, et les toits ont l'air d'en être les rebords *(n.° 76)*.

Il y avoit beaucoup de bateaux sur le Tchang ; nous le traversâmes pour rentrer dans le Kan, que nous suivions auparavant, et nous prolongeâmes les remparts de la ville, qui sont bien entretenus et bâtis sur un terrain coupé en terrasses. Mon bateau étant arrivé un des derniers, et le temps étant à la pluie, il ne me fut pas possible de visiter Kan-tcheou-fou ; mais deux Hollandois y étant entrés, montèrent sur les murs, d'où ils ne découvrirent rien de remarquable, excepté la tour dont je viens de parler.

[28.] A notre départ nous prolongeâmes les faubourgs dans lesquels on s'occupe à construire des bateaux ; et nous avions déjà marché pendant long-temps, lorsqu'après avoir passé un grand village dont les habitans fabriquent des cordes de bambou, nous aperçûmes encore les murs de la ville.

On voit sur les bords de la rivière de fort beaux arbres, des lilas, des pins et des arbres à suif. Le terrain est plat, hors quelques collines rapprochées, et des montagnes qui sont éloignées : la terre est toujours rougeâtre. La campagne est belle, coupée par des ruisseaux, et garnie de très-petits villages, dont les maisons paroissent fort bonnes ; parmi celles-ci on en distingue de grandes, et qui sont des sucreries. La canne à sucre étoit déjà plantée dans les champs où l'on avoit recueilli l'orge ; elle avoit près d'un pied de hauteur : nous vîmes beaucoup de buffles dans la campagne.

La rivière fait un grand nombre de détours, et laisse plusieurs bas-fonds à découvert.

[29.] Le terrain est montueux, et plat dans certains endroits ; les collines, souvent placées sur le bord de la rivière, sont en général rougeâtres et composées de grands bancs de dix à douze pieds d'épaisseur, fortement inclinés *(n.° 77)*.

Nous aperçûmes quelques villages auprès desquels il y avoit des roues pour élever les eaux de la rivière et les conduire dans la campagne.

Nous passâmes devant une tour de sept étages, et une autre de cinq, fort vieille et sans comble, avant que d'être à Nan-kang-hien. Cette ville est petite, mais assez bien bâtie. Les dehors en sont bien cultivés, et l'on y fait venir des légumes. Nous ne vîmes rien de curieux dans cet endroit, qu'une belle pagode, dédiée à Confucius. La statue de ce philosophe n'y est pas, on ne conserve que sa tablette, ou plutôt son nom. Cette pagode paroît peu fréquentée, ce dont on s'aperçoit facilement à l'odeur de moisi qui se fait sentir en y entrant. Il y a dans la salle principale une coupole surmontée d'une lanterne à jour, où l'on a peint les Koua *[figures symboliques]*. On a construit dans l'avant-cour un pont de trois arches sur un petit bassin, et un peu en avant, trois portes en forme d'arc de triomphe.

On trouve un peu plus loin, près de la rivière, une autre pagode, mais elle étoit fermée, et nous ne pûmes la visiter. Le peuple, rassemblé pour nous regarder, étoit assez nombreux; nous vîmes plusieurs femmes, dont deux, assez jolies, nous parurent fort peu timides; les hommes ne sont pas bien de figure.

[30.] Le terrain offre le même aspect : on voit des bambous, des pins, des lilas et des arbres à suif. Les maisons sont bâties dans les plateaux qui se trouvent entre les collines ; quelques villages sont sur le bord de la rivière. Nous vîmes auprès d'un de ces villages une tour de sept étages et trois roues pour élever les eaux ; une d'elles avoit deux rangées de bamboux creux placés à sa circonférence. Pour augmenter la force du courant et faire tourner ces roues avec plus de rapidité, les Chinois plantent des piquets qui occupent la moitié de la rivière, mais ces piquets se pourrissent, et les bateliers, ne les voyant plus, s'en approchent sans le savoir et crèvent souvent leurs bateaux : c'est ce qui arriva à celui de l'ambassadeur, dont on fut obligé de retirer une partie des effets pour pouvoir boucher la voie d'eau qui s'y étoit faite.

[1.<sup>er</sup> MAI.] Le terrain ne varie point. Nous passâmes devant plusieurs villages, auprès desquels il y avoit quelques bestiaux. Nous vîmes encore d'autres roues ; une d'elles avoit une digue qui occupoit presque toute la rivière ; de sorte que l'autre partie étant barrée par un bas-fond, ce ne fut pas sans peine que nous parvînmes à passer. On rencontre assez souvent de ces bas-fonds, dont quelques-uns sont à découvert.

Les maisons qu'on aperçoit dans la campagne sont construites de terre, couvertes en tuiles et de fort mauvaise apparence. On continue de voir des sucreries, mais le nombre n'en est pas aussi grand que précédemment. Le pays est montueux, les bords de la rivière sont boisés : nous trouvâmes dans un endroit plusieurs grosses roches fort élevées, rangées sur une ligne et occupant la moitié du fleuve. En approchant de Nan-ngan-fou, nous découvrîmes trois tours ; la première à droite ; la seconde de cinq étages, bâtie sur une montagne à gauche, et une troisième de la même hauteur, environnée d'arbres et située derrière une pagode. Peu d'instans après, nos bateaux arrivèrent à la même place où nous nous étions arrêtés en allant à Peking.

[ 2. ] Il venta très-fort pendant la nuit ; la pluie tomba avec une telle violence, que la rivière ayant augmenté prodigieusement, le courant entraîna plusieurs trains et un grand nombre de bateaux : celui de nos cuisiniers fut emporté à plus d'une lieue, et on ne parvint à le ramener qu'avec beaucoup de difficulté. Les mandarins craignant qu'il n'arrivât quelque accident, engagèrent l'ambassadeur à descendre, et nous retournâmes dans le même Kong-kouan que nous avions occupé en venant. Nous allâmes ensuite nous promener dans la ville : les rues en sont étroites, pavées de pierres et de briques, et garnies de boutiques de peu de valeur ; plusieurs maisons sont en ruines. La rivière partageant la ville, un pont couvert en réunit les deux parties ; les piles sont en pierre, le dessus est en bois et garni de chaque côté de boutiques qui règnent d'une extrémité à l'autre *(n.° 78)*. Les Chinois s'occupoient alors à retirer des décombres qui s'étoient accumulés contre deux des piles, et qui les avoient endommagées pendant la nuit. Les murs de Nan-ngan-fou sont peu élevés ; les portes n'ont aucune apparence, et la ville ne paroît pas extraordinairement peuplée.

La rivière ayant baissé de huit pieds, depuis le matin, et le chemin se trouvant libre, il nous fut possible d'aller sur des montagnes peu éloignées. On trouve à mi-côte un arc de triomphe et plusieurs bâtimens, dont une partie contient encore des idoles, et l'autre quelques cercueils. Parvenus au sommet de ces hauteurs, et près de la tour que nous avions aperçue en venant, nous découvrîmes toute la ville, les faubourgs et le cours tortueux de la rivière. La tour a sept étages, elle est en briques et sans ouvertures; elle incline beaucoup dans sa partie la plus élevée. La campagne des environs est remplie de tombeau. Nous trouvâmes en revenant des espèces de framboises, elles étoient fades au goût, mais agréables par leur fraîcheur.

[3.] Nous n'eûmes aucune difficulté pour avoir des chevaux; et pour la dernière fois les mandarins prirent des précautions. Les chevaux qu'ils nous donnèrent appartenoient à la ville, et des soldats étoient chargés d'en prendre soin et de les nourrir. Le service de ceux-ci se borne à porter les dépêches, ou à accompagner les mandarins : ceux qui nous suivirent étant à pied, nous n'allâmes qu'au pas pour ne pas les fatiguer.

En quittant notre maison nous traversâmes une partie du faubourg, et nous prolongeâmes ensuite les murs de la ville. La route d'abord unie, tourne ensuite entre plusieurs collines. Nous aperçûmes plusieurs petits villages auprès desquels nous vîmes des champs de tabac, et d'autres nouvellement plantés en riz. Le chemin se rétrécit à mesure qu'on approche des hauteurs ; dès qu'on a commencé à monter, on trouve un corps-de-garde, ensuite, un peu plus haut, un édifice ruiné, et bientôt on parvient au haut de la montagne Mey-lin, où une simple porte fait la séparation des provinces de Kiang-sy et de Quang-tong *(n.° 27)*. On voit, en descendant, des maisons, un corps-de-garde et une pagode, dont la principale pièce est occupée par une statue du dieu Fo ; il est assis sur une fleur ; ses cheveux sont petits et frisés *(n.° 85)* ; dans un étage au-dessus est la statue de Lao-tse *(n.° 84)*, et dans un autre pavillon, celles de Confucius et de plusieurs idoles. Cette pagode est desservie par quelques bonzes qui nous reçurent fort poliment et nous offrirent du thé. Il n'y avoit pas long-temps que nous étions sortis de la pagode, lorsque nous rencontrâmes un groupe de Chinois et de coulis, gardant un profond silence, et ayant au milieu d'eux le gouverneur de Nan-ngan-fou, occupé à faire donner des coups de bambou à deux coulis, qu'il avoit vus de loin voler des effets. Au moment où nous arrivâmes, l'un des deux venoit de recevoir vingt-cinq coups ; il se relevoit, soutenu par deux hommes : ses cuisses étoient toutes meurtries, et il pouvoit à peine marcher. Le second Chinois fut étendu par terre, deux soldats lui tinrent les pieds, un troisième s'assit sur son dos, et le quatrième se mit à frapper avec un bambou sur les cuisses nues du patient. Celui-ci, comme moins coupable, ne reçut que cinq coups, après quoi le mandarin continua son chemin.

La route, du côté de la montagne qui regarde la province de Quang-tong, n'est pas aussi rapide que du côté du Kiang-sy; elle est en partie pavée et passe entre plusieurs collines au pied desquelles on trouve quelques petits villages. Après avoir pris des rafraîchissemens à Tchong-tchang-tang, nous continuâmes de marcher entre des hauteurs boisées, dont les bas sont destinés à la culture du riz.

La campagne s'ouvre ensuite, et l'on arrive bientôt à Nan-ngan-fou, dont nous rencontrâmes le gouverneur allant au devant de l'ambassadeur. On voit en passant la porte de la ville, trois petits canons posés sur des pièces de bois, et plus en avant, un grand bâtiment consacré à Confucius. Les boutiques sont de peu de valeur, et nous n'en vîmes aucune qui pût mériter notre attention en suivant la rue principale qui conduisoit à notre Kong-kouan. La maison où nous logeâmes, est vaste, et sert pour les examens. Étant peu éloignés du lieu où nous devions prendre nos embarcations, nous allâmes les examiner; la meilleure ayant été prise par les gens du mandarin, nous fîmes changer

changer l'inscription et remettre le nom de l'ambassadeur : nous insistâmes pareillement pour qu'on remplaçât par des bateaux plus légers et plus commodes, ceux qu'on nous avoit destinés, qui étoient lourds et mal distribués.

M. Titzing étant arrivé, le gouverneur de la ville vint lui rendre visite. Ce mandarin portoit un bouton de cristal et étoit décoré de la plume de paon, que l'empereur lui avoit donnée pour le récompenser de sa bonne conduite durant la guerre de la Cochinchine : il paroissoit très-honnête, et avoit deux pouces à l'une de ses mains.

Nous rencontrâmes dans le passage de la montagne beaucoup de coulis, dont plusieurs transportoient des petites monnoies de cuivre dans la province de Kiang-sy : on fait monter le nombre de ces coulis à deux ou trois mille, parmi lesquels il y a des femmes qui portent aussi bien des fardeaux que les hommes : quoi qu'il en soit, à l'exception de ces porteurs, on ne voit pas en général beaucoup de monde dans la campagne, ni même dans la ville, qui cependant paroît assez considérable.

[4.] Le gouverneur de Nan-hiong-fou se rendit le matin chez l'ambassadeur pour le conduire dans la ville : nous entrâmes d'abord dans l'enceinte d'une pagode, où l'on voit une vieille tour de neuf étages, fort endommagée et totalement ruinée en dedans.

La première pièce de la pagode contient un Poussa de cuivre brunâtre, assis les jambes croisées, dont la poitrine et le ventre sont découverts: cette dernière partie, plus brillante que le reste de la figure, n'a acquis ce poli que par le frottement produit par les femmes, qui, voulant avoir des enfans, viennent intercéder le Poussa, et lui passent les mains sur le ventre. On voit ensuite dans une autre salle un dieu fort grand, que les bonzes nous dirent être entièrement de cuivre : cette statue étant entourée par des cloisons et par une balustrade, il étoit difficile de vérifier le fait : mais tandis que les prêtres étoient occupés ailleurs, il me fut possible de frapper dessus avec ma canne, et je reconnus qu'elle n'étoit que de bois. Sur les côtés de cette même salle on a placé plusieurs divinités, parmi lesquelles il y en a qui ont jusqu'à six et sept bras. L'enceinte de la pagode renferme d'autres dieux; mais ils paroissent n'être plus en faveur, car les Chinois mettent, dans les pavillons où ils sont déposés, de la chaux, des pierres et du bois.

En sortant, nous allâmes visiter une autre pagode consacrée à Confucius : cet édifice est construit sur le même plan que celui de Nan-kan-hien, mais sur un plus grand modèle. Il y a dans la première cour un arc de triomphe, un pont de trois arches construit sur un bassin, et une galerie contenant plusieurs pierres chargées d'inscriptions. On entre ensuite dans une seconde cour beaucoup plus grande que la première, et dans laquelle est élevé un bâtiment à deux étages très-solidement fait; car les poutres sont épaisses, et l'on n'a pas épargné le bois. Trois portes servent d'entrée à ce pavillon, dont la statue de Confucius, placée dans une niche, occupe le fond, ayant à ses côtés ses principaux disciples, parmi lesquels on distingue le troisième fils du philosophe. En sortant de ce pavillon, on voit deux grands bâtimens placés parallèlement, qui renferment des planches de bois sur lesquelles on a écrit les noms des hommes célèbres.

Le gouverneur nous accompagna pendant toute notre promenade : on peut dire que ce fut le plus honnête de tous les mandarins que nous avions vus jusqu'alors; car il nous conduisit par-tout où il y avoit quelque chose de curieux à voir, nous fit fournir tout ce dont nous avions besoin, s'assura par lui-même si l'on avoit exécuté ses ordres ; et, non content de cela, il revint au moment où nous nous embarquions pour souhaiter un bon voyage à l'ambassadeur.

Nos bateaux passèrent sous un pont de bois qu'on étoit occupé à reconstruire, et devant lequel nous nous étions arrêtés l'année d'avant : on en voit à peu de distance un autre construit partie en pierre et partie en bois. Beaucoup plus loin, à une lieue environ au-dessous de la ville, on trouve une tour de cinq étages.

La campagne est belle; elle est unie et entremêlée de quelques collines: les montagnes sont dans l'éloignement. Le terrain est rougeâtre, ainsi que les pierres. Les hauteurs sont en partie cultivées, et dans les bas on voit beaucoup de plantations, de lilas, de bambous et d'arbres à suif.

Nos bateaux alloient très-vîte, car le courant nous favorisoit: nous n'avions plus avec nous que notre troisième mandarin et celui de Nan-hiong-fou; nos deux premiers conducteurs étoient déjà partis pour Quanton. Le bateau de l'ambassadeur portoit des pavillons de soie rouge, avec des dragons; lorsqu'il passoit devant les corps-de-garde, les soldats battoient sur leurs bassins de cuivre et tiroient trois coups de boîte.

[5.] Le terrain est en partie plat et en partie rempli de collines couvertes d'arbres à huile et de pins: les montagnes, en général assez éloignées, se rapprochent quelquefois de la rivière; mais dans ce dernier cas, le côté opposé aux montagnes est toujours plat; et, si dans certains endroits les hauteurs bordent la rivière des deux côtés, il y a néanmoins entre elles des plateaux susceptibles d'être cultivés. Ces montagnes présentent les formes les plus bizarres *(n.° 79)*.

La campagne est très-jolie, les maisons sont

éparses dans les champs, et de temps en temps on rencontre des corps-de-garde et de petits villages dont les habitans s'occupent, pour la plupart, à faire du charbon : on cultive l'orge, le riz et le coton herbacé.

Le terrain devient plus plat d'un côté à mesure qu'on approche de Chao-tcheou-fou : une tour de trois étages, bâtie sur une hauteur, et plus bas une espèce de four pour faire des signaux, annoncent l'approche de cette ville, devant laquelle nous nous arrêtâmes pour changer de bateaux : l'ambassadeur seul conserva le sien malgré les mandarins, qui vouloient lui en donner un autre moins commode. La ville n'offrant rien de curieux, nous n'y entrâmes point ; d'ailleurs le peuple nous parut insolent et grossier.

[6.] Le site en général continue d'être montueux, mais dans les parties plates la campagne est très-jolie : on trouve de temps en temps des maisons et de petits villages. Nous remarquâmes une pagode de deux étages (n.° 19), et une tour de cinq, avant de parvenir aux montagnes de Tan-se-ky. La campagne devient ensuite plus unie, le terrain est sec, argileux, et par fois rougeâtre : on cultive le blé et le riz; les collines sont couvertes de pins ou d'arbres à huile : la rivière fait plusieurs détours et forme quelques îles sur lesquelles nous aperçûmes des bestiaux.

Nos bateaux s'arrêtèrent dans l'après-midi devant une montagne isolée, ayant la forme d'un pain de sucre, et élevée perpendiculairement sur le bord du fleuve; cette montagne peut avoir près de cinq à six cents pieds de hauteur, sur une base de plus de trois cents pieds; elle est composée de gros rochers gris, par fois jaunâtres avec des veines blanches, couchés par bancs inclinés, et se détachant par feuillets. Il se trouve une grande crevasse vers le bas de la montagne, dont les bonzes ont tiré parti en y construisant une pagode qu'ils ont dédiée à la déesse Kou-niang ou Kouan-yn : il faut en être près pour la distinguer, car d'un peu loin elle se perd dans la masse de la montagne. On y monte par un escalier en pierre : il y a deux chapelles, l'une au-dessus de l'autre; la déesse réside dans la plus élevée. Cette pagode est bien entretenue et fort en vénération chez les Chinois; elle est très-ancienne, et sa construction remonte à près de mille ans, sous la dynastie des Tang. Cinq bonzes logent dans cette pagode, et en ont grand soin; ils ont deux petits bateaux pour aller demander l'aumône aux Chinois qui voyagent sur la rivière, et qui ne manquent pas de frapper sur un bassin de cuivre lorsqu'ils approchent de la montagne (n.º 80).

Nous nous arrêtâmes le soir à Jin-te-hien.

[7.] Nous ne quittâmes la ville qu'assez tard, les mandarins ayant retenu pendant long-temps le salaire de nos bateliers. On voit en partant plusieurs maisons, deux pagodes, et plus loin une tour de neuf étages. Le terrain est toujours montueux; les plateaux qui existent, soit en avant, soit entre les hauteurs, sont semés en riz et en blé. Une montagne isolée, ayant la forme d'un pain de sucre, et placée sur le bord de la rivière, fait voir la manière dont les Chinois exploitent les carrières : ils enlèvent les pierres de haut en bas, et déjà une petite portion de la montagne avoit totalement disparu. On rencontre de distance en distance quelques maisons et des corps-de-garde, ensuite les montagnes forment un détroit, à l'entrée duquel il y a une pagode bâtie sur une colline. Dans cette espèce de défilé, les bords de la rivière sont en partie couverts de bambous ; plusieurs vallées garnies d'habitations, s'étendent entre des montagnes et des collines boisées, d'où sortent un très-grand nombre de ruisseaux qui se précipitent avec fracas, et augmentent la beauté de ce paysage agreste. On trouve en quittant ce passage, des rochers à fleur d'eau, qui obstruent une partie du fleuve ; le terrain s'ouvre ensuite et devient plus plat ; les montagnes sont plus en arrière, et se prolongent en pente douce jusque sur le bord de l'eau en formant de grands plateaux sur lesquels on distingue des maisons et différentes plantations.

Je crois avoir déjà remarqué que les habitations sont rarement placées sur les bords des rivières, mais qu'elles en sont éloignées, apparemment pour être plus à l'abri des voleurs.

Nous vîmes passer dans l'après-midi plusieurs trains de bois conduits par des Chinois, qui dressent dessus quelques méchantes cabanes pour s'y réfugier pendant la nuit. Ces radeaux n'ont rien d'extraordinaire, et sont simplement composés d'un grand nombre d'arbres percés à l'une de leurs extrémités, et attachés ensuite tous ensemble avec des liens de bambou.

[8.] Arrivés en dehors de la ville de Tsin-yuen-hien, nous ne nous arrêtâmes que le temps nécessaire pour prendre des provisions. Les maisons qui sont bâties sur le bord de la rivière, paroissent très-ordinaires, et l'on ne voit rien de curieux qu'une pagode, une tour de cinq étages, et plus loin, une autre qui en a neuf *(n.° 81)*. En avançant, nous passâmes devant plusieurs maisons et devant un corps-de-garde, dont les soldats vinrent dans un bateau pour nous donner un concert avec leurs conques marines.

La rivière est large et forme des petites îles. La campagne est unie, mais variée cependant par des collines, dont une partie est aride et l'autre cultivée : les montagnes sont plus ou moins éloignées. Le terrain est rougeâtre : on cultive le blé, le riz et la canne à sucre. On aperçoit quelques buffles dans les champs. Les maisons sont, pour la plupart, en paille, un petit nombre est en briques.

En passant devant un corps-de-garde, plusieurs soldats en sortirent et se mirent en ligne ; l'un d'eux portoit un grand pavillon de couleur verte, ayant au milieu le monde peint suivant les idées des Chinois *( n.° 82 )*.

Les corps-de-garde de ces cantons diffèrent de ceux que nous avions vus dans la dernière province : un petit bâtiment en briques, de deux étages *( n.° 82 )*, remplace les petites maisons en bois élevées sur quatre poteaux très-grands.

A peu de distance de ce même corps-de-garde, nous trouvâmes un bateau avec plusieurs soldats ; ils soufflèrent dans leurs conques marines, tirèrent trois coups de boîte, et se mirent à genoux, en faisant un compliment lorsque le bateau de l'ambassadeur passa. Un de nos soldats Chinois leur répondit, et ils se relevèrent. Ce salut étoit répété toutes les fois que nous passions devant un corps-de-garde.

Nous vîmes dans l'après-midi plusieurs villages, des fours à briques et une vieille tour bâtie sur une hauteur, et plus loin une grande quantité de mûriers. Ces arbustes n'avoient que de trois à quatre pieds de hauteur, car les Chinois les coupent tous les ans à fleur de terre : ils sont bien fournis en branches et produisent des feuilles en abondance; mais ces dernières paroissent grosses et épaisses.

Le soir, un jeune Hollandois âgé de seize ans, domestique de M. Vanbraam, tomba dans la rivière en passant d'un bateau dans un autre : le courant étant très-fort, il disparut; et malgré les recherches des soldats Chinois, il fut impossible de le retrouver.

[9.] Nous étions le matin à San-chouy-hien, mais nous n'en vîmes que la tour, qui a neuf étages. La campagne ensuite est bien cultivée et devient plate et unie; le nombre des collines diminue et les montagnes sont plus éloignées. Le terrain est sablonneux : on voit plusieurs champs remplis de chanvre qui est semé très-épais. D'autres sont couverts de mûriers : ceux-ci sont plantés en alignement; des femmes s'occupoient alors à en cueillir les feuilles. Après avoir passé plusieurs habitations dans lesquelles on fait de la brique et des tuiles, nos bateaux s'arrêtèrent auprès du village appelé Ouang-tse-kang pour attendre la marée, afin de franchir des bas-fonds qui gênent le cours de la rivière. Nous trouvâmes ici un petit mandarin envoyé de la part du chef de la police de la ville de Quanton pour complimenter l'ambassadeur, et l'accompagner avec deux galères armées, et ornées de pavillons de soie.

Les eaux de la rivière étant assez hautes, notre route continua le long d'une jetée en pierres, mais mal bâtie, et d'un grand village auprès duquel il y a des fours à chaux et à briques. Nous vîmes ensuite des trains de bois considérables, composés d'une infinité de pièces liées ensemble, et formant une épaisseur de deux à trois pieds. Les Chinois construisent sur ces radeaux des baraques en paille, dans lesquelles ils mettent du riz : elles sont de forme conique, et peuvent avoir de sept à huit pieds de large sur six à sept de hauteur. La maison du gardien, faite de bambou et couverte en nattes, est au milieu, et assez élevée pour voir ce qui se passe au dehors. Plusieurs Chinois placés sur les côtés, dirigent ces trains, qui viennent souvent de cinq à six cents lieues *(n.° 83)*. Arrivés à Quanton, ils vendent le riz et les bois, et remportent de l'argent ou des marchandises en échange.

Nous traversâmes le soir Fo-chan, bourg considérable et peu éloigné de Quanton. On voit en entrant des ateliers et des magasins de briques et de chaux : les maisons sont grandes, bien bâties et construites sur une seule ligne le long de la rivière ; il n'y a que certains endroits où elles soient en plus grand nombre, et où il existe quelques petites rues de traverse. Il y a deux douanes dans ce bourg ; l'une vers le tiers de sa longueur, l'autre à l'endroit où la rivière se partage en deux, et court au nord et à l'est : ce dernier édifice est beau, bien entretenu et peu éloigné d'une pagode.

Nous passâmes devant un grand nombre de bateaux, tous placés à côté les uns des autres et servant de demeures à des filles publiques ; elles se tinrent constamment dehors pour nous considérer. Nous employâmes une heure et demie pour traverser Fo-chan ; mais la marée nous étant contraire, nos bateaux alloient très-doucement. La longueur du bourg peut être d'une lieue environ. Les missionnaires ont beaucoup parlé de cet endroit, et ils en ont, je crois, considérablement exagéré la population.

Fo-chan est très-étendu, mais ses maisons n'ont point de profondeur, car nous distinguions la campagne à travers les intervalles qu'elles laissoient entre elles. Quant aux habitans, ce que nous en vîmes ne prouve pas qu'ils soient en très-grand nombre ; d'ailleurs, il en faut retirer tous les gens de bateaux, dont il y a une grande quantité, et dont la plupart n'appartiennent pas au bourg, mais viennent du dehors.

Il n'y avoit pas long-temps que nous avions quitté Fo-chan, et nous faisions tranquillement notre route par une nuit très-obscure, lorsque tout-à-coup les Chinois jetèrent des cris, battirent sur les bassins de cuivre, les soldats firent résonner leur conques marines, et tous les bateaux allumèrent en un instant leurs lanternes : tout ce mouvement étoit pour prendre un pauvre Chinois qui, profitant de l'obscurité profonde, s'approchoit doucement dans son petit bateau pour tâcher de dérober quelque chose : malheureusement pour lui il avoit été aperçu par les soldats, qui, ayant fait éteindre tous les feux, ne les rallumèrent qu'au moment où le mal-adroit, entouré de toutes parts et dans l'impossibilité de fuir, fut arrêté.

Arrivés près des jardins de fleurs qui sont à peu de distance de Quanton, nous trouvâmes les Hannistes qui entrèrent dans le bateau de l'ambassadeur. Un instant après, notre troisième mandarin envoya prier M. Titzing de continuer sa route jusqu'à Quanton, où le gouverneur de la ville l'attendoit ; mais nos bateaux n'étant arrivés qu'à une heure après minuit, nous ne trouvâmes personne.

[10.] Nous descendîmes le matin à terre sans aucune cérémonie, et de la même manière que cela se pratique lorsque l'on arrive de Macao. On déchargea les bateaux, et les effets furent transportés dans la factorerie Hollandoise. Les Chinois apportèrent avec grand appareil, dans la matinée, la lettre de l'empereur : l'ambassadeur la reçut et fit le salut d'usage.

Nous partîmes tous l'après-midi pour nous

rendre de l'autre côté de la rivière, dans un jardin appartenant aux Hannistes. Aucun Chinois ne se présenta lorsque l'ambassadeur entra dans le bateau, mais seulement quelques marchands l'atteignirent lorsque nous traversions la rivière, et les soldats de deux galères devant lesquelles nous passâmes, battirent sur le bassin de cuivre et tirèrent trois coups de boîte.

Arrivés de l'autre côté du fleuve, l'ambassadeur et M. Vanbraam partirent accompagnés des Hannistes, tandis que nous restâmes dans le bateau. Un moment après nous vîmes passer la lettre de l'empereur, portée en grande cérémonie et précédée par des Chinois habillés de jaune et tenant à la main des espèces de masses. On déposa cette lettre dans une salle où MM. Titzing et Vanbraam furent conduits, et où ils firent le salut ordinaire en présence du Tsong-tou, du Fou-yuen et du Hopou, qui se retirèrent ensuite, ne laissant que le troisième des mandarins qui nous avoit accompagnés à Peking, et qui resta avec les Hannistes et d'autres petits officiers, pour assister au dîné et à la comédie qu'on nous donna.

Il y avoit parmi ces comédiens un jeune homme d'une figure si agréable, que lorsqu'il étoit habillé en femme on pouvoit s'y méprendre ; nous n'avions pas même vu durant tout notre voyage une femme qui fût aussi jolie. Ce comédien, qui avoit gagné beaucoup d'argent soit en montant sur le théâtre, soit en satisfaisant les goûts des gens riches et en place, desiroit ardemment abandonner son métier pour aller jouir de sa fortune; mais l'état qu'il professoit étant méprisé à la Chine, il n'osoit le quitter dans la crainte d'être inquiété par les mandarins. L'ambassadeur se retira à cinq heures, sans que personne se présentât pour l'accompagner.

[11.] Le mandarin chargé des présens qu'on nous avoit faits à Peking et dans les autres villes, étant venu le matin chez l'ambassadeur pour les lui remettre, nous n'eûmes plus rien à démêler avec les Chinois; et l'ambassade fut achevée.

C'est de cette manière que se termina une expédition entreprise, d'après l'insinuation des mandarins et sur-tout de M. Vanbraam, pour complaire uniquement au Tsong-tou de Quanton, lequel auroit dû, par conséquent, en être reconnoissant et recevoir avec plus de distinction l'ambassadeur à son retour de Peking. Mais les Chinois croient faire un grand honneur aux étrangers en les faisant jouir de l'insigne faveur de rendre leurs respects à l'empereur. Un édit relatif à l'ambassade (a), et l'exemption de droits pour le

---

(a) Édit impérial donné le 1.er jour de la 12.e lune [22 décembre 1794] de la 59.e année du règne de Kien-long.

Un ambassadeur Anglois étant venu l'année dernière à Peking

navire qui avoit amené l'ambassadeur, leur parurent plus que suffisans pour dédommager les Hollandois des peines et des dépenses qu'ils avoient supportées. Les mandarins, d'ailleurs, n'ignoroient pas que l'ambassade Hollandoise ne venoit pas directement d'Europe, mais étoit expédiée seulement de Batavia : cette connoissance et leurs opinions défavorables pour tout ce qui tient à l'état de marchand,

---

pour m'offrir des présens, les vice-rois et les gouverneurs des provinces lui donnèrent, d'après mes ordres, des fêtes magnifiques. Animés par cette conduite bienveillante, les Hollandois, malgré la distance des mers, envoient également cette année un ambassadeur avec des présens ; pourquoi donc les vice-rois et les gouverneurs des provinces ne l'ont-ils pas reçu avec les mêmes honneurs ? N'est-il pas, ainsi que l'envoyé Anglois, un envoyé Européen ? L'urbanité de nos usages ne nous oblige-t-elle pas à faire une réception pareille à l'ambassadeur Hollandois ? N'aura-t-il pas le droit de se plaindre en remarquant une différence entre le traitement qu'ont reçu les Anglois et celui qu'il reçoit ! Je veux donc qu'à son arrivée à Peking on l'accueille avec les plus grands honneurs, pour le dédommager de ce qu'on n'a pas fait jusqu'à présent. Les vice-rois et les gouverneurs des provinces doivent rendre à l'ambassadeur Hollandois, dans son retour, les mêmes honneurs qu'à celui d'Angleterre. Je veux qu'il apprenne que, lorsque j'ai su qu'il étoit venu de très-loin pour me rendre hommage, j'ai ordonné qu'il fût accueilli par un traitement splendide, et que si cela n'a pas eu lieu, ce n'a été que parce que la promptitude avec laquelle il se rendoit à Peking y a mis obstacle ; mais que dans son retour il jouira sur la route de fêtes impériales.

Lorsque l'ambassadeur Hollandois sera instruit de mes ordres, il en sera certainement enchanté ; aussi j'ordonne que cet édit soit publié.

durent

durent donc leur donner une idée moins avantageuse de l'ambassade, idée dans laquelle ils furent confirmés par la vente de plusieurs montres pendant le voyage, vente faite, il est vrai, à l'insçu de l'ambassadeur, mais qui cependant étoit impolitique, ou, pour le moins, très-inconséquente : tant il est vrai que, dans une entreprise aussi importante, quel qu'en soit le motif, on doit éviter de faire tout ce qui peut avoir la plus légère apparence de trafic, sur-tout chez un peuple qui n'honore point le commerce. Quoique, par ses manières franches et loyales, sa conduite généreuse, soit dans la route, soit à Peking, M. Titzing se fût attiré l'estime des grands mandarins, il ne réussit pas néanmoins à les faire changer de sentiment, et il est aisé de s'en convaincre par ce que nous éprouvâmes, principalement à Quanton. Envoyer une ambassade chez un peuple étranger est une chose fort simple, mais bien choisir l'ambassadeur n'est pas aussi facile ; et puisque les Hollandois en avoient trouvé un accoutumé aux usages et aux mœurs des Asiatiques, et habitué à traiter avec eux, il étoit inutile de lui associer un second, qui, avec de l'esprit et de l'amabilité, n'avoit nullement le caractère ferme, et propre à la place qu'il remplissoit.

Si, comme on l'a vu, les Chinois traitent un peu lestement les étrangers qui entrent à la Chine, néanmoins ils veillent à ce qu'il ne leur arrive aucun accident, et s'assurent sur-tout qu'ils sont sortis de leur empire ; aussi M. Titzing, à son départ de Quanton, après avoir pris congé du Tsong-tou et des principaux mandarins, fut-il accompagné jusqu'à Macao par trois officiers; et lorsque je m'embarquai, en janvier 1796, les marchands en prévinrent le gouvernement, par la seule raison que j'avois été à Peking.

Tel est le rapport fidèle de ce qui m'est arrivé pendant mon voyage en Chine. Ce récit est aride et peu agréable; mais j'ai cru devoir me renfermer dans un simple journal, et me borner à la relation succincte des événemens, sans y joindre des faits étrangers ou l'entremêler d'observations faites pendant ma longue résidence dans ce pays. J'ai préféré réunir ces observations, et les présenter séparément dans différens chapitres, pour que le lecteur eût plus de facilité à trouver ce qui pourroit l'intéresser.

FIN DU VOYAGE.

# OBSERVATIONS
## SUR
## LES CHINOIS.

### *APERÇU GÉNÉRAL.*

La route d'un vaisseau depuis l'Europe jusque dans les Indes est si connue, que vouloir la décrire ce seroit répéter ce qu'ont déjà dit tous les voyageurs; et parler de tempêtes affreuses, ou de calmes fatigans, raconter l'ennui qu'on éprouve à ne voir que le ciel et la mer, dépeindre le plaisir qu'on ressent en apercevant la terre, c'est entretenir le lecteur de ce qu'il sait, ou de ce qu'il devine d'avance. Je me bornerai donc à dire en peu de mots, que partis de Brest le 20 mars 1784, nous vîmes Porto-Santo le 1.er avril, et Madère les jours suivans ; que nous doublâmes le cap des Aiguilles le 23 mai, entrâmes dans le détroit de la Sonde le 16 juillet, pour en sortir le 28, et faire route vers le détroit de Gaspard ; enfin, qu'après avoir essuyé quelque mauvais temps à l'approche des terres, nous jetâmes l'ancre le 23 août dans la rade de Macao, après une traversée de cinq mois et trois jours.

Les côtes de la Chine offrent un point de vue totalement différent de celui des détroits. Ici, les montagnes sont boisées, et les plaines bien cultivées; les arbres couvrent presque entièrement le sol, et croissent même jusque dans la mer; en un mot tout est vert, et tout dénote une grande végétation : à la Chine, au contraire, on n'aperçoit que des terres arides et des surfaces pelées; et l'œil fatigué cherche vainement quelque verdure qui interrompe une vue aussi sèche et aussi stérile.

Mouillé dans la rade spacieuse de Macao, on ne voit autour de soi que des montagnes : la ville elle-même paroît pour ainsi dire y être attachée, tandis qu'elle en est séparée par un bras de mer. Macao bâti en amphithéâtre sur une hauteur, se distingue de fort loin par ses maisons blanchies à l'extérieur ; elles n'ont qu'un seul étage, et leur intérieur est disposé convenablement pour un pays chaud. Un quai assez large règne du côté de l'est, devant une portion de la ville *(n.° 94)*, et procure aux habitans, pendant la chaleur, une promenade agréable et sans cesse rafraîchie par les vents du large. La plupart des Européens qui résident à Macao, logent le long de ce quai, les autres occupent la partie occidentale de la ville, et jouissent de la vue du port, et d'une île à laquelle la quantité d'arbres qui la couvrent, a fait donner, avec raison, le nom d'*île Verte (n.º 94)*. C'est dans cette île que les Jésuites établirent autrefois leur demeure, et d'où, pendant la nuit, de fervens missionnaires s'échappoient furtivement pour aller prêcher la religion dans la Chine : abandonnée maintenant, et solitaire, tout est détruit; les bâtimens et l'église sont en ruines, et le jardin n'existe plus. Mais si cette île fut remarquable par l'emploi auquel les Jésuites l'avoient consacrée, elle l'est encore par son état naturel : seule au milieu de montagnes dégarnies d'arbres et desséchées, elle conserve une éternelle verdure ; et si l'on suppose que jadis les terres voisines furent ombragées, et qu'elles ne perdirent leur plus bel ornement que par un événement funeste, la vue de l'île Verte doit certainement appuyer cette conjecture.

Macao n'est pas d'une grande étendue *(n.º 94)* : la ville est défendue par quelques forts et par une muraille ; cent cinquante Cipays servent de garnison, et ce petit nombre est suffisant, puisque les Portugais sont en paix et vivent tranquillement avec les Chinois. Une assez grande quantité de ces derniers habitent Macao, et sont sous l'inspection d'un mandarin, ce qui occasionne un conflit de juridiction, qui rend la place d'un gouverneur Portugais très-embarrassante ; et il faut beaucoup de prudence pour tenir un juste milieu avec des gens sur-tout dont on dépend entièrement; car le territoire de Macao est si circonscrit, qu'il ne peut fournir à la consommation journalière des habitans, et que presque tout s'y apporte du dehors. Il y a à Macao plusieurs églises et quelques couvens, dont un de femmes : on s'étonne d'en trouver autant dans un espace aussi borné, mais le zèle l'emporte sur les moyens. Les églises sont grandes, simples et peu décorées, car on ne peut parler des mauvais tableaux qui en couvrent les murailles. Les Portugais s'y rendent assidument tous les dimanches pour entendre l'office, et sur-tout pour voir passer les femmes : celles-ci sont vêtues de noir, et portent, suivant leurs moyens, la mante, le sarace ou le dos ; ces deux derniers habillemens, qui ressemblent à des espèces de manteaux, couvrent absolument le corps. Sous l'un de ces trois vêtemens, une femme peut aller où bon lui semble, sans crainte d'être reconnue même par son mari. Les Portugaises de distinction se font porter en palanquin et mettent la mante ; mais celles dont la fortune est bornée, se contentent d'un coffre presque carré et peu élevé, qu'on nomme dans le pays Cayola [cage à poule]. J'avois de la peine à concevoir, dans les commencemens que j'étois à Macao, comment une personne pouvoit entrer dans une pareille voiture ; mais je remarquai qu'avec l'habitude où sont les femmes, en Asie, de croiser leurs jambes, elles pouvoient s'y placer facilement, et même deux ensemble. Les femmes portent communément des chapelets, la plupart les ont en or, et toutes se font suivre par un nombre plus ou moins grand de servantes.

Les Portugais se fréquentent entre eux, et communiquent peu avec les étrangers ; les femmes vivent très-retirées : l'instruction est foible pour les hommes, et bien davantage pour le sexe. Les habitans sont basanés ; ceux qui arrivent d'Europe, ou qui descendent de particuliers venus de Lisbonne, ont le teint plus clair : en général le peuple n'est pas bien de figure, c'est un mélange de Chinois, d'Indiens et de Malays. On rencontre dans les rues de Macao plusieurs femmes Chinoises ; elles portent presque toutes un parasol à moitié fermé, qui sert à les garantir du soleil et des yeux importuns ; mais ces parasols se lèvent souvent, sur-tout lorsque la femme Chinoise est jeune et jolie, ou du moins croit l'être. Il faut du temps pour s'accoutumer à leurs traits ; rien ne paroît plus extraordinaire, en effet, que de voir une femme avec des yeux étroits et alongés, un nez retroussé mais peu saillant, des pieds très-petits, et marchant en chancelant. Les hommes ont la même figure, mais leur teint est plus rembruni.

Les étrangers résident une partie de l'année à Macao, et y répandent une assez grande quantité d'argent, sur-tout pour les loyers de leurs maisons; ils ont peu de liaisons avec les Portugais, et n'ont affaire qu'au gouverneur et au procureur de la ville.

Les seuls plaisirs à Macao sont ceux de la table, du jeu et de la promenade. Les Anglois, qui font le plus de commerce, étant par conséquent les plus riches, dépensent beaucoup; et comme il est ordinaire à l'homme de croire que la richesse donne seule de la considération, les autres Européens font des efforts pour imiter les Anglois, et tâchent de ne leur céder en rien.

Les étrangers quittent Macao en août et septembre, époque de l'arrivée des navires d'Europe, et se rendent à Quanton par l'intérieur, en suivant le cours de la rivière *(n.º 95)*.

A mesure qu'on s'éloigne de Macao, les montagnes disparoissent et font place à des collines; le terrain devient meilleur, et la campagne, remplie d'habitations éparses et ombragées, offre à la vue de vastes champs couverts de riz et de nombreuses plantations de bananiers. Cette route, dont les sites environnans changent à chaque moment, seroit infiniment agréable, si l'on n'étoit pas obligé de la faire dans des bateaux du pays, et par conséquent de s'arrêter devant deux douanes Chinoises pour y attendre la visite des mandarins, toujours trop intéressés à ne pas laisser échapper une occasion aussi belle pour recevoir des présens : car l'usage en Asie est de ne jamais se présenter les mains vides devant les gens en place, sur-tout lorsqu'on veut en obtenir quelque faveur.

Le coup d'œil en arrivant à Quanton est extrêmement animé ; un grand nombre de bateaux parcourent la rivière en tous sens, sans crainte de s'aborder, la manière de ramer des Chinois leur permettant de passer très-près les uns des autres. Les factoreries occupent la longueur du quai ; ces maisons qu'habitent les étrangers, n'ont rien de remarquable pour un Européen, dont la vue n'est arrêtée que par les mâts élevés qui les dominent, et au haut desquels flotte le pavillon de chaque nation. Les maisons des gens du pays sont basses et n'ont en général qu'un seul étage.

Les rues de Quanton sont pavées de grandes pierres, avec un égout en-dessous ; elles sont fort étroites : l'ancienne rue de la Porcelaine et la nouvelle, qui peut avoir de quinze à vingt pieds de largeur, sont regardées comme les plus larges de la ville. Toutes sont garnies de boutiques : quelques-unes sont entièrement affectées à une certaine espèce d'ouvriers ou de marchands ; mais ce n'est pas cependant une règle générale.

Lorsqu'un étranger veut se promener dans les faubourgs et aller un peu loin, il faut qu'il ait la précaution de se faire accompagner par un soldat qui écarte les curieux et empêche les enfans de jeter des pierres. On peut en passant regarder les portes de la ville, mais sans chercher à s'y introduire, aucun étranger ne pouvant entrer dans Quanton sans y être appelé par les mandarins. La promenade ordinaire des Européens se réduit au quai et à quelques rues voisines.

La rivière est couverte de bateaux; ils sont propres et bien peints : néanmoins le coup d'œil n'en est pas agréable ; les nattes qui les recouvrent font un vilain effet. Chaque province à la Chine a adopté une manière particulière pour la construction de ses bateaux. Tous ceux du même canton sont obligés de se ranger dans le même endroit et auprès les uns des autres ; les bateaux des filles publiques se conforment à cet ordre.

Si un Européen paroît curieux en arrivant dans un pays étranger, s'il considère avec empressement tout ce qui se présente à ses yeux pour la première fois, les Chinois ne lui cèdent point en cela : j'en ai vu rester toute une journée à nous considérer ; et, lorsque la faim les pressoit de s'éloigner, ils étoient bientôt remplacés par d'autres. Rien de plus singulier que de voir ces gens accroupis sur leurs talons, les genoux pliés et le corps penché en avant, fumer, causer entre eux et conserver pendant long-temps une posture si étrange, qu'elle les fait ressembler à des singes.

Parmi ce grand nombre d'hommes qui remplissent les rues de Quanton, on n'aperçoit que très-peu de personnes du sexe. Les femmes des ouvriers et des marchands logent dans les faubourgs, et ceux-ci ne se rendent chez elles que lorsque leur travail est achevé. Si un Européen passe dans ces quartiers éloignés, les enfans et les chiens annoncent son arrivée; aussitôt les femmes accourent à la porte et regardent à travers une natte d'ozier: ainsi la curiosité l'emporte toujours sur les usages.

La route depuis Quanton jusqu'à Wampou, où restent les navires étrangers pendant leur chargement, est riante (n.° 95). La campagne est bien cultivée: on voit plusieurs habitations et deux grandes tours de neuf étages, bâties en pierre et en brique.

Le mouillage de Wampou est bon, mais resserré. Les Européens ont leurs bancassaux dressés le long du fleuve et sur le bord des rivières: les François ont seuls le droit de demeurer sur l'île de Wampou et de s'y promener. Les Chinois permettent bien aux officiers des navires étrangers d'y venir, mais non aux équipages.

Chaque vaisseau est entouré de bateaux de douane qui examinent tout ce qui en sort ou qui y entre; mais en quittant le navire, on n'est pas entièrement débarrassé des visites; elles ont lieu plusieurs fois encore avant d'arriver à Quanton. La Chine est un pays où l'on acquiert de la patience, et il en faut beaucoup avec les Chinois. Tout le temps que les étrangers demeurent à Quanton, est employé à composer la cargaison des vaisseaux: c'est un mouvement continuel ; mais aussitôt après le départ des navires, qui a lieu en janvier et février, tout est mort, et l'on ne voit que fort peu de monde dans les rues. A cette époque, les Européens retournent à Macao.

La température est fort chaude à Quanton dans les mois d'août et de septembre ; il fait froid en novembre, décembre et janvier, et même assez pour qu'il gèle. C'est ordinairement dans l'hiver qu'il est le plus commode de parcourir les faubourgs de cette ville, et c'est alors qu'on est plus à même d'examiner les Chinois. Ils ne sont pas tels que les peintres du pays les représentent, c'est-à-dire, avec de grosses têtes et une taille courte ; ils sont d'une taille ordinaire, et plutôt grands que petits ; on en voit de bien faits, et, dans la classe des porte-faix, on en trouve de très-vigoureux. Ce qui frappe le plus dans un visage Chinois, ce sont les yeux qui sont alongés et à fleur de tête.

L'embonpoint étant regardé à la Chine comme une marque d'opulence et d'esprit, il n'est pas étonnant que les peintres de cette nation fassent leurs personnages très-gros ; d'ailleurs la forme de leurs habits donne à leur taille un air fort épais : cependant on ne peut disconvenir que l'extérieur des Chinois diffère de beaucoup de celui des Européens ; mais les juger d'après la première vue, ce seroit se tromper.

La seule chose sur laquelle on sera toujours d'accord, en parlant de ces peuples, c'est leur caractère intéressé ; et si l'intérêt est par-tout le premier mobile des actions humaines, il l'est encore bien davantage chez eux. Pour peu qu'un Européen y reste quelque temps, il est impossible qu'il ne s'aperçoive pas qu'ils aiment passionnément l'argent, et qu'ils saisissent avec avidité tous les moyens de s'en procurer : les étrangers qui sont forcés de quitter Quanton, pour descendre à Macao et y rester pendant l'hivernage, connoissent parfaitement les moyens que les mandarins emploient pour les rançonner. On ne croiroit pas que pour un voyage de trente lieues, et pour un seul bateau, il en coûte depuis mille jusqu'à quatre mille francs ; cela est cependant vrai. Les mandarins, dont le caprice et l'avidité font tout le droit, se permettent mille vexations, bien persuadés qu'un étranger ne peut se plaindre : en un mot, les Européens sont mal traités à la Chine, et il leur faut tout le desir qu'ils ont d'acquérir des richesses, pour leur faire supporter les désagrémens sans nombre qu'ils y éprouvent journellement.

## FIGURE DES CHINOIS.

La beauté est différemment sentie chez tous les peuples : tel visage qui nous paroît laid, hideux même, enchante et ravit les peuples qui y sont accoutumés. Les hommes ne se ressemblent point, et chacun préfère sa figure, ou la croit beaucoup plus agréable que celle de son voisin : on s'attend bien, d'après cela, que la beauté à la Chine ne doit pas être la même qu'en Europe. Un Chinois a la figure large et carrée, le front découvert ; ses yeux alongés, placés à fleur de tête, sont assez saillans pour être aperçus tous les deux à-la-fois quand on le regarde de profil ; son nez est petit et sans élévation entre les yeux ; sa bouche est médiocre, mais ses oreilles sont larges, aussi en tire-t-il un grand parti : le porte-faix s'en sert pour y placer sa chiroutte ou cigare, et le lettré pour arrêter les cordons qui soutiennent ses lunettes. Les Chinois ne laissent croître leur barbe qu'à trente ans ; ils en ont peu, sur-tout ceux qui sont nés dans les provinces du Sud : leurs cheveux sont noirs, forts et épais.

La taille, pour être belle, ne doit pas être svelte et bien proportionnée ; il faut dans ce pays, pour obtenir de la considération, être gros et replet, et pouvoir remplir un large fauteuil. Pendant que je voyageois dans ce pays avec M. Vanbraam, j'ai vu plus d'une fois les mandarins s'extasier sur sa forte corpulence, et lui faire des complimens sur les talens et les richesses qu'ils lui supposoient en conséquence. Un homme avec le simple bon sens, mais remarquable par son embonpoint, fait beaucoup plus d'impression sur les Chinois, qu'un homme doué de beaucoup d'esprit, mais maigre et de petite stature.

Le teint des Chinois est d'un brun-clair; mais cette couleur varie suivant la qualité des individus et leur profession. Les coulis, les matelots, les ouvriers et les laboureurs, plus exposés par état à l'ardeur du soleil, sont plus bruns et même d'un brun-foncé, tandis que l'homme en place a le teint plus clair, plus blanc et quelquefois fleuri.

Les gens riches, les lettrés et les mandarins, sont dans l'usage de laisser croître un peu les ongles de la main gauche, sur-tout celui du petit doigt; cet ongle a ordinairement quelques lignes. C'est une mode établie et qui distingue les gens comme il faut, car un ouvrier ne pourroit avoir des ongles longs, puisqu'un travail continuel l'auroit bientôt privé de cet agrément. J'ai vu le mandarin chef de la police de Quanton, dont les ongles de la main gauche avoient près de six pouces; mais ce que j'ai pu voir, et ce qu'il faut avoir touché pour le croire, c'est la main d'un médecin Chinois, dont l'ongle le plus long avoit douze pouces et demi, et les autres neuf et dix pouces; son petit doigt n'étoit plus de rang, ce Chinois nous le dit avec douleur en nous apprenant qu'il avoit été cassé. Qu'on se figure la peine que cet homme avoit prise pour que ses ongles parvinssent à cette excessive longueur, la gêne continuelle dans laquelle il vivoit, obligé de tenir sans cesse ses doigts renfermés dans de petits tubes de bambou, dont l'usage lui avoit extrêmement aminci la peau. Mais s'il avoit souffert avec tant de constance, il s'étoit acquis en retour une grande considération : qu'il eût été conduit, par exemple, pour quelque dispute, devant un mandarin, celui-ci lui auroit donné gain de cause. Un homme doué d'une telle patience, auroit dit ce mandarin, un homme assez raisonnable pour veiller constamment sur lui-même, n'est point querelleur, il est incapable de s'immiscer dans une mauvaise affaire. Voilà ce que nous raconta notre médecin, que nous remerciâmes beaucoup de sa complaisance, et qui s'en alla intimement persuadé que la longueur prodigieuse de ses ongles nous avoit inspiré une haute opinion de sa personne.

Les femmes ont la taille médiocre et assez mince, le nez court, les yeux fendus, la bouche petite et les lèvres vermeilles. Je ne parlerai pas de leur teint, car presque toutes mettent du fard; les parfumeurs en vendent de tout préparé, de blanc et de de rose, que les Chinoises mêlent ensuite suivant le degré qui leur fait plaisir. J'ai vu des femmes dont le visage étoit d'une nuance généralement rose; d'autres, chez lesquelles elle étoit plus claire; mais ce qui m'a frappé, c'est la différence de la couleur de leurs mains souvent brunes, avec celle de leur visage communément blanc. Je dois avouer cependant que plusieurs Chinoises m'ont semblé jolies et fort agréables. On croira peut-être que les jeunes filles ne se fardent pas, et qu'elles se contentent des grâces naturelles à leur âge, mais on se tromperoit; dès sept à huit ans elles commencent à se peindre la figure; aussi cet usage immodéré du fard, gâtant nécessairement la peau, il n'y a rien de plus hideux qu'une vieille femme Chinoise.

## CARACTÈRE.

LES Chinois sont actifs et laborieux; ils n'ont pas un grand génie pour les sciences, mais ils ont de l'aptitude pour les arts et le commerce; ils sont souples et plians, quoiqu'orgueilleux, et méprisent les autres nations, auxquelles ils se croient fort supérieurs, conservant en cela le caractère de leurs ancêtres, que Pline *(a)* et Ammien Marcellin *(b)*

---

*(a)* Livre VI, chap. 17.
*(b)* Livre XXIII.

nous ont représentés comme des gens doux, sobres et paisibles, mais semblables aux bêtes sauvages, par le soin qu'ils avoient d'éviter la compagnie des autres hommes.

Les Chinois sont intéressés et enclins à tromper ; j'ai vu des paysans faire avaler du sable à des poules, pour qu'elles pesassent davantage. Pendant notre voyage, les Chinois garnissoient de papier l'intérieur des pièces de soie qu'on nous donnoit, pour les faire paroître plus épaisses ; et à Peking, les mandarins donnèrent à M. Vanbraam, du faux Gin-seng pour du vrai. Les Chinois se font une telle habitude de la fraude, qu'ils ne croient pas faire mal ; c'est adresse suivant eux. Ils aiment le jeu et la débauche ; et sous un extérieur grave et décent, ils savent mieux que personne cacher leurs vices et leurs penchans déréglés : la preuve est qu'on trouve chez eux des gens qui composent des pièces dont le sens, à la simple lecture, n'exprime que de la morale, tandis que le son des mêmes mots signifie des choses obscènes. Humbles dans leurs discours, minutieux dans leurs écrits, polis sans sincérité, ils masquent sous un dehors froid un caractère vindicatif ; ils ne s'aiment pas même entre eux, et cherchent à se nuire. Cruels lorsqu'ils sont les plus forts, et lâches dans le danger, ils sont attachés à la vie : il en est cependant quelquefois qui se donnent la mort ; mais le suicide est plus commun parmi les femmes que parmi les hommes : chez elles, c'est l'effet de la jalousie et de la colère, ou l'envie de susciter à leurs maris quelques mauvaises affaires.

Ce n'est pas que, dans un aussi vaste empire, il ne se trouve des gens doux, honnêtes et désintéressés, mais il y en a moins qu'ailleurs. La forme du gouvernement s'y oppose : obligés de vivre dans une crainte continuelle, sans cesse occupés à cacher leur bien, toujours forcés de tromper, comment une pareille contrainte n'étoufferoit-elle pas chez eux les germes d'un heureux caractère ! Je rendrai cependant justice aux Chinois, sur leur respect pour leurs parens et les vieillards ; ce respect est même si grand, qu'il se transmet du père qui vient de mourir, au fils aîné, que les frères regardent alors comme le père et le chef de la maison.

Ils sont aussi très-respectueux pour les morts ; mais il seroit à désirer qu'ils eussent en même temps plus d'humanité pour les vivans. Lorsque des soldats poursuivent une personne mandée par un magistrat, ils emploient toutes sortes de moyens pour s'en saisir, et la maltraitent quelquefois très-rudement, sans s'inquiéter si elle est innocente ou coupable. Un jour qu'ils avoient arrêté des voleurs, se trouvant dépourvus de cordes pour les attacher, ils leur percèrent les mains avec un bambou, et les emmenèrent dans cet état. Un trait récent, et qui donne une idée de la barbarie des Chinois, c'est qu'en 1786, lorsque la disette régnoit dans le Chan-tong, on y mangea de la chair humaine : ceci n'est pas une histoire inventée à plaisir, c'est un fait certain ; d'ailleurs ce n'est pas la première fois. A la même époque, dans la partie septentrionale du Hou-kouang, trente personnes furent enterrées toutes vives par des gens affamés à qui elles avoient refusé du riz.

On objectera peut-être que ce sont des cas extraordinaires : cela est vrai ; mais ils font voir que le caractère national, retenu par la sévérité des lois, se fait reconnoître lorsque certaines circonstances lui rendent toute son énergie. On a dit, avec raison, que le Chinois est vindicatif ; il attend avec patience le moment favorable pour accuser son ennemi auprès des mandarins ; mais souvent celui-ci, aussi adroit, réussit, avec des présens, à faire retomber sur son accusateur le châtiment qu'on lui préparoit à lui-même : de là naissent des haines éternelles, qui se terminent quelquefois par l'incendie de l'habitation d'un des deux adversaires. Cette conduite ne doit pas étonner chez un peuple qui n'est arrêté que par la crainte, et non par des principes de vertu ou de saine morale. Les livres de Confucius existent ; mais le peuple ne les lit pas, l'homme instruit qui les a lus, ne s'en livre pas moins à ses passions lorsque l'intérêt le domine ; et chez les Chinois l'intérêt est un mobile tout puissant.

Après avoir parlé du Chinois du côté moral, il est bon de l'examiner du côté physique. C'est un être dont les sens ne sont émus que par des impressions fortes ; aussi est-il enchanté de sa musique qui est très-bruyante. Des exhalaisons qui nous répugnent, n'affectent pas son odorat; l'odeur du charbon ne l'incommode pas, non plus que celle d'une chandelle chinoise que l'on a soufflée sans l'éteindre parfaitement, odeur cependant extrêmement désagréable. Les Chinois dorment assez souvent, pliés en deux; ils se couchent presque habillés sur leurs nattes, en s'enveloppant d'une couverture : leur sommeil est profond.

En mangeant, ils se servent avec adresse de petits bâtons pour prendre les morceaux ; mais ils avalent le riz gloutonnement : ils boivent indistinctement dans toutes les tasses, sans s'embarrasser si quelqu'un s'en est servi auparavant. En sortant de table, ils prouvent de toutes les manières qu'ils ont bien dîné; ils croient même que c'est une politesse de donner ainsi au maître de la maison, des marques de leur satisfaction. La seule chose qu'on ne puisse leur reprocher, c'est de se montrer ivres. Je n'en ai jamais rencontré dans cet état ; et même si le vin les a un peu échauffés au point que leur visage soit rouge et enflammé, ils ont l'air embarrassé lorsqu'on les regarde : aussi vont-ils rarement alors dans les rues. En un mot, peu de peuples prennent autant de soin pour cacher leurs défauts et paroître sous des dehors réservés.

Les Tartares ont plus de fermeté de caractère que les Chinois ; lorsqu'un de ces derniers est battu, il crie ; le Tartare, au contraire, souffre en silence, ou se contente de murmurer.

Les Tartares aiment le plaisir et la dépense; ils sont plus bruyans que les Chinois, mais moins magnifiques : ils sont durs à la fatigue et au travail, expéditifs dans les affaires, francs dans leurs procédés, ils n'écoutent que le bon sens, et fuient les détours si familiers aux Chinois. Au reste, je ne connois pas assez la nation Tartare, pour en porter un jugement ; mais, par le peu que j'en ai vu, elle paroît avoir des qualités qui manquent aux Chinois.

## INDUSTRIE.

LA réunion d'un grand nombre d'hommes les rend nécessairement industrieux : c'est ce qui arrive à la Chine ; aussi trouve-t-on peu de nations plus sobres et plus laborieuses. Un Chinois, après avoir travaillé pendant une journée entière, s'estime très-heureux s'il peut se procurer du riz et quelques légumes.

Un desir presque inné chez les Chinois, c'est celui du gain : les petits enfans rient lorsqu'ils voient de l'argent ; mais ce mouvement, qui n'est chez eux que machinal, devient par la suite le principe de toutes leurs actions.

On ne peut disconvenir que les Chinois sont portés au travail, et industrieux par nécessité ; mais il y a loin de l'industrie à la perfection. Il est certain qu'ils ont eu avant nous certaines connoissances ; mais ils ne les ont pas autant perfectionnées, et leur attachement aux usages de leurs ancêtres sera toujours un obstacle à leurs progrès dans les arts. Ils tiennent des pays occidentaux une grande partie de ces connoissances ; mais, séparés du reste de l'univers, après avoir reçu ou inventé certains procédés, manquant de l'émulation qui existe en Europe, ils sont restés constamment au même point.

Les Chinois possèdent depuis long-temps la boussole et la poudre à canon ; la boussole est encore imparfaite, et la poudre à canon est médiocre. Peu versés dans l'astronomie, dans les mathématiques, dans la physique et dans toutes les sciences abstraites, ils ont beaucoup acquis dans l'art de la teinture et dans la fabrique des soies, du vernis et de la porcelaine. Le vernis du Japon est cependant supérieur ; les ouvrages en ce genre faits dans cette île, sont plus légers et les angles mieux terminés. Ce que les Chinois travaillent avec plus de soin et ce qu'ils font le mieux, ce sont les bateaux, qui joignent l'élégance à la commodité.

L'architecture chinoise mérite des éloges à certains égards ; mais elle pèche par un côté essentiel, par la solidité : la sculpture est généralement mauvaise. Les artisans travaillent proprement ; les ouvrages en filigranes sont jolis, ceux en toutenague ou en cuivre blanc sont bien finis.

Les Chinois fabriquent l'acier *(a)* ; mais ce qu'ils font avec cette matière est fort inférieur à ce que nous faisons en Europe. On en peut dire autant du verre : ils réussissent néanmoins à faire des lunettes ; mais, formées au hasard, chaque individu choisit celles qui lui conviennent le mieux. Les ouvriers de Quanton, au lieu de verre, emploient le cristal de roche, dont ils divisent les morceaux en lames minces, au moyen d'un fil de fer qu'ils font agir comme les scieurs de pierre, et en employant comme eux le sable et l'eau.

Leurs ouvriers ne sont pas aussi inventifs que les nôtres ; mais ils copient avec assez d'exactitude, et l'on doit s'attendre qu'ils ne peuvent arriver à

---

*(a)* Le fer est connu depuis long-temps à la Chine. Le Chouking dit que le fer vient du territoire de Leang-tcheou, dans le Chen-sy.

notre perfection, puisqu'ils emploient bien moins d'instrumens que nous. Cependant on peut dire qu'ils sont adroits en général ; ils se servent presque également des pieds et des mains.

On rencontre par-tout des artisans ambulans ; ceux qui raccommodent les poêles de fer, travaillent en pleine rue. Les creusets pour fondre le fer ont un bon pouce de diamètre ; la terre dont ils sont composés, est la même que celle que nous employons en Europe. L'ouvrier reçoit sur un papier mouillé la matière en fusion, et la conduit dans les fentes et dans les trous, tandis qu'un autre l'étend et l'unit avec un chiffon humide. Le fourneau est large de quatre pouces et long de huit ; il contient plusieurs creusets qu'on recouvre avec une pierre pour concentrer la chaleur. Le soufflet consiste dans une boîte de six pouces de largeur sur seize de longueur et dix-huit de hauteur. Cette boîte est divisée en deux portions ; celle de dessus renferme les matières nécessaires, celle de dessous contient le soufflet, qui est composé d'une planchette remplissant exactement le vide de la boîte, et qui se tire en dehors au moyen d'une poignée formée de deux petites barres de fer qui tiennent à la planchette. L'avant et l'arrière de la boîte sont garnis de soupapes, et il y en a deux autres qui donnent dans un petit canal en bois qui règne en dehors, et au milieu duquel il y a un tuyau. Lorsque l'ouvrier tire à lui le piston ou la planchette, il aspire l'air par la soupape du fond, refoule en même temps celui qui est dans la partie antérieure du soufflet, et le force d'entrer à travers la soupape dans le petit canal qui communique en dehors ; lorsqu'il repousse le piston, la même opération a lieu du côté opposé. Ce soufflet donne beaucoup de vent et ne fatigue pas l'ouvrier. On trouve aussi des Chinois qui raccommodent les porcelaines et les verres cassés ; mais ils travaillent plus proprement qu'en Europe, l'ouvrier ne perçant pas entièrement la pièce, mais pratiquant seulement deux trous de biais, dans lesquels il introduit avec force les deux extrémités courbées de l'attache ; de manière qu'elle serre et réunit exactement les deux morceaux sans paroître en dessus. J'ai vu des verrines qu'on avoit ainsi raccommodées : on pouvoit compter plus d'une centaine d'attaches. On conçoit que dans le verre les attaches doivent paroître à travers la matière, et qu'il n'en est pas de même dans la porcelaine, où elles sont en dessous du plat.

Les artisans dont on rencontre un plus grand nombre dans les rues, sont les barbiers. Il est à remarquer que c'est là comme en France, où presque tous les barbiers sont d'une même province ; ils portent avec eux tout l'attirail nécessaire, un siége, de l'eau chaude, des rasoirs, des brosses, et mille petits ustensiles que les Chinois emploient dans leurs toilettes. Les barbiers rasent avec soin tous les poils du visage, hors les cils et les sourcils; ils ajustent les sourcils, nettoient les oreilles et tressent les cheveux. Pour se faire reconnoître, ils portent un fer double et recourbé, qu'ils font résonner en passant les doigts entre les branches et en les retirant brusquement. Les rasoirs chinois n'ont pas la forme des nôtres ; ils sont courts, et carrés à leur extrémité antérieure.

La classe la plus nombreuse après celle des barbiers, est celle des porte-faix : ces gens sont très-adroits à remuer ou porter de pesans fardeaux, au moyen de léviers dont ils entendent bien l'effet. Ils forment un corps, ont un chef et sont tous enregistrés. En général, tous les Chinois s'occupent à quelque travail : il en est qui se louent pour porter des palanquins, d'autres vendent des drogues, disent la bonne aventure, font des tours de force, &c. ; enfin, il n'y a pas de métier qu'un Chinois ne fasse pour gagner de quoi vivre.

A la Chine, tout rapporte de l'argent ; et celui qui vient emporter les immondices d'une maison, donne en échange quelques monnoies ou des légumes. Quelque sobres que soient les Chinois, et malgré leur industrieuse activité, un grand nombre d'entre eux néanmoins sont dans la misère : on ne leur refuse pas l'aumône, il est vrai ; mais les Orientaux ont la coutume de donner fort peu à-la-fois. Un indigent qui a reçu la foible quantité de riz qui peut entrer dans l'ongle d'un Chinois, doit se retirer. On pense bien qu'une aumône aussi chétive ne peut soutenir un malheureux : c'est pourquoi les différens corps de métiers ont établi une espèce de confrérie ; chaque individu qui la compose contribue d'une certaine somme, et le fonds qui en provient sert à soulager ceux qui n'ont pas d'ouvrage, ou qui ont éprouvé des pertes: association louable et bien entendue, et qui devroit exister parmi toutes les classes d'ouvriers, et chez tous les peuples.

## *ARCHITECTURE ET AMEUBLEMENT.*

L'ARCHITECTURE Chinoise est simple ; les maisons des particuliers, celles même des mandarins, ont peu d'apparence au dehors : le palais de l'Empereur, les édifices publics, les temples, les tours, les arcs de triomphe, les portes des villes, les remparts, les ponts et les tombeaux, méritent seuls l'attention du voyageur.

La forme des maisons est assez généralement la même; le nombre, la grandeur des salles et des cours, la dimension des colonnes, la qualité des bois, la dorure, le vernis, la sculpture, établissent seulement une différence entre la demeure des particuliers, et celle des personnes en place : mais vouloir rendre en françois la manière dont on bâtit à la Chine, est une entreprise peu facile; les expressions manquent, et l'on est obligé de recourir à des locutions qui ne représentent pas au juste la chose qu'on se propose de décrire. Par les mots *colonnes* et *galeries*, il ne faut pas entendre des colonnes ou des galeries, dans le style Grec; le vrai mot, celui qui convient le mieux à la colonne Chinoise, est *pilier*, puisque son diamètre est toujours le même dans toute sa longueur.

L'habitude où nous sommes de concevoir les choses d'après les mots qui les expriment, nous induit souvent en erreur en lisant les relations des voyageurs. Ces auteurs ayant devant les yeux des objets d'un genre tout nouveau, et forcés d'employer des termes équivalens pour pouvoir se faire entendre dans leur langue, ont par ces mêmes expressions trompé le lecteur, qui s'est imaginé voir des palais, des colonnades et des péristyles, tandis que dans le fond tout cela étoit fort différent. L'architecture Chinoise n'a pas de rapport avec la nôtre; s'efforcer d'en donner une explication détaillée, c'est se charger d'une tâche impossible; je me bornerai donc à une description générale.

La majeure partie des matériaux d'un édifice Chinois, est en bois; le toit est supporté par des colonnes, mais celles-ci ne s'élèvent qu'à une certaine hauteur, où elles prennent des pièces transversales surmontées d'autres plus petites, et qui diminuent de longueur à mesure qu'elles approchent du faîte. Les colonnes sont ordinairement de pin ; mais, chez les gens riches, elles sont d'un bois recherché : le bois rouge est réservé pour les bâtimens de l'empereur.

Le toit est revêtu en dessous, dans sa longueur, de planchettes qui supportent et cachent en même temps les tuiles, qui cependant sont quelquefois à découvert. Ces tuiles sont en forme de canal; elles sont placées à côté les unes des autres, et les bords sont recouverts en dessus par une autre tuile demi-cylindrique : celles qui sont placées à l'extrémité inférieure du toit, sont très-bien travaillées et d'une forme particulière.

La structure de ces toits est singulière, mais agréable; les pièces de bois qui les soutiennent en avant sont bizarrement taillées : les extrémités des toits sont relevées, et dans plusieurs provinces elles sont ornées de figures d'animaux, ou d'autres sculptures (n.° 10).

Les murailles sont en brique, en pierre ou en bois : les murs en brique ne sont pas généralement pleins ; ceux des maisons de Quanton, par exemple, qui paroissent très-solides, n'ont que de l'apparence, et sont creux ; ils peuvent avoir dix-huit pouces d'épaisseur : les briques sont placées sur les deux faces, et liées, d'espace en espace, par des briques de traverse. On sent combien une bâtisse de ce genre doit être peu solide, et combien il faut être attentif à faire les réparations nécessaires, car sans cette précaution une maison s'écroule promptement. Les briques qu'on emploie dans la construction des maisons, sont cuites, ou simplement séchées au soleil, et recouvertes d'un mortier composé de paille hachée, de terre et de chaux : lorsque le propriétaire a des moyens suffisans, il fait mettre par-dessus un enduit plus fin que le premier, et fait de chiffons pourris, ou de papier, bien mêlés avec de la chaux. Cet enduit s'étend parfaitement ; il devient bien uni et très-propre ; les fondemens sont peu profonds : le plus grand défaut de l'architecture Chinoise, c'est de ne pas assez soigner cette partie.

Les maisons sont divisées par corps de bâtiment, placés les uns derrière les autres, et séparés par des cours. Si par fois on trouve des corps-de-logis bâtis sur les côtés, la communication a lieu par des galeries couvertes ou par des corridors qui existent plutôt en dehors que dans l'intérieur.

Les maisons des marchands, à Quanton, occupent un terrain long et étroit ; elles ont un étage au-dessus du rez-de-chaussée, et c'est toujours vers l'entrée de la maison, et dans une des salles la plus apparente qu'est placée l'idole ou Poussa. Les appartemens sont par le bas, mais le sol en est toujours un peu élevé, pour être à l'abri de l'humidité, que les Chinois redoutent beaucoup. Les pièces basses sont carrelées ; celles d'en haut sont plancheyées et servent de magasin ; on y monte par des escaliers fort mal faits, presque droits, et dont les marches sont un peu hautes : en général, les architectes Chinois n'entendent point ce genre de construction.

Les murs de clôture dans l'intérieur des maisons, ou ceux qui environnent les petites cours, dans lesquelles on trouve toujours des arbustes, des fleurs et de grandes jarres remplies de petits poissons, ne sont pas pleins, mais évidés en partie et fermés avec des briques de différentes formes, artistement travaillées à jour : les Chinois aiment beaucoup ces sortes de briques, et les emploient par-tout.

L'habitation d'un homme riche diffère un peu de celle dont je viens de parler ; elle est toujours précédée d'une grande cour où logent les portiers, et qui est entourée de galeries et d'un grand péristyle dont le toit est soutenu par des colonnes, qui sont d'inégale hauteur et reposent sur des socles de pierre ou de marbre. Cette cour est fermée par trois grandes portes en bois ; celle du milieu ne s'ouvre jamais que pour les gens de distinction ; les autres personnes passent par les portes de côté ; le maître même du logis suit cet usage, à moins qu'il qu'il ne sorte en cérémonie. Après ces trois portes on trouve une autre cour, un second bâtiment dans lequel réside l'idole, et enfin, une troisième cour qui fait face à l'appartement principal, et qui est peu éloignée des cuisines et des chambres des domestiques. Cet appartement, composé de plusieurs pièces, donne par derrière sur les jardins, et communique par des galeries avec celui des femmes, qui est plus ou moins éloigné, suivant l'étendue du terrain. Les cours, chez les mandarins, sont spacieuses et environnées de salles destinées pour les personnes qui ont des affaires à traiter avec le maître du logis, et qui sont obligées de l'attendre ; elles sont en outre entourées de barrières et décorées à l'entrée par trois portes de bois et par des figures d'animaux, en bronze ou en pierre *(n.° 50)*. En général, chez les Chinois, les cours et les jardins occupent la majeure partie de l'habitation.

L'intérieur des maisons est peu décoré, mais propre ; les murs sont tapissés avec du papier blanc : quelques dessins à l'encre, dont les Chinois font grand cas, une estrade, des tables, des chaises de bois verni, bien lourdes, et couvertes, dans certaines cérémonies, d'un drap rouge, des plats de porcelaine remplis de cédrats, des vases de cuivre pour brûler des parfums, enfin des lanternes *(a)*,

---

*(a)* Les lanternes sont d'une forme très-variée, et coûtent

voilà tout ce qui fait l'ornement d'un appartement Chinois.

Les fenêtres des maisons sont garnies avec des coquilles minces et assez transparentes, ou avec du papier: cette manière n'est pas suffisante pour garantir du froid; mais, dans les pays chauds, où le froid ne se fait sentir qu'à une certaine époque de l'année, on n'a pris aucune précaution pour s'en préserver. Dans le Petchely et le Chantong, où il gèle, on a soin de coller hermétiquement les fenêtres; d'ailleurs on met en outre une poêle de charbon embrasé dans la chambre, ou bien on allume du feu dans le petit four qui est à l'entrée de l'estrade placée au fond de la pièce, et sur laquelle on couche. Chez les gens riches, à Peking, les fourneaux sont plus grands; ils passent sous les appartemens, et on les chauffe par dehors.

Les Chinois ne laissent pas entrer dans leurs

---

souvent fort cher : il y en a qui, par le moyen de la fumée, font mouvoir des figures; les simples sont composées d'un réseau de fils de bambou recouvert en papier; les autres sont de soie, d'ivoire ou de corne. Les Chinois savent fondre cette dernière matière, et en fabriquent de grosses lanternes d'une seule pièce.

Les vases de cuivre pour brûler les parfums, sont bronzés et quelquefois d'une forme bizarre; il y en a de fort curieux pour la forme et pour la couleur; j'en ai vu un qui étoit d'une couleur bleuâtre; les Chinois disoient qu'il étoit antique et en demandoient cent taëls [ 750 livres ].

chambres à coucher, et il est rare qu'on y puisse pénétrer. Leurs lits sont massifs, unis, et quelquefois sculptés. Un moustiquaire de gaze pendant l'été, ou des rideaux d'étoffe de soie en hiver, avec une bande pareille d'environ un pied de large, faisant le tour du lit par en haut, en composent toute la garniture. On y ajoute un éventail, des sachets d'odeur, et deux agraffes en cuivre pour soutenir le moustiquaire. Les matelas sont de coton : en un mot, la forme du lit et la richesse de la garniture sont analogues au rang ou à la fortune du propriétaire.

Les Chinois mettent rarement des glaces dans leurs appartemens ; nous n'en vîmes qu'une seule dans la maison que nous occupâmes à Ping-yuen-hien, ville du Chan-tong : elle étoit placée au fond de la salle, et montée dans un châssis de bois posé debout, de manière qu'il étoit facile de le porter où l'on vouloit.

Si les Chinois ne paroissent pas fort occupés de la décoration de leurs maisons, ils le sont au contraire beaucoup de la construction de leurs portes. Chez eux une porte ne doit pas être placée en face d'une autre ; et lorsqu'on ne peut éviter cet inconvénient, on met en avant une espèce de paravent en bois, dont l'effet est de les préserver des mauvais génies et de s'opposer à leur libre passage. Il est rare de parvenir dans l'appartement principal en suivant un chemin droit ; il faut toujours passer par des portes latérales ou traverser quelques pièces.

La porte extérieure des maisons est rarement de niveau avec le mur de face ; elle est plus ou moins enfoncée et presque toujours à l'abri. Les autres portes, et principalement celles de l'appartement des femmes, ont différentes formes. On en voit qui imitent un éventail ou une feuille ; mais la porte par excellence, la porte du bonheur, est celle de forme ronde ; celle-ci a la vertu, suivant les idées Chinoises, d'arrêter les génies malfaisans et de garantir le propriétaire du logis de leurs malignes influences.

Telle est la construction des maisons des Chinois ; mais de l'habitation d'un mandarin, composée de galeries, de péristyles, et d'un grand nombre de pavillons peints et vernis, dont les toits, quelquefois doubles, sont à pans recourbés, il y a loin au simple logement d'un particulier, et encore plus à l'humble réduit d'un paysan. Les habitations des villes occupent peu d'espace ; une petite cour et deux ou trois chambres surmontées d'un toit peu élevé, suffisent pour loger une famille entière.

La demeure des gens de la campagne est encore plus chétive ; des murs en terre à peine recrépis, un méchant toit en paille, mettent à l'abri plusieurs individus. Si l'on trouve à la Chine, dans certains cantons, de bonnes maisons, on en remarque un plus grand nombre qui sont entièrement délabrées. Dans le Petchely et une partie du Chan-tong, les maisons des paysans sont basses, le toit en est presque plat et l'aspect misérable; dans le Kiang-nan elles sont meilleures; dans le Tchekiang elles sont bien construites et solides; enfin, dans le Kiang-sy et le Quang-tong on en voit encore quelques-unes de bien bâties, mais c'est ordinairement la plus petite quantité.

Parmi le nombre d'édifices publics qu'on aperçoit en voyageant à la Chine, ceux qui appartiennent à l'État attirent l'attention, soit par leur grandeur, soit par leur genre de construction. Les maisons, par exemple, qui servent aux examens des étudians, occupent un terrain spacieux; elles renferment beaucoup de salles, et principalement une pièce d'une grande étendue, qui sert à ceux qui composent. A Ho-kien-fou, dans le Petchely, cette pièce étoit vaste et remplie de petits piliers en brique. Les temples sont grands et bien bâtis, généralement composés de larges cours, de pavillons pour les idoles, de jardins, et de tous les bâtimens nécessaires au logement ou aux besoins des bonzes. Le plus bel ornement de ces temples consiste dans une tour élevée : tous n'en ont pas cependant, et ce n'est que dans le Kiang-nan que nous en vîmes un plus grand nombre. Ces tours sont formées de plusieurs étages *(n.$^{os}$ 13, 16 et 54)*;

M 3

elles ressemblent à celles qu'on rencontre à l'approche des villes, mais elles sont d'une forme plus agréable.

Les tours que l'on voit auprès des villes, se nomment Ta; elles sont très-solides, et ont été construites avec beaucoup plus de soin qu'on ne le fait actuellement. La tour de la pagode du lac Sy-hou le prouve *(n.° 16);* dégradée par les pluies, par le temps et par la foudre, elle subsiste toujours, quoiqu'elle compte quinze cents ans d'antiquité; les briques en sont rouges et encore en bon état.

Ces tours varient par la hauteur *(n.°*$^s$ *17, 24, 48, 69, 76, 81 )*, et peuvent avoir depuis quatre-vingt-dix jusqu'à cent soixante-dix pieds; constamment partagées par étages, mais toujours en nombre impair, elles s'élèvent plus ou moins suivant l'importance de la ville près de laquelle elles sont situées. La plus haute que nous ayons vue et qui avoit onze étages, est celle de la ville de Kao-tang-tcheou dans le Petchely. Il est difficile de dire le but que se sont proposé les Chinois en bâtissant ces tours. Sont-elles pour l'ornement, ou sont-elles pour l'utilité? Comme leur élévation n'est pas toujours la même, on peut croire qu'elles n'ont été construites que pour l'ornement : car, pourquoi auroient-elles moins d'étages auprès des petites villes, et un plus grand nombre auprès des grandes, si l'on suppose qu'elles ont servi à faire des signaux? La seule raison qu'on pourroit donner pour expliquer leur plus ou moins de hauteur, c'est que l'usage qu'on en faisoit étant circonscrit au district des villes, leur élévation étoit en raison de son étendue. La plupart de ces tours n'ont plus d'escaliers intérieurs, le temps les a détruits; les murs sont en brique, et plus ou moins épais, suivant la hauteur de ces édifices : la forme extérieure varie aussi, et les fenêtres pratiquées à chaque étage ne sont quelquefois que figurées.

Mais, si presque à chaque pas on rencontre des tours, on voit un bien plus grand nombre d'arcs de triomphe. Ces monumens, nommés en chinois Pay-leou, ont été élevés en l'honneur de quelques personnages recommandables, et servent également de décoration. Nous en vîmes beaucoup de bâtis pour conserver la mémoire de femmes qui étoient restées veuves : au reste, il faut la permission de l'empereur pour les ériger ( $n.^{os}$ 1, 12, 55, 58).

Un grand défaut de ces édifices, c'est d'être très-massifs par le haut. Ce défaut se remarque sur-tout dans l'arc de triomphe de Sou-tcheou-fou, comme on peut en juger par le dessin que j'en donne ( $n.°$ 55); il est vrai que c'est le plus considérable que j'aie vu : les autres étoient plus légers. Ils se ressemblent presque tous pour la forme : un seul que nous vîmes le 23 mars, avoit une construction tout-à-fait différente *(n.° 58)*. Lorsque ces édifices sont en bois, on choisit toujours les plus précieux ou les plus solides ; on les soutient avec de longues perches, ainsi qu'on peut le voir dans le dessin de l'arc de triomphe de la ville de Yang-tcheou-fou *(n.° 12)*. Lorsqu'ils sont en pierre, toutes les pièces sont à tenons et à mortaises, et assemblées de la même manière que si elles étoient en bois.

Les arcs de triomphe, qui sont toujours composés de trois portes, dont la plus élevée est celle du milieu, n'excèdent pas vingt à vingt-cinq pieds de hauteur, et sont ornés de fleurs sculptées et de figures : les mieux travaillés en ce genre sont ceux de Hang-tcheou-fou. A Peking et dans beaucoup de carrefours de cette capitale, on en trouve plusieurs entièrement en bois : celui du pont appelé Jou-kiao en donne une idée *(n.° 2)*.

Les édifices consacrés à Confucius sont tous construits sur un même modèle, et ne diffèrent entre eux que par la grandeur. Le monument de ce genre qu'il nous a été possible d'examiner avec le plus de soin, est celui de la ville de Nanhiong-fou.

L'entrée est composée de trois grandes portes donnant sur une vaste cour, au milieu de laquelle il y a un pont de trois arches bâti sur un bassin. Au fond de cette cour on voit encore trois portes pareilles aux premières, et une galerie : ces portes restent fermées, et l'on entre par une petite porte latérale dans une seconde cour, ayant de chaque côté plusieurs grandes salles où l'on voit des tables sur lesquelles sont gravés les noms des Chinois qui se sont illustrés. Un pavillon entouré d'une colonnade, surmonté d'un double toit, occupe le fond de la cour, et renferme la statue de ce philosophe.

Les portes des villes n'ont pas d'ornemens ; elles sont voûtées et pratiquées dans l'épaisseur des murs. On peut voir au mot *Fortification* la manière dont les Chinois les construisent. Je ne dirai rien non plus des tombeaux, que je décris en parlant des funérailles ; mais je terminerai cet article en donnant la description des ponts, qui, s'ils étoient mieux bâtis, et si les Chinois mettoient plus de soin à placer les pilotis qui servent dans leur construction, dureroient plus long-temps. Ces ponts sont très-jolis lorsqu'ils sont nouvellement faits ; mais il faut peu de chose pour les renverser : nous rencontrâmes effectivement, en plusieurs endroits, des ouvriers occupés à relever les pierres de ponts qui s'étoient écroulés, et dans d'autres places on n'en voyoit pas même le moindre vestige.

Les ponts Chinois sont quelquefois plats ; mais généralement on y monte des deux côtés par une pente douce ; ils sont en pierre, en brique ou en bois. Celui qu'on voit avant d'être à Sou-tcheou-fou est très-élégant *(n.° 15)* ; il consiste en trois arches, dont celle du milieu est beaucoup plus élevée. Pour augmenter la solidité de ce pont, on a placé sur les piles des longues pierres debout, dont chaque extrémité entre dans un trou pratiqué dans une autre pierre qui traverse l'épaisseur du pont. Ce moyen ne réussit pas toujours, parce que les entailles n'étant jamais bien profondes, elles ne peuvent s'opposer au moindre effort du pont, ni empêcher qu'il ne s'écarte lorsque l'un des pilotis vient à fléchir.

Le pont de Tsin-kiang-fou *(n.° 14)*, que nous passâmes le 16 mars, n'a qu'une seule arche, dont le diamètre peut être de trente à trente-cinq pieds; sa forme est en fer-à-cheval, et les côtés, au lieu de tomber d'aplomb, sortent de la perpendiculaire en arrivant sur les piles : il est vrai que dans cet endroit les pierres entrent dans une entaille ; mais déjà une pierre d'en bas s'étoit dérangée ; si elle vient à manquer, les autres tomberont bientôt, et le pont s'écroulera infailliblement. Les pierres ne servent que de revêtissement; elles sont hautes, étroites et taillées en portion de cercle ; entre ces pierres, qui peuvent avoir de quatre à douze pieds de longueur, on en place de plus petites, disposées par chaînes, d'environ un à deux pieds en quarré. La clef, composée de ces petites pierres longues, n'étant pas assez épaisse, ne lie pas, comme en Europe, toutes les parties du pont, de manière que l'ouvrage pèche essentiellement du côté de la solidité.

Il y a cependant en Chine des ponts très-anciens, mais aussi les arches en sont plus petites et autrement disposées ; elles ne sont pas toujours cintrées, nous en vîmes de plates, de rondes et de forme gothique. Ces ponts sont garnis de gardefous, et ornés de figures d'animaux en marbre ou en pierre. Nous en traversâmes plusieurs avant d'arriver à Péking, et après avoir quitté cette ville, le plus considérable est celui de Tso-tcheou. Il est partagé en deux par une petite île, et sa longueur est de près de six cents pieds ; le parapet est composé de tables de marbre d'environ six pieds de long, engagées par des rainures dans un grand nombre de piliers hauts de quatre pieds, décorés en plusieurs endroits d'éléphans en marbre, qui paroissent bien travaillés. Le pont sur lequel nous passâmes le 5 mars, et qui est bâti à l'extrémité du lac nommé Lo-ma-hou, et près du canal impérial, est solide ; les arches en sont plates, et formées par de grosses pierres ; il est droit et précédé d'une longue chaussée. Ceux que nous vîmes dans les environs de la digue, étoient en brique et fort mauvais ; l'eau de la pluie paroissoit filtrer à travers, et ils étoient si délabrés, que les voituriers n'osoient passer dessus. On construit aussi des ponts en bois, soutenus par des piles en pierre : des solives sont placées alternativement dans un sens opposé, et lorsqu'elles sont parvenues à la hauteur requise, on étend d'une pile à l'autre de longues poutres pour former le plancher. C'est de cette manière que le pont de Nan-hiong-fou *(n.º 78)*, dans la province de Quang-tong, est construit ; il est bordé de garde-fous, mais tous les ponts n'en ont pas, ce qui les rend très-dangereux, sur-tout lorsqu'on y passe la nuit. En traversant un semblable pont le 12 décembre, pour nous rendre à Kieou-kiang-fou, nous pensâmes tomber dans l'eau. Lorsque quelque accident a rompu une des arches d'un pont, on place des poutres d'une pile à l'autre, et l'on rétablit de cette façon la communication. Il y a aussi des ponts entièrement composés de pierres plates, attachées les unes aux autres par des crampons de fer ; ces ponts sont bâtis dans des endroits où il ne passe pas de charrette, et par conséquent fatiguent peu.

On voit un grand nombre de ponts sur le grand canal, et sur les petits bras de rivière adjacens : il y en a d'une seule arche, d'autres de deux, et quelques-uns de cinq. Un très-joli, est celui de la ville de Fou-hiang-hien, dans le Tche-kiang *(n.º 64)*, près duquel nous passâmes le 28 mars ; il a trois arches, outre deux petites dans les piles; il n'est pas construit sur la rivière, mais sur un torrent qui paroît devoir se gonfler beaucoup dans certaines saisons. Il est fâcheux que le gouvernement ne donne pas assez d'attention à ces constructions, et qu'il n'ordonne pas de faire ce qui est nécessaire pour les rendre plus solides; mais à la Chine tout est routine, et l'on ne change jamais de méthode.

On conçoit, d'après ce que je viens de dire, que l'architecture Chinoise, différant beaucoup de celle des Européens, il n'est pas aisé de la décrire; mais on s'en formera une plus juste idée en jetant les yeux sur les dessins que j'ai faits de différens édifices, qu'en lisant une description qui, pour être fort longue, n'en seroit peut-être pas plus intelligible.

### JARDINS.

LES Chinois, dans la disposition de leurs jardins, recherchent une bonne exposition, la salubrité de l'air, et principalement l'éloignement des voisins et des curieux. Chez un peuple où la polygamie est permise, et par conséquent la condition des femmes désagréable, le premier soin d'un mari doit être de leur procurer quelque délassement et de les soustraire aux yeux des étrangers. L'art des jardins, chez les Chinois, consiste à copier la nature : imiter ses beautés et rendre ses désordres, sont chez eux le comble du génie. Au lieu de ces allées plantées avec symétrie, au lieu de ces terrains uniformes qu'on voit dans les jardins d'Europe, on ne trouve dans ceux de la Chine, que des sentiers tortueux, des arbres épars et jetés au hasard, des collines boisées ou stériles, des vallons profonds et des passages étroits, dont les côtés escarpés et coupés à pic sont hérissés de rochers, et offrent aux yeux quelques misérables arbustes. Extrêmement bizarres dans la composition de leurs jardins, les Chinois aiment à rapprocher, sous le même coup d'œil, des terres cultivées et des champs arides ; ils s'appliquent, sur-tout, à rendre le terrain inégal, et à le couvrir de rochers factices ; ils creusent des cavernes dans les montagnes ; ils élèvent sur les pentes des pavillons à moitié renversés, et tracent à travers ces désordres d'une nature imaginaire, des sentiers qui, toujours disposés en lignes obliques, et revenant sans cesse sur eux-mêmes, prolongent pour ainsi dire l'étendue du terrain, et doublent le plaisir de la promenade.

L'eau, lorsqu'il est possible de s'en procurer, après s'être précipitée du haut des collines, et s'être ouvert une route à travers les rochers, parcourt ordinairement les jardins en différens sens, et se rend ensuite dans un étang sur lequel des barques d'une forme élégante procurent aux femmes l'amusement de la pêche et le charme d'une douce fraîcheur.

Des pierres jetées au hasard et s'avançant jusque dans l'eau, soutiennent les terres qui bordent ces canaux, et en rendent les contours irréguliers; çà et là des arbres isolés et des saules pleureurs répandent une ombre mélancolique sur un terrain couvert de sable et de coquillages.

Les larges feuilles du nénuphar et ses fleurs en forme de tulipes, couvrent la surface des étangs, tandis que mille petits poissons d'une couleur brillante en parcourent l'étendue, ou se tiennent à l'abri de la chaleur parmi les joncs qui leur servent de retraite.

De petites îles ornées de pavillons et d'arcs de triomphe, occupent le milieu de ces bassins; et des ponts d'une structure bizarre, bâtis sur les différens canaux, entretiennent par-tout un passage facile.

Tel est le goût des Chinois; ils ne cherchent dans leurs jardins qu'à contrefaire la nature et à rassembler et représenter en petit tout ce qu'un vaste pays peut offrir de pittoresque et d'intéressant.

De pareils jardins demandent des emplacemens considérables; mais les Chinois n'en ayant pas toujours, et leur défaut étant d'être constamment attachés à leurs mêmes idées, sans considérer la grandeur ou la petitesse du local, il en résulte que leurs jardins présentent souvent une trop grande multitude d'objets, et sont extrêmement confus.

On connoîtra facilement, d'après le plan du jardin de la maison qu'occupoit M. de Grammont *(n.º 90)*, à Quanton, la méthode que suivent les Chinois dans l'arrangement de leurs jardins. Dans ce plan, les bâtimens occupent une grande partie du terrain : les allées ne sont pas considérables, mais elles suffisent pour des femmes Chinoises, qui marchent peu, ne peuvent supporter la fatigue, et sont obligées de se reposer souvent dans les pavillons que l'on multiplie exprès pour qu'elles puissent s'y arrêter. Cette maison, située dans le faubourg de Quanton, étoit bien entretenue lorsqu'elle étoit entre les mains du propriétaire Chinois; mais maintenant qu'elle est abandonnée, une partie menace ruine ; plusieurs pavillons ont fléchi et sont près de tomber, ce qui provient de la mauvaise manière dont les Chinois disposent les pilotis qu'ils emploient pour asseoir les fondemens des maisons bâties sur le bord des canaux.

Les hannistes de Quanton ont plusieurs jardins de l'autre côté de la rivière, à Honan ; l'un est fort resserré et n'offre qu'un étang coupé par une chaussée avec quelques petites allées bordées en partie par des bamboux fort élevés, qui masquent

les

les murailles ; un autre est beaucoup plus vaste, et peut donner une idée des jardins Chinois. Le propriétaire a fait élever presque au centre de l'emplacement un grand pavillon pour y déposer le corps de son père, et l'a entouré d'un canal qui traverse ensuite le jardin, et se rend dans un étang considérable ; le reste du terrain est rempli de pavillons, de ponts, et garni d'arbres et de fleurs ; les allées vont en serpentant, et sont formées de cailloux de plusieurs couleurs, représentant différens dessins; mais dans un endroit on s'est contenté de placer sur le sol, à la distance d'un pied les unes des autres, des pierres de deux pieds de long, et de huit pouces d'élévation, pour se préserver de l'humidité.

J'espérois, lorsque j'étois à Peking, pouvoir examiner les jardins de l'empereur, mais je n'en ai vu qu'une portion; ils sont, en grande partie, occupés par une rivière dont les bords plantés d'arbres ombragent plusieurs pavillons, qui paroissent fort jolis au dehors, mais qui sont mesquins en dedans. La vue des jardins de l'empereur, prise de dessus le pont, est belle *(n.° 2)*, et le paysage est vraiment magnifique. Je ne parlerai pas des jardins de Yuen-ming-yuen, ce que j'en ai parcouru ne mérite aucune attention, quoique l'endroit où nous étions placés, fût destiné pour les fêtes que l'empereur donne à sa cour et aux ambassadeurs.

La seule occasion où j'ai été à même de juger du goût des Chinois dans la distribution des jardins, fut lorsque je visitai celui de l'empereur, situé au-delà de la ville de Yang-tcheou-fou.

Ce jardin est très-spacieux, mais tellement rempli de bâtimens, de pavillons, de corridors, de ponts et d'allées, que son étendue en paroît diminuée de moitié. Les édifices sont en mauvais état; l'eau ne coule plus dans le canal, et le pont de bois construit au-dessus, et qui va en serpentant, étoit si délabré, qu'il ne put me supporter. Les allées sont tortueuses et garnies de cailloux; les rochers factices sont seuls bien conservés. Les arbres sont beaux et font un bel effet; enfin l'ensemble de ce jardin, dont un grand étang occupe une bonne partie, est extrêmement curieux, mais trop confus et trop ramassé. Autrefois l'empereur le visitoit de temps en temps, mais il n'y vient plus; aussi tout souffre de son absence.

Les jardins que nous avons vus auprès du lac Sy-hou, à Hang-tcheou-fou, ont dû être très-beaux lorsqu'ils étoient en bon état; mais, comme je l'ai dit plus haut, les ouvrages des Chinois demandent un entretien continuel, et pour peu qu'on les néglige, ils sont bientôt détruits.

## CANAUX.

La Chine est coupée par un nombre infini de rivières et par des canaux qu'on a multipliés autant qu'il a été possible, non-seulement pour fertiliser les campagnes, mais dans la vue d'ouvrir des communications et de faciliter les transports. Le commerce se fait généralement par eau : les Chinois qui voyagent d'une province à l'autre, préfèrent cette voie, et ne prennent la route de terre que dans des circonstances pressées. On peut aller de Quanton à Peking constamment en bateau, excepté pendant un seul jour employé à parcourir par terre l'espace qui sépare Nan-hiong-fou et Nan-ngan-fou. En sortant de cette dernière ville, on descend la rivière jusqu'au lac Po-yang ; on entre ensuite dans le fleuve Yang-tse-kiang, qu'on ne quitte qu'au-delà de Nanking à Koua-tcheou, pour suivre alors le canal impérial qui conduit à Peking.

Ce canal est d'une grande étendue, mais avant d'indiquer le temps auquel il a été commencé, il est à propos de parler de deux grandes rivières qui partagent la Chine, en coulant de l'ouest à l'est, et dans lesquelles le canal vient aboutir. Le Hoang-ho, ainsi nommé de la couleur de ses eaux jaunes et bourbeuses, prend sa source par les trente-cinq degrés de latitude, dans les montagnes de Kokonor en Tartarie. Après avoir parcouru une portion de ce pays, il entre en Chine par les provinces de Chen-sy et de Chan-sy, traverse ensuite le Honan, une partie du Kiang-nan, et se jette, après une course de six à sept cents lieues, dans la mer orientale.

Ce fleuve n'est pas aussi large que le Kiang: à Pe-tsiu-tcheou, où nous le traversâmes, il peut avoir de trois à quatre cents toises de largeur; il étoit très-sale et charioit pour lors des glaçons. A notre retour, lorsque nous le passâmes à Yang-kia-yn, vingt-cinq lieues au-dessus de son embouchure, sa largeur étoit de cinq à six cents toises. Les rives du Hoang-ho sont d'une terre argileuse jaunâtre, dont ses eaux sont imprégnées. Ce fleuve est rapide, et cause souvent de grands ravages en se débordant ; c'est pour le contenir et s'opposer à ses dégradations qu'on a construit des chaussées faites avec de la paille entremêlée avec de la terre, et qu'on a élevé dans les environs de la ville de Sou-tsin-hien la forte digue qui le prolonge pendant près de vingt lieues.

Cet ouvrage considérable est confié aux soins d'un grand mandarin, qui en a l'inspection et qui veille à ce qu'il soit bien entretenu. La digue peut avoir de vingt-cinq à trente pieds de large au sommet; sa hauteur est de quinze à vingt pieds, et son épaisseur par le bas de quarante à quarante-cinq pieds ; elle va en talus des deux côtés.

Le Kiang, situé plus au sud que le Hoang-ho, prend sa source dans le pays des Tou-fan, par les trente-trois degrés de latitude, et traverse une partie des provinces de Yunnan, de Setchuen, de Hou-kouang et de Kiang-nan ; son cours est de plus de sept cents lieues. En se jetant dans la mer orientale au trente-deuxième degré de latitude, il a formé, suivant le rapport des Chinois, une île considérable, nommée Tsong-ming, qui peut avoir vingt lieues de long sur six de large.

Ce fleuve est profond, mais son cours n'est pas aussi rapide que celui du Hoang-ho. A Kieou-kiang, ville éloignée de la mer de près de cent quarante lieues, nous le traversâmes en vingt minutes dans de grandes barques ; il pouvoit avoir dans cet endroit une demi-lieue de large, et nous éprouvâmes en le passant un mouvement semblable à celui qu'on ressent dans un vaisseau lorsqu'on est en pleine mer. A Tsin-kiang-fou, trente lieues au-dessus de son embouchure, il a environ une lieue de largeur.

La capitale de l'empire avoit changé plusieurs fois avant que les Yuen ou Tartares Mongoux se fussent emparés du trône. Chy-tsou, premier empereur de cette dynastie, jeta les fondemens de Peking, et y fixa sa résidence en 1267 ; mais s'apercevant bientôt que l'approvisionnement de cette ville ne pouvoit se faire que par mer, et étoit par conséquent sujet à mille inconvéniens, il fit commencer, l'an de J. C. 1289, le grand canal, ou le Yun-ho. Ce canal ne s'étendit d'abord que dans une partie du Chan-tong : Tay-tsou, empereur de la dynastie chinoise des Ming, y fit faire des réparations en 1369 ; enfin Yong-lo, un de ses successeurs, le réunit, en 1409, avec le Hoang-ho, et le rendit tel qu'il existe. Le canal est généralement bordé de digues quelquefois revêtues en pierre, mais plus ordinairement faites en terre, c'est-à-dire, composées de lits de terre et de lits de paille entremêlés. De temps en temps on trouve des écluses fermées par une porte de bois qui s'élève entre des rainures lorsque l'on veut faire une prise d'eau pour l'arrosement des terres voisines (n.° 47). Dans les endroits où le canal est de niveau avec la campagne, on a creusé des fossés par où l'eau pénètre dans les terres, et sur lesquels on a construit de petits ponts pour établir les communications. En général, ces ponts ne sont pas épargnés dans tous les lieux où ils sont jugés nécessaires.

Le Yun-ho, après avoir parcouru le Chan-tong et une partie du Kiang-nan, entre à Yang-kia-yn dans le Hoang-ho ; il reprend ensuite à Tsin-kiang-pou, passe à Ouay-ngan-fou, à Yang-tcheou-fou, et se décharge dans le Kiang à Koua-tcheou ; il recommence de l'autre côté de ce fleuve à Tsin-kiang-fou, et continue jusqu'à la ville de Hang-tcheou-fou, où il finit après un cours de plus de trois cents lieues, pendant lequel il a fallu, tantôt creuser la terre à une grande profondeur, tantôt construire de longues jetées sur des terrains marécageux, et même souvent les continuer le long des lacs, de sorte que l'eau du canal est quelquefois plus élevée que les eaux et les terres voisines. En quelques endroits l'eau du canal coule lentement ; elle est stagnante dans d'autres, et près de Yang-tcheou-fou, je l'ai vue descendre et remonter dans la même journée.

Si, au-dessus de Tsin-kiang-fou l'égalité du terrain, la nature du sol, la grande quantité d'eau qui a peu de pente, enfin, si tous ces avantages réunis ont facilité la construction du canal, on n'en doit pas moins convenir que les Chinois ont entrepris un ouvrage d'autant plus remarquable, qu'il a dû leur coûter beaucoup de peines, de soin et d'argent. N'ayant pu parcourir le Yun-ho dans toute sa longueur, je ne puis dire si le lord Macartney n'est pas dans l'erreur, en disant, dans son Voyage *(a)*, que ce canal passe sous des montagnes, dans des vallées et à travers des lacs ;

---

*(a)* Macartney, tome IV, page 84.

mais le père du Halde rapporte *(a)* que, dans une étendue de terrain de plus de cent soixante lieues, traversée par le canal, on n'a eu ni montagnes à percer ou à aplanir, ni rochers ou carrières à couper ou à creuser. Ce récit du missionnaire est exact pour la portion que j'ai suivie en partant de Ouay-ngan-fou pour me rendre à Hang-tcheou-fou, c'est-à-dire, dans une longueur de cent seize lieues; car pendant ce long trajet le canal ne passe que dans des terrains plats et unis. On ne voit des hauteurs qu'aux environs de Yang-tcheou-fou, à Tsin-kiang-fou, à Vou-sse-hien et à Hang-tcheou-fou, où finit le canal.

Si les Chinois avoient percé des montagnes, comme le dit le voyageur Anglois, pourquoi se seroient-ils arrêtés à Hang-tcheou-fou, où il falloit faire peu de chose pour réunir le canal avec la rivière Tsien-tang-kiang?

Le canal avant Yang-tcheou-fou ne traverse pas, mais prolonge le lac Kao-yeou-hou, et il a été facile de construire les jetées, en profitant des bas-fonds et des terrains peu élevés qui se trouvent sur ses bords.

Pour le lac Tay-hou, le canal en est éloigné, et ne s'en approche qu'après Sou-tcheou-fou, dans un endroit où il y a un pont extrêmement long, et

---

*(a)* Du Halde, tome *I*, page *33*.

bâti sur l'extrémité même du lac. Il suffit d'ailleurs de jeter les yeux sur la carte de M. Macartney, pour voir que le canal ne traverse ni lacs ni montagnes, et même, dans cette carte, le canal est représenté beaucoup plus éloigné de certains lacs qu'il ne l'est réellement. En avouant que les Chinois ont entrepris des travaux considérables, il ne faut pas les représenter comme d'habiles ingénieurs ou comme des gens très-entendus dans l'hydraulique; ils ont été favorisés par le sol ou par les circonstances, et ils ont suivi tout simplement les idées que leur ont fournies le bon sens et l'expérience: ils sont louables, certainement, d'avoir exécuté un ouvrage aussi important que le canal impérial, sur-tout ayant aussi peu de connoissances mathématiques; mais en leur rendant la justice qui leur est due, on ne doit pas non plus les présenter sous un jour qui ne leur convient pas à certains égards.

## *BATEAUX.*

Lorsqu'on réfléchit que le commerce d'une province à l'autre est très-considérable à la Chine, et qu'il se fait tout entier par eau, on n'est plus étonné que les Chinois aient porté toute leur industrie du côté de la navigation intérieure, et par conséquent qu'ils se soient appliqués à la construction des bateaux.

On peut avouer, sans hésiter, qu'ils ont réussi pour ce qui regarde les embarcations employées à suivre le cours des rivières ; mais on ne peut en dire autant pour celles qui vont en pleine mer. Autant les premières sont bien disposées et remplissent l'objet auquel elles sont destinées, autant les secondes sont lourdes et hors d'état de parcourir l'Océan.

En considérant un instant les jonques, incapables de soutenir l'effort des vents et des vagues, on conçoit sans peine, pourquoi les Chinois ne voyagent pas à contre-saison, et pourquoi, profitant toujours des moussons favorables, ils suivent les côtes de préférence. Or si ces peuples, qui presque de tout temps conservèrent les mêmes usages, ne s'exposent pas actuellement avec leurs navires en pleine mer, comment supposer, d'après certains auteurs, qu'anciennement ils le firent, et parvinrent même jusque dans le golfe Persique ! En admettant cette hypothèse, ils durent nécessairement employer un temps considérable pour achever un pareil voyage, et éprouver de grandes difficultés en parcourant une aussi vaste étendue de mer, car du moment où ils perdirent les terres de vue, leur boussole, peu propre à les bien diriger, à cause de sa mauvaise construction, dut leur devenir presqu'inutile. En effet, la propriété de l'aiguille aimantée étoit bien connue à la Chine long-temps avant de l'avoir été en Europe *(a)*; mais on y a peu perfectionné cette découverte, et la boussole est encore très-imparfaite. Une preuve d'ailleurs assez évidente que les Chinois ne s'exposèrent pas autrefois en pleine mer, c'est qu'ils n'eurent connoissance de l'île de Formose qu'en 1430, et des îles de Pong-hou qu'en 1564. La première n'est pas très-éloignée de la Chine, et les autres en sont encore plus rapprochées; comment donc accorder aux Chinois une grande habileté en navigation, et leur faire entreprendre des voyages lointains à une époque où ils ne fréquentoient même pas les mers voisines de leurs côtes, et ignoroient totalement l'existence d'îles qui étoient à leur porte ! Quoi qu'il en soit, sans m'étendre plus longuement sur une assertion qu'il est aussi difficile de réfuter que de soutenir, je passerai à la description des diverses embarcations dont se servent les Chinois, en ne parlant néanmoins que de celles qui sont le plus en usage, soit à la mer, soit sur les rivières.

On voit sur la rivière, à Quanton, des sommes ou jonques qui portent depuis cent jusqu'à six cents tonneaux *( n.º 22 )*. Ces bâtimens vont au

---

*(a)* On est persuadé en Europe que l'invention de la boussole est postérieure au retour de Marc Paul, en 1295; cependant on s'en servoit en 1213. *Jacques de Vitry*, Hist. Orient.

Japon, à Manille, à Batavia, à Borneo, et partent et reviennent avec la mousson favorable.

Les jonques sont fortement construites, ont le fond plat, la proue élevée, et la poupe très-enhuchée. La proue est coupée droit, sans éperons, et représente la gueule ouverte d'un dragon. La poupe renferme la chambre du capitaine et celles des matelots; les cuisines et le logement des passagers, sont sur le côté du bâtiment. L'arrière forme un angle rentrant, dans lequel le gouvernail, qui peut avoir de cinq à six pieds, est pour ainsi dire enfermé; il est suspendu par deux câbles qui s'attachent en-dessus, et servent à l'élever ou à l'abaisser; deux autres câbles le saisissent par en bas, passent en-dessous du bâtiment et vont s'arrêter à l'avant sur un vireveau; les deux avances entre lesquelles il se trouve placé, le garantissent des coups de mer; mais on se persuadera aisément qu'un gouvernail ainsi attaché par des câbles, qui doivent prêter beaucoup, ne peut que diriger fort mal un navire. La barre est franche; deux ou trois cordes qui passent autour, et qui sont fixées aux côtés de la jonque, servent à donner de la force au timonnier.

Les jonques ont trois mâts; le grand mât, qui est gros et très-fort; le mât de misaine, qui est foible en comparaison du grand mât, et un très-petit mât d'artimon, qui se place à bas-bord; elles n'ont pas de beaupré ; cependant les Chinois en ajoutent quelquefois un, et y suspendent une civadière. Le grand mât et le mât de misaine ne sont pas retenus par des haubans, mais un simple étai sert à les soutenir ; ils ne sont pas fixes, ils sont seulement suspendus, de manière qu'ils penchent sous le vent lorsque le bâtiment ne marche pas vent arrière.

Les voiles sont grandes et faites de nattes renforcées dans toute leur largeur par des bamboux placés à la distance d'un pied l'un de l'autre. La voile est attachée le long du mât par des chapelets ; elle se plie par feuillets, et se place sur un châssis de bois mis exprès pour la soutenir : lorsque la voile est dressée, elle est droite et présente au vent une surface plane ; elle le prend bien, tourne aisément et n'a qu'une seule écoute formée de la réunion des boulines qui sont à l'arrière de la voile ; elle vire toujours de ce côté, en sorte qu'elle est tantôt sur le mât, et tantôt en dehors.

Ces voiles sont lourdes et difficiles à élever : on emploie des vireveaux et des drisses pour les hisser ; celles-ci passent sur des rouets enchâssés en tête du mât. Les ris se prennent par en bas, mais les Chinois n'aiment point à baisser la voile, parce qu'il faut beaucoup de temps pour la relever ; aussi ce défaut de précaution, et la résistance du mât, qui ne casse que rarement, font que souvent les jonques chavirent lorsqu'elles sont surprises par un coup de vent. Outre ces voiles, les Chinois ajoutent, dans les beaux temps, un perroquet et et une bonnette.

Les ancres sont de bois de fer, appelé en Chinois Tie-mo; elles sont assez généralement garnies de fer à l'extrémité de leurs branches.

La cale des sommes est divisée en plusieurs compartimens faits de planches de deux pouces d'épaisseur, et calfatés soigneusement, ainsi que les dehors, avec de la galgale, espèce de mastic composé de chaux et d'huile appelée Tong-yeou, et mêlé avec des fils déliés de bambou. La galgale se durcit dans l'eau et devient impénétrable. Un seul puits placé au pied du grand mât, suffit pour tenir la jonque à sec; on le vide avec des seaux.

C'est un grand avantage pour ces bâtimens, que d'avoir leur cale divisée en compartimens, et il seroit à desirer qu'on en adoptât l'usage en Europe; car si un navire touche sur un rocher et en est enfoncé, l'eau ne pénètre que dans un endroit, et ne se répand pas par-tout. Le seul inconvénient qui en résulteroit, seroit la diminution de l'emplacement dans les navires marchands, sur-tout pour ceux qui chargent à fret; mais cette raison n'existant pas pour les vaisseaux de guerre et ceux qui vont faire des découvertes, on pourroit employer la méthode Chinoise avec avantage dans la construction de ces derniers bâtimens.

Les jonques marchent assez bien, vent arrière ; elles sont chargées pour cela, les Chinois mettant plus de marchandises à la poupe qu'à la proue, afin de contre-balancer l'effort de la voile, qui, constamment placée sur l'avant du bâtiment, le fait nécessairement plonger ; mais lorsque le vent souffle au plus près, l'action de la voile n'étant plus la même sur le navire, il se relève et dérive prodigieusement.

Les Chinois ne se servent pas de compas de mer ; ils n'ont qu'une simple boussole ; l'aiguille, qui n'a qu'un pouce ou un pouce et demi, est toujours vacillante, et renfermée dans une boîte qui n'est pas suspendue, mais posée uniquement dans un vase rempli de sable, dans lequel ils enfoncent de petites chandelles de bois de senteur, pareilles à celles qu'ils ont coutume de mettre devant les idoles.

Le pilote donne la route et veille à la boussole ; le timonnier ordonne la manœuvre, et le capitaine a le soin de l'équipage et de la cargaison. Chaque matelot a sa portion dans le chargement : de cette manière, tout le monde se trouve intéressé à la conservation du navire.

Les vaisseaux de guerre Chinois ont la même construction que les jonques ; ils sont seulement moins élevés à l'avant et à l'arrière, et les fonds sont plus fins. Ces bâtimens portent de fortes carabines et de petits canons; les sabords sont extrêmement petits.

Le gouvernement entretient des galères; elles ont de chaque côté à l'avant, des espèces d'ailes ou planchers en bois, qui sortent en dehors du bâtiment, et sur lesquels se placent les soldats. Ceux-ci, lorsqu'ils sont occupés à ramer, rangent des deux côtés de l'arrière leurs boucliers et leurs lances. Outre les carabines, les galères portent encore des pierriers.

Les seuls bâtimens de guerre ont le droit d'avoir des armes; il n'est permis à aucun bateau d'en porter, et en cas d'attaque de la part des voleurs, on ne peut se défendre qu'avec des pierres ou des bamboux longs et pointus.

Les Chinois ont d'excellentes barques pour la pêche (n.° 26); elles vont bien, serrent le vent au plus près, et virent de bord, vent devant, sans rien perdre; la voile tourne par l'arrière, et reste, ainsi que dans les jonques, tantôt sur le mât, et tantôt en dehors.

Ces barques sont fortes et pontées, et marchent toujours deux ensemble; huit à dix Chinois, y compris les femmes et les enfans, en forment l'équipage, et y restent toute l'année; deux cabanes placées à l'arrière servent à les loger. Lorsqu'il

faut

faut descendre à terre, ils font usage d'une petite yole, qu'on remet dans le bâtiment aussitôt qu'on est de retour ; car il est rare que ces pêcheurs entrent dans les ports, à moins que les circonstances ou le mauvais temps ne les y obligent ; ils tiennent constamment la mer, et envoient le poisson qu'ils ont pris, par d'autres bateaux plus petits *(n.° 26)*; ceux-ci s'éloignent peu des côtes, et restent plus souvent dans les rades, où ils s'occupent aussi à pêcher. En général les Chinois qui montent ces deux espèces de bâtimens, manœuvrent bien, et connoissent parfaitement les bas-fonds et les rochers.

Parmi le grand nombre de bateaux qui couvrent la rivière à Quanton, les plus jolis sont ceux que les Chinois emploient à donner des fêtes sur l'eau *( n.° 25 )*. Ils sont grands, composés d'une petite antichambre, d'une grande pièce et d'un petit cabinet, très-proprement arrangés, et ont des fenêtres garnies de coquilles ou de jalousies. Le logement du patron est sur le derrière, et autour du bâteau on a pratiqué en dehors un rebord d'un pied et demi de large, pour le service des matelots, de sorte qu'on n'en est pas incommodé en dedans : le dessus est uni et sert à mettre la voile, dont on fait peu d'usage, parce que ces bâtimens étant presque plats, ne la supportent pas bien. Dans le cas où le vent et le courant sont contraires, on pousse le bateau avec des bamboux, ou on le tire avec la cordelle.

Une forte rame est placée à l'arrière, et quelquefois il y en a encore deux sur les côtés : ces rames ne sont pas dans le même sens que nous mettons les nôtres, mais prolongent au contraire le bateau; elles sont appuyées vers le tiers de leur longueur sur la tête d'un gros clou enfoncé dans une forte traverse de bois, et entaillées à cet endroit de manière à ne recevoir que la tête du clou, et à pouvoir tourner de chaque côté : à l'extrémité supérieure de la rame est attachée une corde faite de rotins, de trois pieds de long, et qui sert à la retenir; c'est à cette place que l'on pose les mains pour faire aller la rame, tantôt d'un côté, tantôt de l'autre, et la faire mouvoir pour ainsi dire comme la queue d'un poisson; elle saute quelquefois hors du clou, mais elle ne peut glisser, parce qu'elle est retenue par une autre corde. Cette façon de ramer a l'avantage de donner de la marche au bateau, et elle est très-commode dans les rivières et les petits canaux; car les Chinois passent où nous sommes obligés de nous arrêter, ou de lever les rames.

Les embarcations destinées à l'usage des mandarins, entrent plus avant dans l'eau, mais la disposition en est la même *(n.° 24)*. Celles qui servent à Quanton au transport des marchandises, sont presque rondes en dessous comme en dessus, et couvertes en partie de planches et de nattes qui se tirent à volonté pour faciliter le chargement ou le déchargement : ces bateaux, qui sont lourds et ne peuvent remonter la rivière que jusqu'à une certaine distance, portent une voile fort grande; mais ils chavirent facilement, et ne soutiennent bien le vent que lorsqu'ils sont chargés.

Après cette espèce de bateau, ceux qu'on rencontre en plus grande quantité sur la rivière de Quanton, sont de petites barques couvertes, qui servent à transporter les passagers d'un endroit à un autre : elles sont propres et fort légères; mais ce qu'elles ont de plus singulier, c'est qu'elles servent continuellement de demeure à une famille entière, qui souvent y naît, y vit et y meurt tour-à-tour. La femme conduit la barque et y reste avec ses enfans, tandis que le mari, qui est ouvrier ou porte-faix, en sort le matin pour aller à ses travaux, et n'y revient que le soir.

Les bateaux en usage dans les différentes provinces, sont extrêmement variés dans leur construction, et disposés suivant les rivières qu'ils ont à parcourir. On en voit à Quanton qui ont les deux extrémités pointues, et qui sont courbés dans leur longueur, de manière que le milieu se trouve un peu plus élevé que le reste. Ces bateaux servent à franchir des cataractes ou des passages remplis de rochers ; on leur donne cette forme pour qu'ils résistent davantage aux chocs.

Les bateaux du Kiang-sy *( n.° 32 )* sont d'une

forme agréable ; l'intérieur est propre, le patron est à l'abri du soleil et de la pluie , et les matelots peuvent passer de l'avant à l'arrière sans entrer en dedans, au moyen d'un petit chemin pratiqué des deux côtés en dehors.

En traversant le Kiang, à la ville de Kieou-kiang-fou, nous nous servîmes de barques fort grandes, et qui ressembloient assez à de petits navires.

Les bateaux qui nous ont paru les plus commodes, sont ceux de Tsin-kiang-fou, dans le Kiang-nan ( n.° 46 ) ; ils contiennent plusieurs pièces : les matelots couchent dans la partie la plus élevée, et n'entrent jamais dans l'intérieur. Le seul inconvénient de ces bateaux est de se mouvoir lourdement.

Nous trouvâmes pareillement près de la ville de Yang-tcheou-fou, des bateaux extrêmement jolis ( n.° 51 ) ; ils avoient un cabestan et portoient des voiles de toile, au lieu de voiles de nattes dont les Chinois se servent habituellement.

Les mandarins emploient différentes barques pour leurs voyages ; elles sont commodes et bien construites : celle qu'ils donnèrent à l'ambassadeur, à Yu-chan-hien, dans le Kiang-sy, étoit parfaitement disposée ( n.° 17 ) ; cependant les barques impériales la surpassoient encore en élégance et en commodité ( n.° 52 ).

Outre ces différentes espèces de bateaux, les Chinois se servent encore de radeaux, non-seulement pour conduire au loin des bois et du riz, mais aussi pour traverser des fleuves; ils construisent ces derniers avec des bambous, et les tiennent à fleur d'eau. Je n'oublierai jamais celui sur lequel je passai une rivière, le 19 décembre, à neuf heures du soir, avant d'entrer à Yu-tching-hien; mais de tous les radeaux que nous rencontrâmes pendant notre voyage, celui qui m'a semblé le plus considérable et le mieux disposé, est celui que j'ai vu le 9 mai, avant d'arriver à Quanton *(n.º 83).*

Telles sont les embarcations dont les Chinois font usage sur mer et sur les rivières: elles sont même en plus grand nombre; mais je me suis borné à parler de celles que j'ai vues, et qui m'ont semblé mériter attention.

### *CHEMINS; CORPS-DE-GARDE; AUBERGES; KONG-KOUAN; POSTES; CHEVAUX.*

L'AN 219 avant J. C., l'empereur Chy-hoang-ty *(a)* fit commencer des chemins larges et plantés d'arbres: ce passage de l'histoire Chinoise, prouve assez évidemment que, depuis un grand nombre

---

*(a)* Mission., *tom. III, pag. 247.* — Histoire de la Chine, *tom. II, pag. 396.*

d'années, il existe des chemins à la Chine. Ce n'est donc pas sans étonnement qu'on trouve la phrase suivante dans l'ouvrage de M. Barrow *(a)*. « Il n'y » a pas de chemins à la Chine, excepté près de la » capitale, et dans les endroits où les montagnes » interrompent le canal ; enfin, *there is scarcely a* » *road in the whole country that can be ranked beyond* » *a foot-path* : il n'y a pas de chemin dans tout le pays » qui surpasse un sentier. » Cette assertion est un peu exagérée, sur-tout de la part d'un auteur qui a voyagé à la Chine, et qui joint le coup d'œil d'un observateur, à beaucoup d'érudition. Mais en lisant le livre de M. Barrow, on s'aperçoit facilement qu'il a souvent adopté l'opinion d'un homme dont la partialité contre les Chinois est bien connue, et qui s'est étrangement trompé sur ce qu'il a rapporté de ce peuple.

Après avoir fait près de six cents lieues par terre dans l'empire de la Chine, je puis assurer que l'on y trouve des grands chemins, non pas aussi soignés qu'en Europe, mais la plupart larges et plantés d'arbres : il est vrai qu'ils ne sont pas ordinairement pavés ; et certes c'est un grand inconvénient, car dans les temps de pluie, ils sont ou creusés par les eaux, ou couverts par la boue ; et dans les temps secs, ils sont remplis de poussière, à un tel point

---

*(a)* Barrow, *pag.* 513.

que les voyageurs sont obligés, pour se garantir les yeux, de porter des lunettes garnies de cuir, qui s'appliquent exactement sur la peau. Je ne dirai rien des chemins de la province de Quang-tong, parce que dans cette partie de l'empire les transports et les voyages se faisant toujours par eau, il n'y a que des routes de traverse : celui qui passe sur la montagne de Mey-lin, est pavé ou garni de cailloux. J'ai vu à Ky-ngan-fou, ville du Kiang-sy, des chemins pavés et en bon état. Lorsque nous quittâmes nos bateaux et que nous allâmes par terre, la route n'étoit ni garnie de cailloux, ni bordée d'arbres; au delà du fleuve Yang-tse-kiang, dans les provinces de Hou-kouang et de Kiang-nan, elle étoit presque impraticable; mais à mesure que nous nous élevâmes plus au nord, elle devint meilleure, et dans beaucoup d'endroits on voyoit des arbres des deux côtés. Après avoir passé le fleuve Hoang-ho, à Pe-tsiu-tcheou, les chemins s'élargirent, et étoient souvent garnis d'arbres; nous y vîmes un plus grand nombre de voyageurs, de charrettes, de mulets et de chevaux.

Les chemins dans le Chan-tong et le Petchely sont généralement larges et bordés d'arbres; ils sont remplis de poussière : c'est un grand désagrément, sans doute, mais qui cependant a son avantage, car nous roulions doucement sur ces routes en terre; au lieu que, dans les bourgs, qui sont presque tous pavés, nous étions brisés par les cahots. J'ai souvent béni le ciel, en voyageant en Chine, de ce que les routes n'étoient pas pavées, et je souhaite, pour ceux qui iront après moi dans cet empire, que les Chinois ne changent pas de méthode, ou qu'ils perfectionnent leurs voitures.

A une lieue et demie avant d'arriver à la capitale, on trouve un chemin qui est pavé de grandes pierres plates jusqu'au-delà des portes de la ville. La route qui conduit à Yuen-ming-yuen, est pavée et en partie bordée d'arbres; elle est bien entretenue, et l'on y rencontre, de distance en distance, des puits dont l'eau sert à abreuver les chevaux.

En quittant Peking, pour revenir à Quanton, lorsqu'on a dépassé la ville de Leang-hiang-hien, on suit une longue chaussée pavée, mais qui commence à se détruire.

Depuis la ville de Te-tcheou, dans le Chan-tong, jusqu'à Yang-kia-yn, bourg situé auprès du fleuve Hoang-ho, les chemins sont beaux et plantés d'arbres ; ils ne sont mauvais et pierreux que pendant les deux ou trois jours de marche qu'on met à suivre les montagnes. Ceux qui avoisinent la ville de Hang-tcheou-fou, et le lac Sy-hou, dans le Tchekiang, sont pavés : la route qui joint les deux provinces de Tchekiang, et de Kiang-sy, est parfaitement bien faite et dans le meilleur état.

Nous avons assez voyagé par terre, en Chine, pour pouvoir parler des chemins de cet empire, et je puis dire qu'il suffiroit d'entretenir ceux qui existent : mais ce n'est pas l'usage des Chinois ; ils ne réparent les choses que lorsqu'elles sont presque entièrement détruites. Un grand inconvénient des routes, c'est que le gouvernement permet d'y bâtir des maisons qui en occupent plus de la moitié en certains endroits, et qui gênent beaucoup le passage ; un autre plus grand encore, c'est qu'on y laisse subsister des puits creusés au milieu, et qui ne s'élèvent qu'à fleur de terre, de sorte que les cavaliers ou les gens qui voyagent de nuit, peuvent tomber et se blesser dangereusement.

Pour la sûreté des routes, il y a de distance en distance, des corps-de-garde, que l'on nomme Tang-pou, et dont la forme varie suivant chaque province : les intervalles qui existent entre eux, s'appellent Pou, et sont généralement marqués sur une porte de bois placée en avant des corps-de-garde. Ces distances varient souvent ; elles sont rarement d'une demi-lieue, plus ordinairement d'une lieue, quelquefois de deux, et même davantage.

Dans le Petchely, les corps-de-garde consistent, comme dans les autres provinces, en un logement et une écurie ; mais ils sont en outre assez généralement accompagnés d'une espèce de tour carrée, haute d'environ vingt à vingt-cinq pieds, garnie de créneaux, et surmontée d'un petit logement (n.° 40). Les soldats qui les habitent, sont au nombre de cinq.

On trouve aussi dans le Chan-tong et le Petchely plusieurs bâtimens carrés appelés In-ping, qui ressemblent à des forts, et qui ont une garnison composée d'une douzaine de soldats, et quelquefois d'un plus grand nombre. Dans la partie occidentale de la province de Kiang-nan, il y a près du corps-de-garde une hauteur en terre sur laquelle est bâtie un petit pavillon ouvert. A l'approche des mandarins, un seul soldat se place dessous, et frappe sur un instrument fait en forme de poisson de bois. Dans les autres provinces, les soldats sortent du corps-de-garde, en nombre plus ou moins grand, battent sur un tambour de cuivre, et tirent trois coups de boîte.

Dans le Kiang-sy, les corps-de-garde ont une petite cabane de bois soutenue par quatre poteaux fort élevés; on y monte par une échelle (n.° 19). Dans le Quang-tong, ils ont un pavillon à deux étages (n.<sup>os</sup> 76 et 82). En général ces tours, ces cabanes et ces pavillons servent aux soldats pour observer ce qui se passe au dehors, et pour avertir les autres corps-de-garde, en faisant des signaux; ce qu'ils exécutent en allumant de la paille dans des espèces de fourneaux construits en brique, et qui sont toujours à peu de distance de leurs demeures : la structure de ces fourneaux n'est pas toujours la même ; j'en ai dessiné un dont la forme étoit celle d'un autel antique ( n.º *19* ).

De ce que le gouvernement entretient sur les routes des corps-de-garde, il ne faut pas en conclure que la police Chinoise soit admirable ; car les soldats qui doivent faire le service, n'y sont pas toujours, et ne s'y rendent souvent que lorsque quelque mandarin doit passer. J'en ai vu plusieurs qui étoient vides et fermés, quoiqu'ils fussent placés dans des lieux où la présence des soldats auroit été bien nécessaire.

Si tous les chemins, en un mot, si tous les établissemens construits par les Chinois, étoient en bon état, il faudroit avouer qu'ils nous surpasseroient en plusieurs points : mais, je le répéterai souvent, ce peuple sent le besoin des choses ; il a assez de génie pour inventer les moyens d'y satisfaire ; malheureusement il se borne là, et ne sait ni perfectionner ni entretenir.

Parlons maintenant des auberges que M. Barrow prétend ne pas exister à la Chine, tandis que le lord Marcartney dit qu'elles y sont communes. Il est vrai que si le premier veut parler d'auberges semblables à celles de Londres, il a raison ; mais s'il réfléchit qu'en Asie on ne trouve que de simples lieux de repos, où il faut porter avec soi les choses de première nécessité, il reconnoîtra qu'à la Chine il y a des auberges en grand nombre, et même en meilleur état que dans plusieurs contrées de l'Orient. Le gouvernement entretient en outre, dans les villes et les bourgs, des hôtelleries, ou Kong-kouan, dans lesquelles s'arrêtent les personnes qui voyagent par ordre de la cour. Les gouverneurs ont soin d'y faire porter des meubles et quelques provisions, et c'est à ceux qui ont le droit de s'y loger, à se fournir des autres objets dont ils peuvent avoir besoin. Nous en trouvâmes plusieurs de très-bien entretenues : quelques-unes, il est vrai, ne valoient rien, mais souvent ces habitations appartenoient à des particuliers; car, dans les villages où il n'y a pas de Kong-kouan, les mandarins en établissent un sur-le-champ, en suspendant à la porte de la première maison qu'ils choisissent, quelques banderoles rouges.

Les auberges sont donc en général assez multipliées, et nous fûmes plus d'une fois très-fâchés d'en rencontrer autant; car nos coulis s'arrêtant dans toutes pour se rafraîchir, les curieux alors nous incommodoient beaucoup.

En passant de la province de Quang-tong dans celle de Kiang-sy, on trouve sur la route plusieurs maisons en pierres, ouvertes des deux côtés. Ces maisons, appelées Tie-ting *[salles de repos]*, servent aux voyageurs pour se mettre à l'abri de la pluie et du soleil. Je demande si en Europe on a de semblables usages ; non, certainement : louons donc les Chinois de cette attention, et sachons apprécier ce qu'ils ont pu faire de bien. J'ai vu dans le Quang-tong d'autres maisons également bâties en pierres, où les habitans de la campagne déposent leurs effets lorsqu'il y a des voleurs. Il vaudroit mieux, dira-t-on, détruire les voleurs ; mais cela n'est pas facile : les montagnes qui séparent le Quang-tong du Kiang-sy et du Fo-kien sont très-considérables, et il n'est pas aisé d'y découvrir les repaires de ces brigrands.

On trouve très-aisément, sur les routes, des porte-faix, des palanquins, des charrettes et des brouettes à louer. Les porte-faix ont ordinairement un chef auquel il faut s'adresser, et qui répond de tout. Ces gens sont fidèles, et ne demandent leur salaire que lorsqu'ils rapportent la preuve qu'ils ont remis les objets dont on les avoit chargés. Dans le passage de la montagne Mey-lin, les coulis se mettent en route tous ensemble, et arrivent dans le même ordre qu'ils ont pris au moment du départ.

Il y a sur les routes, et à l'entrée des villes plusieurs douanes ; mais je ne saurois dire si les préposés sont par-tout aussi désagréables que ceux des douanes de Wampou et de Quanton. Pour ces derniers, je n'ai jamais vu d'hommes plus insolens et plus intraitables; ils visitent tout dans le plus grand détail, et jettent la moitié des effets par terre : heureux ceux auxquels ils ne prennent pas quelque chose ! Le plus sûr moyen est de garder un grand sang-froid et de leur montrer beaucoup d'indifférence, alors ils abrégent la visite; car si l'étranger se fâche, ils le tracassent encore davantage.

Le gouvernement entretient des postes pour son usage seulement, et personne, excepté les courriers de l'empire, ne peut se servir des chevaux qui y sont attachés.

Ces postes ou relais, appelés en chinois Tchan, ne sont pas en aussi grand nombre qu'on pourroit le croire ; les plus proches sont placés à la distance de quarante ly, et il y en a fort peu d'aussi rapprochés; ils sont ordinairement à cinquante ly de distance, et quelquefois même à quatre-vingts. Il est vrai que les ly sont plus courts dans le nord que dans le sud ; mais cela n'empêche pas que la distance entre une poste et une autre ne soit très-considérable *(a)*. Les courriers chargés des dépêches de la cour, les tiennent enfermées dans un rouleau couvert de soie jaune et attaché en travers sur leur dos. Ces courriers vont avec une grande

---

*(a)* Il faut en général sept ly cinq septièmes pour une lieue de vingt-cinq au degré.

vîtesse, principalement dans les occasions qui demandent de la célérité ; on en a vu ne mettre que onze jours pour se rendre de Peking à Quanton ; c'est plus de cinquante lieues par jour. Ils reçoivent dans ces cas extraordinaires un bouton *(a)* pour récompense. Les chevaux des courriers portent des sonnettes au cou, ou bien les cavaliers frappent sur un tambour de cuivre, afin qu'on soit averti de leur arrivée et qu'on leur prépare à l'instant de nouvelles montures, pour qu'ils ne perdent pas de temps. Je me rappelle avoir vu passer un de ces courriers qui se rendoit à Peking ; il alloit fort vîte ; le cheval étant venu à broncher, l'homme et la bête roulèrent de l'autre côté de la route ; mais le cavalier ne tarda pas à remonter et repartit à toute bride.

On entretient en outre dans les villes des soldats à cheval, uniquement destinés à porter les dépêches des mandarins ; mais ces courriers se chargent volontiers des lettres des particuliers, qu'ils renferment dans des sacs de cuir attachés à la selle : rien n'est plus incommode que ces sacs, et j'en parle avec connoissance, pour avoir monté un jour un cheval de courrier.

Les chevaux appartiennent au gouvernement ; on leur donne vingt livres de paille hachée et un boisseau de fèves cuites. Dans les contrées du

---

*(a) Voyez* MANDARINS.

nord on emploie la paille de millet ; celle qui provient de l'espèce de millet appelé Ko-tse, ou *panis*, est préférée. Dans les provinces du sud on se sert de celle du riz. Les Chinois mêlent aussi avec la paille et les féves un peu de son, qu'ils arrosent avec de l'eau.

Les chevaux auroient assez de cette nourriture, si les valets d'écurie leur en donnoient la ration complète ; mais étant par fois peu nourris, ils ne peuvent pas toujours soutenir une longue course. Ils ont de la force en apparence, cependant ils sont foibles du devant et demandent à être soutenus ; car, sans cette précaution, ils s'abattent facilement. Les Chinois étoient étonnés de ce que nous prenions soin nous-mêmes de nos chevaux, et de ce que nous leur faisions donner à manger devant nous : c'étoit notre propre intérêt, et nous étions obligés d'y tenir scrupuleusement la main pour ne pas rester en route.

En un mot, le sort des chevaux de poste est misérable ; à moitié nourris, aussi-tôt qu'ils arrivent, après avoir fait cinquante à soixante ly, ou six à sept lieues, on leur ôte la selle, et on les abandonne jusqu'à ce qu'un Chinois vienne les chercher pour les conduire dans des écuries ouvertes par devant, seulement à l'abri du vent de nord et tournées du côté du sud ; disposition qui cependant n'a pas toujours lieu.

Nous

Nous n'avons point vu de beaux chevaux pendant tout notre voyage : ceux de la seule ville de Te-tcheou, dans la province de Chan-tong, sont renommés ; néanmoins, ils ne nous ont paru que plus forts et plus vigoureux que ceux que nous avions trouvés dans les autres places.

### ÉTOFFES ; TOILES.

LES Chinois font remonter à la plus haute antiquité l'usage de la soie, et en attribuent l'invention à la femme de l'empereur Hoang-ty, en 2602 avant J. C. Il est à remarquer que presque tous les peuples s'accordent à dire que les femmes ont été les premières qui aient trouvé l'art de filer : les Égyptiens attribuoient cette découverte à Isis ; les Lydiens, à Arachné ; et les Grecs, à Minerve.

Quoiqu'il soit difficile d'assigner l'époque à laquelle les Chinois commencèrent à faire des tissus de soie, il est certain que l'origine en est très-ancienne, puisque les annales du règne des Tcheou, 780 ans avant J. C., font mention d'une étoffe de soie qui est le brocard.

La Chine fournit une prodigieuse quantité de cette matière ; presque tout le monde, à l'exception des paysans et du peuple, porte des vêtemens de soie. La meilleure provient du Tchekiang ; pour être bonne, elle doit être blanche, douce et fine. On en fabrique dans le Kiang-nan une grande quantité d'étoffes de différentes espèces, parmi lesquelles le satin est la plus commune. Celles qui servent à faire les habillemens des mandarins, ont des fleurs et des dragons ; elles sont ou violettes, ou rouges ou noires, mais jamais jaune-citron ; cette couleur est réservée pour l'empereur ; et un particulier s'exposeroit à quelque punition, s'il osoit l'employer ; ce n'est pas qu'on ne puisse porter du jaune, lorsqu'il n'est pas de la même nuance que celui de l'empereur ; mais cela peut être sujet à des inconvéniens. Le peuple en général s'habille de toile de coton teinte en bleu, en noir ou en brun. Les Chinois fabriquent plusieurs étoffes de soie semblables aux nôtres, mais le tissu n'en est pas aussi bien travaillé ; celles appelées *satins-nankins*, qui sont très-recherchées, manquent d'égalité : j'en dirai autant des pekins, ces dernières pièces sont sujettes à se couper ; les velours sont mauvais. Les Chinois réussissent mieux dans les gazes ; ils en font de fort belles.

Presque toutes les étoffes qu'on porte en Europe, se fabriquent à Quanton, ou dans les environs de cette ville, avec des soies de la province de Quang-tong ; les ouvriers travaillent d'après des échantillons, et exécutent les différens dessins qu'on leur donne. Ils font aussi des brocards en or ; mais l'or n'étant mis que sur du papier, la moindre humidité gâte aisément ces étoffes ; elle ne sont bonnes que lorsqu'on y a employé du fil d'or ou d'argent d'Europe.

On fabrique avec une soie particulière au Chantong, une étoffe grisâtre, qui est forte, se lave et ne se coupe point ; on n'en fait usage que dans le pays. Il en est de même d'une autre étoffe de soie appelée Kien-tcheou, qui est grenue et ressemble à du crépon ; elle prête beaucoup et se vend au poids.

On fait aussi à Quanton des bas de soie et des rubans pour les Européens ; mais les Chinois sont loin de nous atteindre dans cette partie. On connoît trop en Europe la toile de nankin, pour que j'en parle ; je dirai seulement que sa couleur est naturelle, et que le coton dont elle est fabriquée vient du Kiang-nan, dans le district de Song-kiang-fou.

Une des meilleures toiles blanches de la Chine, est celle de nankin, dite de *cent-cobes* ; elle est étroite et de bonne durée. En général les Chinois ne font pas de toiles larges, et c'est ce qui en fait la bonté.

Une autre étoffe qui est très-légère et très-fraîche, est celle que les Chinois nomment Ko-pou, et les Portugais Noûnés ; c'est une étoffe de lin ; elle est claire et lustrée, et vient de la province de Fo-kien.

## IMPRIMERIE.

On copioit autrefois les livres; l'art de l'imprimerie ne fut inventé à la Chine, que sous les Han postérieurs, 950 ans après J. C. Les Chinois emploient, non comme nous, des caractères mobiles, mais des planches gravées; ils ont cependant quelques caractères détachés dont ils font usage pour les gazettes et les livres de peu d'importance.

Les caractères sont d'abord écrits par une main habile sur une feuille de papier; le graveur colle ensuite cette feuille à l'envers sur une planche de bois, et évide les caractères de manière qu'ils restent en relief. La grandeur de la planche contient deux pages: lorsqu'il s'agit d'en imprimer une d'une plus grande étendue, le graveur donne plus d'épaisseur à la planche pour qu'elle ne se déjette pas.

Le bois employé à cet usage est compact, très-dur, et ressemble au poirier. Il arrive cependant quelquefois que les vers ou le temps détruisent plusieurs caractères; on les enlève alors pour les remplacer par un morceau de bois qu'on grave de nouveau.

L'ouvrier, quand il veut imprimer, après avoir assujetti sa planche de niveau, la couvre d'encre avec une brosse, et pose ensuite dessus sa feuille de papier, qu'il étend soigneusement avec une autre brosse plus molle que la première : on peut tirer jusqu'à quatre feuilles sans être obligé de renouveler l'encre, et comme elles sont minces on ne les imprime que d'un seul côté. Lorsque les feuilles sont sèches on les plie en deux, le dos restant en dehors, et on les relie du côté de la tranche.

On se sert pour l'impression d'une encre particulière et un peu fluide ; on prend pour la faire, du noir de fumée que l'on broie et qu'on passe par un tamis très-fin ; on le détrempe ensuite dans de l'eau-de-vie, et lorsqu'il est comme de la bouillie, on y ajoute de la colle-forte à la dose d'une once pour dix onces de noir ; on mêle le tout ensemble, en y ajoutant l'eau nécessaire.

On trouve par tout des graveurs et des imprimeries : tout Chinois peut lever boutique et imprimer ou graver lorsqu'il a les moyens, les talens et les instrumens nécessaires.

Les bibliothèques sont rares à la Chine, quoiqu'il existe une prodigieuse quantité de livres ; les pagodes seules possèdent des collections considérables.

Sou-tcheou-fou, dans la province de Kiang-nan, est renommé pour l'imprimerie : le commerce des livres qui se fait dans cette ville, est très-étendu ; mais ces livres ne renferment, pour la plupart, que des poésies.

Un Chinois qui a composé un livre, et qui veut

le publier, doit faire tous les frais de l'impression, à moins qu'il ne soit mandarin d'un grade élevé. Dans ce dernier cas, il présente son ouvrage à l'empereur, qui le fait examiner par les docteurs du collége impérial de Peking ; si leur rapport est favorable, le livre est imprimé aux frais du gouvernement.

## CACHETS.

Les Chinois étant dans l'usage de ne rien publier sans y apposer auparavant leur cachet, cette coutume fait qu'on trouve à la Chine un grand nombre de graveurs : la forme de ces cachets est presque toujours carrée ; il y en a cependant d'ovales ; ils sont faits ordinairement d'une pierre ollaire fort commune dans le pays ; mais les gens riches emploient également l'agate, le corail, le jaspe et le cristal de roche. La matière dont on se sert pour imprimer avec les cachets, est composée de couleur rouge, mêlée avec de l'huile ; on la tient renfermée dans un vase de porcelaine destiné à cet usage, et couvert avec soin, de peur qu'elle ne se dessèche.

Les caractères des cachets sont en écriture antique, c'est-à-dire, en Ko-teou, en Tchouen-tse, ou bien en Ta-tchouen-tse ; ce dernier caractère est d'une forme carrée et s'emploie plus généralement pour ce genre de gravure.

Les Chinois ont aussi des cachets dont les caractères sont en Siao-sié, mais ils ne s'en servent que pour écrire à leurs amis. Tous ces cachets contiennent ou le nom de la personne à laquelle ils appartiennent, ou une sentence quelconque.

*PAPIER.*

Les Chinois écrivoient originairement sur des tablettes de bois ou de bambou, au moyen d'un poinçon de fer. L'invention du papier est fort ancienne chez eux, et date du temps des Han, sous l'empereur Ho-ty, qui vivoit 150 ans après J. C. Le P. Gaubil, dans sa traduction du Chouking *(a)*, fait remonter cette invention beaucoup plus haut, en l'attribuant à Mong-tien, général de l'empereur Chy-hoang-ty, qui régnoit 246 avant J. C.; mais c'est par erreur, puisque dans le même ouvrage *(b)* ce missionnaire dit que le papier fut inventé sous Ho-ty des Han, par un nommé Tsay-lun, qui imagina de faire, avec des écorces d'arbres et de la vieille toile, du papier qui fut appelé du nom de son auteur Tsay-tchy, ou *papier de Tsay* : cette dernière époque est conforme à celle rapportée dans le livre Chinois, intitulé Pin-tse-louy-pien *(c)*,

_____

*(a) Page 388.*
*(b) Page 354.*
*(c)* Livre Chinois de la bibliothèque de mon père.

ouvrage fait par ordre de la cour, sous l'empereur Yong-tching : ainsi il est évident que la première date rapportée par le P. Gaubil, est fautive, et que l'invention du papier eut lieu 350 ans plus tard, c'est-à-dire, il y a près de 1700 ans.

Il se fait à la Chine une grande quantité de papier, et la consommation en est prodigieuse. Les Chinois emploient pour le fabriquer, la seconde écorce du bambou qui est douce et blanche; ils la mettent macérer dans l'eau, la font bouillir ensuite dans des chaudières, et la réduisent en pâte en la pilant dans des mortiers.

Le châssis dont ils se servent pour mouler les feuilles de papier, est fait avec des fils déliés de bambou. Il y a des feuilles qui ont depuis trois pieds jusqu'à dix de longueur ; lorsqu'elles sont sèches, on les alune *(a)* : opération qui les rend unies, douces et fort blanches. Cette espèce de papier a le défaut de se couper, d'être attaqué par les vers, et de prendre aisément l'humidité.

Les Chinois emploient aussi les vieux papiers et les chiffons dans la fabrique du papier : celui fait avec le coton est meilleur ; il est très-blanc,

---

*(a)* Les Chinois, pour aluner le papier, font fondre dans une dixaine de pintes d'eau, six onces de colle de poisson bien claire et bien blanche, avec douze onces d'alun ; quand tout est parfaitement mêlé, on y trempe les feuilles de papier, qu'on fait ensuite sécher.

fort doux, et d'une plus grande durée; mais le papier dont on consomme le plus, est celui qui est fabriqué avec l'écorce de l'arbre appelé Koutchou, ce qui lui a fait donner le nom de Koutchy.

Le papier de Corée dont on se sert à Peking pour les fenêtres, est extrêmement fort; j'en ai vu de très-beau, et de couleur rose : ce papier est si épais qu'il peut se diviser aisément en deux, même en trois, et avoir encore de la consistance; la bourre de soie entre dans sa composition.

## PINCEAUX.

Les Chinois écrivent avec des pinceaux faits de poil de lapin; il y en a de toutes les grosseurs : le manche du pinceau est de bambou, sur lequel le marchand colle une petite étiquette pour indiquer sa demeure.

Les Chinois en écrivant tiennent le pinceau perpendiculairement entre le pouce et les deux premiers doigts, de sorte qu'il porte sur la seconde phalange du quatrième, et que sa pointe se trouve à un bon pouce de distance de celui-ci. Le petit doigt ne touche pas le papier, et reste collé contre le doigt qui le précède; c'est le poignet qui porte, et les doigts seuls agissent : cette position est très-fatigante et demande de l'habitude.

Les Chinois écrivent de haut en bas, en commençant leur page à droite, en sorte qu'à mesure qu'ils changent de ligne, la main recouvre ce qu'ils ont écrit, et qu'ils sont obligés de la lever entièrement pour relire les derniers mots : il est vrai que leur encre séchant promptement, l'inconvénient de cette méthode devient moins sensible. C'est un talent à la Chine, que de bien écrire : les caractères doivent être petits ; il faut savoir les placer et choisir ceux qui conviennent, principalement dans les placets adressés aux mandarins : cette recherche est plus grande encore lorsqu'on écrit à l'empereur, car il y a des mots qui ne s'emploient que pour lui seul. On trouve peu de Chinois en état de bien composer un mémoire ; un caractère mal fait, ou qui n'est pas à sa place, peut faire rejeter une requête.

### ENCRE.

L'ENCRE ordinaire est faite avec la suie produite par la combustion du bois de pin, et mêlée avec de la colle forte. On en fait d'une qualité supérieure avec la suie la plus légère provenant de mèches allumées et alimentées d'huile : on mêle cette suie avec de la colle de peau d'âne, et on y ajoute un peu de musc, pour lui donner une odeur agréable ; lorsque la pâte a acquis une certaine consistance, on la coule dans des moules. La meilleure encre vient de Nanking, et se fabrique dans le district de la ville de Hoey-tcheou-fou ; mais on y est souvent trompé, parce que les Chinois contrefont les marques et vendent de l'encre ordinaire pour de l'encre venant de Nanking. Lorsqu'on veut connoître si l'encre est bonne, il faut casser le bâton, et voir si la cassure est lisse et brillante. Il y a encore une autre manière, qui consiste à broyer l'encre qu'on veut essayer, sur un petit plateau de vernis, qu'on remplit ensuite avec de l'eau ; celle dont la couleur approche le plus du vernis est la meilleure ; si elle est grise, elle est d'une qualité inférieure.

La bonne encre de la Chine doit se bien délayer dans l'eau, se fondre aisément sous le pinceau, avoir une odeur douce et agréable ; cependant l'odeur musquée n'est pas toujours une preuve de sa bonté, car elle se trouve aussi dans l'encre ordinaire. Lorsque l'on veut conserver des bâtons d'encre, il suffit de les tenir enfermés dans une boîte, à l'abri de l'humidité ; mais s'ils en prenoient par hasard, il ne faut pas les exposer au soleil, car ils se gerceroient.

Les Chinois se servent pour broyer l'encre, d'une pierre plate un peu creusée, ayant un trou pratiqué vers l'une des extrémités, dans lequel on met un peu d'eau pure et bien claire. Il faut prendre garde de laisser sécher le bâton d'encre sur cette sorte d'écritoire, car il arrive quelquefois qu'en voulant le retirer ensuite, on en enlève une portion avec le bâton. Il y a de ces pierres qui sont extrêmement curieuses, soit pour leur qualité, soit par la manière dont elles sont travaillées.

Outre l'écritoire et les pinceaux, les Chinois font encore usage d'une espèce de griffe formée de trois ou cinq pointes, entre lesquelles ils placent leurs pinceaux lorsqu'ils cessent d'écrire ; d'autres fois ils se servent d'un petit vase dentelé de porcelaine, orné de quelque figure d'insecte de la même matière.

La vieille encre de la Chine est bonne dans l'hémorragie et pour l'estomac, mais il faut qu'elle soit d'une qualité supérieure. Cet effet de l'encre n'est pas surprenant, puisqu'elle est composée avec le Ngo-kiao, ou colle de peau d'âne, qui est un remède souverain dans les crachemens de sang.

La dose pour les personnes d'un âge fait, est de deux gros dissous dans du vin et de l'eau.

## *PEINTURE.*

Les Chinois peignent très-bien les fleurs, les plantes, les maisons, les bateaux, enfin tout ce qui appartient à leur pays : mais cette extrême précision qu'ils mettent à exprimer les objets, est souvent trop minutieuse ; car, lorsqu'ils ont à représenter dans un paysage une chose éloignée, ils entrent dans les mêmes détails et la dépeignent aussi distinctement que si elle étoit vue de très-près. A ce défaut grave en peinture, il faut ajouter leur peu de talent à rendre le corps humain, dont ils étudient peu les proportions : aussi, d'après leurs tableaux, on s'est figuré en Europe que les Chinois étoient petits, larges, et qu'ils avoient de grosses têtes. Leurs peintres saisissent mieux la ressemblance du visage, mais l'exécution et le coloris en sont mauvais, à cause du blanc qu'ils font entrer dans toutes les couleurs. Voici comment ils travaillent dans cette occasion : ils couvrent premièrement l'ovale de la figure avec une teinte de couleur de chair, et commencent ensuite par la première partie du visage qui leur vient à l'idée, tantôt par un œil, tantôt par la bouche, passant ainsi d'une partie à une autre sans suivre de règle fixe. Un peintre de Quanton s'étant avisé un jour de peindre en pied un Européen, il le représenta d'une manière tout-à-fait extraordinaire ; la tête étoit grosse, et, depuis les épaules, les proportions alloient en décroissant, de sorte que les jambes étoient fort petites et les pieds encore davantage ; c'étoit, pour ainsi dire, un pain de sucre renversé. Il faut cependant observer que les peintres de Quanton l'emportent sur ceux des provinces ; ce qui vient sans doute de ce que, communiquant davantage avec les Européens, ils ont pu recevoir d'eux quelques notions sur l'art de la peinture.

Les Chinois dessinent toujours à vue d'oiseau, et se placent alternativement en face des objets, quelles que soient leur position et leur étendue : voilà la raison pour laquelle, dans leurs tableaux, les maisons sont au-dessus les unes des autres, et que le point de vue n'en est pas le même. Un moyen qu'ils ont imaginé pour exprimer des objets dans le lointain, c'est de représenter des nuages qui coupent en deux les arbres, les maisons et les hommes : on peut s'en convaincre facilement en jetant les yeux sur les dessins des batailles de Kien-long, faits par le père Attiret. Ce missionnaire a dû bien souffrir avant de se plier à la manière extravagante des Chinois, mais il paroît qu'il a été obligé de l'adopter.

Les Chinois n'aiment point les ombres, et les retranchent autant que cela est en leur pouvoir : aussi n'approuvent-ils pas nos tableaux, et regardent-ils comme des défauts ou comme des taches les ombres qui s'y trouvent, et qui y sont cependant si nécessaires. A cette singulière idée il faut en ajouter une encore plus extraordinaire, et qui provient de leurs préjugés. L'empereur, selon eux, ne peut être représenté comme un autre homme, et fût-il placé sur un plan très-éloigné, sa tête doit l'emporter en grosseur sur celle de tous les assistans ; d'où l'on peut conclure que les Chinois ne deviendront jamais d'habiles dessinateurs. On s'est récrié souvent en Europe sur la beauté du coloris des peintures chinoises; mais on n'a pas fait réflexion que les couleurs étant employées sans mélange, ne perdent pas de leur vivacité; au lieu qu'en Europe, les peintres étant obligés de dégrader les couleurs, suivant qu'elles se trouvent plus ou moins éclairées, il en résulte nécessairement que leur brillant est altéré.

Les Chinois peignent sur verre; mais ce genre, qui ne demande que de l'habitude et de l'adresse, n'est pas aussi difficile que plusieurs écrivains le prétendent : tout Européen qui va à Quanton, peut s'en convaincre aisément. Les Chinois ne commencent pas, ainsi que le disent ces auteurs, par placer les clairs, et ne terminent pas par les ombres; ils peignent sur verre comme sur la toile; ils ont seulement la précaution d'employer des teintes plus colorées, de n'en mettre qu'une seule couche très-mince, et de bien fondre les nuances : ils retournent le verre lorsque la peinture est sèche, et appliquent dessus une petite planche noircie, qui se fixe dans les bords de l'encadrement.

On doit avoir l'attention de ne pas exposer ces tableaux au soleil, car la chaleur en fait couler la peinture, et détruit les couleurs.

Les Chinois préfèrent le verre ordinaire à la glace, parce que les couleurs s'y attachent mieux, et que, d'ailleurs, étant plus mince, la couleur ne change pas autant en en traversant l'épaisseur. Ils peignent sur verre à la gomme et à l'huile, mais la dernière manière est plus en usage. Lorsqu'il s'agit de peindre sur une glace étamée, ils commencent par dessiner le contour des objets, et enlèvent ensuite, avec un outil d'acier fait exprès, le vif-argent ou le tain, à la place duquel ils mettent de la couleur, en suivant le procédé que je viens d'indiquer.

## SCULPTURE.

Les Chinois sculptent très-adroitement la pierre, le bois et l'ivoire; mais ils exécutent assez mal les attitudes et les formes des hommes et des animaux: j'ai dessiné avec soin un tigre qui étoit placé dans une cour d'un des palais de l'empereur; on ne peut rien voir de plus mal fait *( n.° 50 )*. Je ne parle pas du lion, qu'ils ne connoissent pas, et dont ils font les dessins les plus ridicules.

Ce que j'ai vu de mieux fait en sculpture, est un pont qui est près de la ville de Tso-tcheou, dont les parapets sont ornés de figures d'éléphans et d'autres animaux : je dois avouer cependant que la poussière étoit si forte, qu'il ne m'a pas été possible de les considérer avec l'attention nécessaire pour prononcer si elles surpassoient les figures de chevaux, de beliers et de différens

animaux

animaux que les Chinois mettent en avant des tombeaux, et qui sont, en général, grossièrement travaillées et n'annoncent aucun talent.

## PORCELAINE.

Les Chinois fabriquent depuis très-long-temps de la porcelaine. Leur pâte est meilleure que la nôtre ; mais notre porcelaine l'emporte sur la leur par la manière dont elle est finie, et sur-tout par les peintures.

On fait à la Chine de la porcelaine de différentes couleurs, mais le plus ordinairement elle est blanche, avec des fleurs bleues : toute celle qui s'apporte à Quanton est de cette espèce, ou entièrement blanche ; cette dernière est d'une qualité inférieure et destinée à être ornée de peintures, suivant le goût ou la demande des marchands Européens.

La porcelaine de première qualité s'appelle *porcelaine de pierre* ; elle est blanche, avec une bordure bleue ; elle est mieux travaillée, plus unie que les autres et la pâte en est meilleure. La différence entre les porcelaines ne provient que du mélange des matières qui entrent dans leur composition, dont les principales sont le Kao-lin et le Pe-tun-tse.

Le Kao-lin est une terre argileuse plus ou moins blanche, très-douce au toucher et parsemée de mica.

Le Pe-tun-tse est un spath fusible mêlé de quartz et de quelques parcelles de mica : ces deux matières viennent du Kiang-sy.

Les Chinois remplacent quelquefois le Kao-lin par le Hoa-che, espèce de pierre ollaire, grasse au toucher. La porcelaine fabriquée avec le Hoa-che est plus fine, plus blanche, plus légère, mais elle est plus cassante. Les Chinois n'emploient même pas toujours le Hoa-che dans leur pâte ; ils se contentent d'en faire une teinture un peu épaisse, dans laquelle ils trempent le biscuit pour lui donner de la blancheur : ils se servent aussi d'une autre substance nommée Che-kao ; mais cette espèce de gypse ne peut remplacer le Kao-lin, parce qu'il n'a pas de solidité.

Les porcelaines fines sont faites de parties égales de Kaolin et de Pe-tun-tse.

Celles de seconde qualité ont six parties de Pe-tun-tse sur quatre de Kao-lin, et les porcelaines ordinaires, trois parties de Pe-tun-tse sur une de Kao-lin, mais jamais on ne met moins de cette dernière matière.

La couverte est composée des parties les plus pures du Pe-tun-tse et du Che-kao. Les Chinois disent qu'ils y mêlent de la chaux ; mais cette substance n'étant pas propre à entrer dans la composition de la porcelaine, il faut croire qu'ils entendent par ce mot ou des sels ou des cendres.

C'est avec beaucoup de difficulté que j'ai pu me procurer à Quanton les couleurs avec lesquelles les Chinois peignent leurs porcelaines. Les uns ne les connoissoient pas, les autres ne vouloient pas parler, ou me faisoient mille contes absurdes, et ce n'est qu'après en avoir consulté plusieurs, que je suis parvenu à pouvoir envoyer en Europe les échantillons des couleurs qu'ils emploient pour cet objet. Comme ils se servent de colle forte pour délayer les couleurs, un grand défaut de leurs peintures sur porcelaine, est de s'écailler et de se boursouffler au feu. Cet inconvénient les empêche de peindre le paysage, à moins qu'ils ne le fassent avec les couleurs rouges, violettes ou noires, parce qu'elles sont les seules qui, mises sur la couverte, ne se gonflent pas au feu.

La couleur bleue est toujours grenue, épaisse et matte après la cuisson, et n'est pas aussi unie que lorsqu'elle est placée avant la couverte.

La couleur d'or se prépare en triturant avec la paume de la main, dans un plat de porcelaine, de l'or en poudre avec de l'eau et du sucre, qu'on applique ensuite avec un pinceau et de l'eau gommée bien claire. Lorsque la porcelaine a passé au four, on lustre cet or en le frottant avec un sable très-fin et humide, mais il est pâle et tient peu sur la porcelaine; ce qui provient de ce qu'on n'emploie pas de fondant. Je n'ai jamais pu découvrir si les Chinois en font usage pour faciliter la fusion des couleurs appliquées sur la porcelaine ; aucun d'eux n'a pu ou n'a voulu me comprendre ; un seul pourtant m'a parlé du borax ; mais comme je lui avois nommé cette matière, je ne puis assurer si ce qu'il m'a dit est exact.

La manière dont les Chinois passent les porcelaines au feu est fort simple.

Le four destiné à cet usage est long et carré, et peut avoir trois pieds de hauteur sur quatre pieds et plus de longueur. L'intérieur est de forme cylindrique. L'ouverture est ronde, a un pied et demi de diamètre, et se ferme avec une porte de fer à deux battans. Le dessus du four est ouvert dans le milieu de sa longueur pour le passage de la vapeur du charbon de bois que l'on emploie pour le chauffer.

Lorsque les Chinois veulent mettre des pièces de porcelaine dans le four, ils les placent premièrement sur une plaque de fer tournant horizontalement sur l'extrémité d'un long manche de bois pareillement garni de fer ; ensuite ils les présentent à l'entrée, les chauffent peu-à-peu en les faisant tourner, et les entrent enfin tout-à-fait dans le four, dans lequel ils les laissent jusqu'à ce qu'elles deviennent rouges et que la couleur paroisse unie et fondue.

## Matières qui composent les couleurs.

| Couleurs | appelées | |
|---|---|---|
| Pourpre | Yen-tchy-hong | Un condorin et demi pesant de feuilles d'or et un taël de cristal de roche. |
| De feu | Ta-hong | Deux condorins de Ta-hong et sept condorins de céruse. |
| Verte | Ta-lo | Un mas de Choang-hoang [sorte de jaune], et un condorin et demi de vert de pierre. |
| Jaune | Ma-se | Un mas de Ta-hong, un demi condorin de bleu-foncé [Tse-me]. |
| Violet-foncé | Khy-hoa | Un mas de Tchy-hong [pourpre], quatre ly de bleu-foncé [Tse-me]. |
| Bleu-foncé | Tse-me | Huit condorins de Tse-me, et deux condorins de céruse. |
| Noire | Kin-me | Un condorin de He-che [pierre noire], et sept condorins de céruse. |
| Rouge | Fan-hong | Huit condorins de Fan-hong, et trois condorins de céruse. |
| Bleue | Tshin | Du bleu de montagne [Tou-tshin], avec de l'azur d'Europe. |

Les Chinois ont aussi de la porcelaine commune, dont la majeure partie est faite dans le Fokien. Ils fabriquent en outre une grande quantité de vases pour le thé, avec une argile d'une couleur brun-rouge : ceux qui viennent de

Vou-sse-hien, dans le Kiang-nan, sont très-recherchés. Enfin, on fait dans la même ville des jarres fort grandes, dans lesquelles les Chinois mettent de l'eau et de petits poissons.

## *VERNIS.*

On fait à Quanton beaucoup d'objets en vernis, mais ils sont inférieurs à ceux qui viennent de Hoey-tcheou-fou, dans la province de Kiang-nan, soit que le vernis ne soit pas également bon, soit que la promptitude avec laquelle les ouvriers sont obligés de travailler, nuise à la beauté et à la bonté de l'exécution.

Les ouvrages des Japonois, en ce genre, surpassent ceux des Chinois; ils sont mieux travaillés et beaucoup plus légers; les angles sur-tout en sont nets, bien coupés et non obtus ou arrondis; enfin on les estime infiniment à la Chine, et on les y achète fort cher.

Le vernis s'appelle Tsy : cette matière épaisse ressemble à du mastic roussâtre, et provient d'un arbre qui croît dans le Setchuen et le Kiang-sy : celui des environs de la ville de Kan-tcheou-fou, est réputé le meilleur. Cet arbre a l'apparence du frêne, par la feuille et par l'écorce; il s'élève à la hauteur de quinze pieds, sur environ deux pieds et demi de circonférence. Lorsqu'il a de sept à huit ans, on commence d'en extraire le vernis en faisant des incisions le long du tronc. Le vernis est meilleur et plus abondant dans les jeunes arbres que dans les vieux. La récolte, d'après le rapport des Chinois, se fait dans l'été pendant la nuit, et avec beaucoup de précaution.

On peut voir travailler les ouvriers en vernis, dans le faubourg de Quanton ; ils se tiennent ordinairement dans des lieux écartés, et sous des angars bien fermés, dont les fenêtres sont garnies avec des châssis de papier.

Le fond des ouvrages en vernis est de bois très-mince, ou de carton. On commence par y coller du papier, après quoi on étend deux ou trois couches d'une pâte rouge composée de chaux, de papier et de gomme ; lorsque ces couches sont bien sèches, on les polit avec soin, et on étend soigneusement par-dessus une ou deux couches de couleur noire mêlée avec l'huile Ming-yeou, qu'on tire du Tong-tchou : l'ouvrage est alors d'un noir pâle, et paroît terne ; mais une seule couche de vernis lui donne du brillant et de l'éclat. En appliquant la couche de vernis, les ouvriers ont la précaution de tenir tout fermé, de crainte de la poussière ; ils placent ensuite leurs ouvrages dans des endroits isolés, et les font sécher à l'ombre, de peur que le grand air ne saisisse trop promptement le vernis et ne le fasse gripper. Le vernis, en séchant peu-à-peu, acquiert le lustre qu'on lui voit, sans qu'il soit nécessaire de le polir. Lorsqu'on veut faire paroître les veines du bois, on ne fait aucune préparation avant d'étendre le vernis. Cette matière est matte dans les commencemens, et semble épaisse; mais à la longue elle pénètre peu-à-peu, devient transparente et laisse apercevoir les nuances du corps qu'elle recouvre.

On trouve à Quanton différens ouvrages tout-à-fait préparés, et auxquels il ne s'agit plus que d'ajouter la dernière couche de vernis; on les orne ensuite, à volonté, ou de fleurs coloriées, ou de dessins en or. Si l'on n'a à peindre que des fleurs, on n'y met aucune préparation; mais si les dessins sont en or, on couvre d'abord l'ouvrage avec de la gomme, et on y applique ensuite les feuilles d'or. Lorsque les peintures ou les dorures sont terminées, on passe par-dessus une très-légère couche de vernis.

Les ouvrages en vernis sont communément noirs; on en voit peu d'une autre teinte; ces derniers ne sont pas aussi beaux ni aussi lustrés que les premiers, parce que le blanc qu'on est obligé de faire entrer dans la couleur, la rend terne et matte.

## *TONG-TCHOU.*

CET arbre croît facilement, et s'élève à une moyenne hauteur; son bois est tendre et spongieux, ses feuilles sont d'un beau vert. Le Tong-tchou, sur-tout lorsqu'il est chargé de ses noix, ressemble assez au noyer ; ses fruits verts dans le principe, jaunissent en mûrissant, et contiennent deux ou trois amandes noires en dehors, blanches en dedans, qui ont une vertu purgative.

L'huile qu'on retire en pressant ces amandes, est bonne à brûler, mais elle donne beaucoup de fumée. Dans son état naturel, on l'appelle Tong-yeou ; mais lorsqu'elle est préparée pour servir à la peinture, elle se nomme Ming-yeou, vulgairement *huile de bois* ; les Chinois s'en servent beaucoup. Voici comment ils la rendent propre à cet usage : ils la font chauffer avec de la céruse, dans la proportion de deux onces de celle-ci sur une livre d'huile : lorsque ce mélange a bouilli et qu'il commence à s'épaissir, on le verse dans des cruches que l'on ferme avec soin ; après avoir subi cette préparation, il ressemble au vernis et en acquiert toutes les qualités ; il se dissout dans la térébenthine, et l'on peut s'en servir pour peindre sur les étoffes, sans crainte que l'eau puisse détruire les couleurs. Il faut avoir la précaution, lorsqu'on emploie cette huile, de la mettre dans un vase et de la couvrir avec une feuille de papier, car sans cela elle se dessèche : on l'étend sur le bois, soit pure, soit mêlée avec des couleurs ; elle sèche promptement, mais elle a le défaut de jaunir, surtout si elle est masquée par quelque meuble.

Cette huile pénètre peu dans l'épaisseur du bois; mais les Chinois ne regardent pas cela comme un défaut, puisqu'ils emploient au contraire des moyens pour l'en empêcher : ils se servent à cet effet d'un enduit composé de chaux et de sang de bœuf qu'ils délayent avec de l'eau, et dont ils passent une ou deux couches sur les objets qu'ils veulent peindre. Après cette préparation, la couleur ou le vernis reste à la surface ; on en emploie moins, et la peinture en a plus d'éclat. A mon arrivée à l'île de France, j'ai trouvé quelques plants du Tong-tchou : son fruit étant le même que celui de la Chine, on pourroit en tirer un parti aussi avantageux que dans ce pays.

## GOMME ÉLASTIQUE.

PLUSIEURS personnes m'avoient chargé en Europe de leur envoyer de la gomme élastique, croyant que cette substance existoit à la Chine, et qu'elle étoit la même que celle d'Amérique ; mais elle est totalement différente. La gomme élastique qu'on trouve à Quanton, n'est point naturelle, mais un composé d'huile appelée Tong-yeou ; la preuve en est évidente, puisqu'elle porte le nom de Tong-yeou-po. De plus, si l'on casse une vieille boule de gomme élastique, la cassure est grumelée, et ressemble parfaitement à cette huile, lorsque séchée et réduite en masse, elle vient à se partager.

L'ouvrier, à Quanton, qui possède le secret de composer la gomme élastique, fait avec cette matière des bagues, des boules et des boutons de couleur jaune, rouge ou mélangée: ces différens objets sont susceptibles plutôt de compression que de dilatation. On prétend qu'il y entre de la cire, mais je n'ai là-dessus rien de certain, n'ayant jamais pu découvrir le procédé Chinois. Dans tous les pays, les artisans ont leurs secrets, et ne les communiquent point, dans la crainte qu'on n'imite leur ouvrage ; et à Quanton, plus qu'ailleurs, ils sont très-réservés.

## MACHINES POUR L'ARROSEMENT DES TERRES.

Les hommes en général portent tous leurs soins vers les choses de première nécessité, ou celles qui leur sont les plus utiles : or, la principale culture à la Chine, étant celle du riz, et cette espèce de grain servant à nourrir la plus grande partie de la population, il n'est pas étonnant que les Chinois se soient occupés de tout ce qui pouvoit en augmenter le produit.

La marée refoule le cours de la rivière auprès de la ville de Quanton, ainsi il n'a pas été nécessaire de recourir à des moyens étrangers pour arroser les campagnes des environs. En remontant plus au nord, du côté de Nan-hiong-fou, où les terres sont sensiblement plus hautes que le niveau de la rivière, nous ne vîmes aucune machine pour élever les eaux, soit que les terres en soient assez imbibées, soit que les ruisseaux qui descendent des montagnes suffisent à leur irrigation. Ce n'est qu'en entrant dans la province de Kiang-sy, que nous trouvâmes des roues hydrauliques très-ingénieusement construites ( *n.° 33* ). Il faut rendre justice aux Chinois, ces roues sont très-bien imaginées; l'ouvrage est simple, léger, peu coûteux, et demande peu de soin ; enfin, c'est ce que j'ai vu de mieux en traversant l'empire.

Toute la machine est faite avec des bamboux, excepté l'axe de la roue, et les pieux enfoncés dans l'eau pour le supporter, qui sont en bois. Cet axe, qui peut avoir de huit à dix pieds de longueur, porte tout autour, à un pied de distance de ses extrémités, des bamboux longs et déliés qui se croisent et vont s'attacher à la circonférence sur laquelle sont fixés en biais des tubes de même matière, bouchés par le fond. Ces tubes, au nombre d'une vingtaine, d'environ trois pieds de longueur, et de près de trois pouces de diamètre, se remplissent lorsque la roue plonge; et tournant avec elle, ils se vident à son sommet dans un canal placé parallèlement à la roue, et qui communique avec un autre d'où l'eau est conduite dans les campagnes. Pour accélérer le mouvement de la roue, les Chinois garnissent de petits morceaux de bois l'angle que forme le croisement des grands bambous avant d'arriver à la circonférence, ce qui fait des espèces de palettes. Les roues ont de vingt à vingt-quatre pieds de diamètre; quelques-unes sont plus grandes, mais cela est rare. Le courant de la rivière suffit pour faire mouvoir ces machines; mais, afin de le rendre plus rapide et de le forcer à se jeter sur la roue, les Chinois sont dans l'usage de planter des piquets depuis le milieu de la rivière jusqu'auprès de l'axe.

Je n'ai vu que dans le Kiang-sy de ces machines hydrauliques; les Chinois en ont cependant d'une autre construction; telle est celle dont j'ai envoyé le modèle à l'académie des sciences. On peut l'appeler pompe à chaîne : cette machine est peut-être d'un grand effet, mais je doute qu'elle le soit autant que le prétendent les voyageurs Anglois, puisque, durant tout mon voyage, je n'en ai vu qu'une seule. Elle consiste dans une caisse de bois oblongue, partagée au milieu dans toute sa longueur par une planche fermant exactement la portion inférieure, tandis que celle de dessus reste ouverte. Des planchettes de bois carrées, et attachées à une certaine distance entre elles, avec des cordes continues, passent dans ces deux conduits, en remplissent la cavité et roulent sur deux axes dont l'un plonge dans l'eau, et l'autre est supporté sur le terrain, par deux piquets de bois. Cet axe est mis en mouvement de trois manières différentes : lorsque le volume d'eau à enlever est considérable, l'axe est mu par des bêtes de somme ; si le volume est moindre, des palettes adaptées à l'axe aident à un ou à plusieurs hommes à le faire tourner en montant dessus ; enfin, si la pompe donne peu d'eau, on la fait aller à bras. Cette pompe d'ailleurs n'est pas en état d'élever un gros volume d'eau, ni de le porter à une grande hauteur; en effet quelle que soit la dimension de cette machine, elle ne peut être placée que sous un angle médiocrement ouvert ; car si cet angle l'étoit trop, la pompe fatigueroit beaucoup et exigeroit une force motrice trop considérable.

Les Chinois ont deux autres moyens encore plus simples pour arroser les rizières : deux hommes placés à l'extrémité d'un étang, et sur un terrain un peu élevé, tiennent un panier fait de bamboux extrêmement serrés, par deux cordes attachées de chaque côté, et le balancent, de sorte que tour à tour le panier plonge dans l'eau et se vide sur les terres : on conçoit qu'il faut un espace suffisant pour pouvoir donner l'élan nécessaire au panier, et lui faire décrire une portion de cercle. On n'emploie ce premier moyen que lorsqu'il faut arroser des terrains d'une étendue médiocre, car il est fort pénible. Le second ne demande qu'un seul homme, et est bien moins fatigant ; il consiste dans une bascule placée en travers au haut d'une perche ; d'un côté est une pierre, et de l'autre un seau qu'on enlève à l'aide de ce contrepoids, et que l'on vide facilement.

## MANIÈRE DE FAIRE ÉCLORE LES ŒUFS DE CANES.

ON fait éclore à la Chine, par une chaleur artificielle, les œufs de canes, mais non ceux de poules ; c'est ce que m'ont confirmé plusieurs Chinois. Lorsqu'on s'est procuré une quantité suffisante d'œufs de canes, on forme avec des bamboux une espèce de cage qu'on tient un peu élevée de terre ; on met au fond une couche de fumier de buffle, qui est quelquefois mêlé avec celui de canards, et par-dessus un rang d'œufs, procédant ainsi alternativement jusqu'à ce que la cage soit remplie. On y entretient ensuite, au moyen d'un feu léger, la chaleur convenable, et que l'expérience a appris à connoître, jusqu'au moment où les canards sont près d'éclore. On retire alors les œufs ; on les casse, et l'on confie les canetons à de vieilles canes qui les adoptent, les conduisent et les couvrent de leurs ailes. Les Chinois en vendent beaucoup au sortir de l'œuf ; pour les autres, ils les élèvent : ils ont à cet effet des bateaux garnis de grandes cages placées sur les deux côtés en forme d'ailes, qui peuvent contenir un millier ou deux de canards; ces barques sont ordinairement le long du rivage et près des champs de riz. Le matin on ouvre une porte, tous les canards sortent en foule en descendant sur une planche qui leur sert de pont, et se répandent dans les rizières, où ils vivent toute la journée des vers et des insectes qu'ils y trouvent. A l'approche de la nuit, le maître du bateau appelle ses canards, en frappant sur un bassin de cuivre : c'est un spectacle curieux, et dont j'ai été témoin quelquefois, de voir tous ces oiseaux accourant pêle-mêle, et prenant chacun, sans se tromper, la route de son bateau. Cela cependant paroît moins surprenant, lorsqu'on songe que le canard est déjà un peu grand, qu'il est en état de reconnoître sa demeure, et que de plus il est guidé par le son d'un bassin de cuivre, qui n'est pas le même pour tous les bateaux.

Les Chinois vendent beaucoup de ces animaux vivans; ils en tuent une partie, les ouvrent en deux, les salent, et les tiennent écartés avec deux petits bâtons pour les faire sécher. Dans cet état la chair a le goût de venaison, et vaut mieux que lorsqu'elle est fraîche; car alors elle est gluante et a un goût de vase.

Lorsqu'on

Lorsqu'on veut manger des canards qui soient bons, il faut, après les avoir achetés de ceux qui font métier de les élever, les garder quelque temps chez soi et les nourrir avec du grain, pour que les chairs se raffermissent et perdent le goût de fange qu'elles avoient contracté.

## CÉRÉMONIAL.

A la Chine, le cérémonial est soumis à des lois invariables ; personne n'oseroit y rien changer. Persuadé que l'attention des citoyens à s'acquitter entre eux des devoirs de la politesse, entretient la paix et le bon ordre dans l'État, le gouvernement porte tous ses soins à faire observer ce que chacun doit au rang, à la parenté, ou à l'âge.

L'empereur, regardé comme le souverain maître, a le droit d'exiger l'hommage et la soumission de ceux qui habitent dans l'empire, et tous sont obligés de s'abaisser devant lui. Ce qui lui appartient est réputé comme sacré ; et quand on lui parle, on ne se sert pas de termes ordinaires, mais de mots particuliers et en usage pour lui seul. De cette extrême soumission envers l'empereur, dérive naturellement celle du peuple envers les mandarins ; car ceux-ci, possédant une portion d'autorité, et représentant le chef suprême, exigent de leurs inférieurs autant de respect qu'eux-mêmes sont obligés de lui en porter.

Ces usages, ces devoirs, cette politesse, rendent les Chinois minutieux à l'excès : l'habitude où ils sont, dès l'enfance, d'être respectueux envers leurs supérieurs, et cette contrainte continuelle dans laquelle ils vivent, les portent à la crainte et à la défiance ; et de la défiance à la fourberie il n'y a qu'un pas : aussi voit-on que les Chinois cachent, sous une apparence honnête et polie, un caractère faux et dissimulé. Si, en s'acquittant des devoirs imposés par le cérémonial, ils étoient pénétrés des sentimens de douceur et d'honnêteté qu'il devroit inspirer, le gouvernement auroit raison d'en exiger l'accomplissement ; mais comme le peuple ne s'attache qu'aux dehors et aux pures formalités, la politesse n'est plus chez lui qu'une habitude, et la cérémonie tient lieu du sentiment. Le tribunal des rites de Peking peut bien régler la manière dont on doit se mettre à genoux suivant l'âge ou le rang des personnes, mais ce tribunal suprême ne commande pas le respect.

Lorsque nous eûmes à Peking notre audience de congé, nous nous amusâmes beaucoup de l'importance que les mandarins du Ly-pou mettoient à leurs cérémonies. Cependant, les cris lamentables qu'ils poussoient pour annoncer les génuflexions, et leur attention à les faire exécuter, rendoient cette cérémonie plutôt risible qu'imposante. Enfin, le cérémonial Chinois est si machinal et si peu éclairé, que les mandarins se prosternent non-seulement devant la personne de l'empereur, mais encore devant son nom et même devant son fauteuil. Ce ne sont donc que les formes extérieures qu'on demande dans ce pays ; on s'embarrasse peu du fond.

Lorsque deux Chinois d'une condition égale se rencontrent, ils se baissent l'un vers l'autre, joignent les mains du côté gauche, et les remuent avec affection; mais si les personnes sont d'un rang supérieur, alors ils joignent les mains devant eux, les élèvent et les abaissent plusieurs fois de suite, en s'inclinant profondément et en répétant les mots Tsin-tsin, Tsin-leao *[je vous salue]*. Un des trois mandarins qui nous accompagnoient en allant à Peking, ayant rencontré un de ses amis qu'il avoit perdu de vue depuis long-temps, ils se mirent tous les deux presque à genoux, et puis se serrant réciproquement entre leurs bras, et se frappant sur le dos avec la main, ils répétèrent plusieurs fois les mots To-fo *[quel grand bonheur]* ! Dans les circonstances ordinaires, les mandarins évitent de se rencontrer, et, lorsque cela leur est impossible, le mandarin inférieur en grade sort de son palanquin ou descend de cheval, et salue profondément l'autre : si les deux mandarins sont d'un rang égal, ils restent dans leurs chaises et se saluent en passant ; mais s'ils viennent à se rencontrer étant tous les deux à pied, le cérémonial est plus long, parce qu'il est de l'honnêteté de ne pas partir le premier.

Lorsqu'un homme du peuple se trouve dans le chemin d'un mandarin, il se range promptement, reste debout, et tient ses bras pendans et sa tête un peu penchée; il se garderoit bien de le saluer, car cet excès de politesse pourroit lui attirer quelque correction paternelle.

Quand il s'agit de présenter une requête, ou de parler à un mandarin d'un grade élevé, le suppliant se met à genoux, fait trois révérences en baissant la tête, et explique son affaire en conservant cette posture. Si c'est un homme un peu au-dessus du commun, le mandarin le fait relever; il se met alors un peu de côté, et s'énonce en restant debout. Lorsqu'on parle de près aux gens en place, il est de la politesse de mettre sa main devant sa bouche, et de se pencher respectueusement.

Les Chinois emploient dans le discours des mots figurés et des termes pleins de respect et de soumission, se mettant toujours fort au-dessous des personnes auxquelles ils s'adressent; mais il n'en faut pas conclure qu'ils soient persuadés de ce qu'ils disent : en parlant de cette manière, ils ne font que se conformer à l'usage.

Les personnes les plus âgées occupent toujours la place d'honneur; c'est la droite chez les Chinois, et la gauche chez les Tartares.

Nulle part les enfans n'ont autant de respect pour leurs parens. Les fils viennent, à la nouvelle année, se prosterner devant leurs père et mère, et se tiennent debout en leur présence. A la mort du père, le respect qu'on avoit pour lui passe au fils aîné, qui, pour lors, est regardé comme le chef de la famille : en conséquence, c'est à lui qu'appartient le droit d'honorer ses ancêtres, en faisant, en certains temps et dans certaines circonstances, les salutations d'usage devant la tablette qui porte leurs noms.

La distance entre les frères est très-grande. Le frère aîné ne peut converser avec les femmes de ses frères cadets ; il se contente de les saluer, tandis que les frères puînés peuvent parler à l'épouse de leur aîné. Il faut avouer cependant que cette distinction est trop marquée, et qu'elle est capable de refroidir les cœurs et d'en bannir l'amitié.

Lorsqu'un Chinois veut faire une visite à quelqu'un, il commence par lui envoyer un compliment et son nom contenus dans un billet de papier rouge plié en forme de paravent, et ayant sur le dernier feuillet un petit morceau de papier doré de forme triangulaire. La personne que l'on vient voir est libre d'accepter ou de refuser la visite : dans ce dernier cas, elle se contente de rendre le billet, et fait dire à celui qui l'a remis, de ne pas se donner la peine de descendre de palanquin.

Elle lui renvoie ensuite un billet semblable, et plus elle met d'empressement à le faire remettre, plus elle montre d'égards. Si elle reçoit, au contraire, la visite, et que celui qui la fait soit du même rang, alors le cérémonial est sans fin; non-seulement pour entrer ou pour s'asseoir, mais aussi quand il faut sortir.

Il y a dans toutes les cours qui précèdent les appartemens, trois portes; c'est là que se font ordinairement les grandes politesses, parce que celui qui vient ne veut pas passer par la porte du milieu, et que ce n'est qu'avec peine qu'il y consent à la fin, tandis que la personne qui reçoit la visite, entre par une des portes latérales. Lorsqu'on est arrivé dans l'appartement, il est de l'honnêteté d'offrir un siége, mais le maître du logis doit auparavant l'essuyer légèrement. Une fois assis, il faut se tenir droit, avoir les mains sur les genoux, placer ses pieds à une égale distance de sa chaise, et demeurer tranquille en conservant un air grave.

Les Chinois offrent toujours du thé dans les visites, mais ils ne le servent pas comme nous: ils mettent les feuilles de thé dans une tasse de porcelaine, et versent par-dessus de l'eau bouillante, ils la couvrent ensuite, et présentent la tasse dans un bassin, ou espèce de nacelle faite de cuivre. On doit prendre la tasse à deux mains et boire lentement. Si l'on met du sucre, on emploie le couvercle pour remuer le thé, les Chinois ne se servant point de cuiller. Ces cérémonies s'abrègent lorsque les personnes qui se visitent, sont d'une égale condition; mais si l'une des deux est d'un grade supérieur, alors les politesses sont beaucoup plus multipliées, sur-tout de la part de l'inférieur. Si, en venant voir quelqu'un, on lui fait un présent, on doit joindre l'état des objets qu'on offre, avec le billet de visite, et l'on remet le tout aux domestiques du maître du logis, qui n'examine le présent que lorsque celui qui l'a fait est parti. On peut accepter le tout, ou simplement une portion; dans ce dernier cas, on écrit sur la note ce qu'on a retenu, et on renvoie le reste. Il est rare qu'on n'accepte rien, car c'est une impolitesse, et même une offense que de refuser entièrement un présent; il faut en prendre au moins une bagatelle.

Il y en a qui se contentent d'envoyer avec le billet de visite, la note des présens : la personne marque ce qui lui fait plaisir, et renvoie la note: alors on va acheter les objets désignés, et on les fait remettre. Je n'aurois jamais cru que les Chinois, qui paroissent aussi scrupuleux sur le cérémonial, fussent capables de ce tour d'adresse; mais je le tiens de quelqu'un qui l'a vu faire à Peking.

Les lettres que les Chinois s'écrivent entre eux, exigent pareillement certaines formalités ; chaque lettre doit être composée de neuf feuilles, et écrite avec des caractères d'une moyenne grandeur. On commence au second feuillet, et l'on met son nom à la fin, vers le bas de la page. Le nom de la personne à qui s'adresse la lettre, doit être placé plus haut que le reste de l'écriture, et doit former un alinéa. Si un Chinois, portant le deuil d'un de ses proches, écrit à quelqu'un, il colle un papier bleu sur son nom : s'il envoie un présent, il emploie du papier blanc, au lieu de rouge. Une lettre se plie en long, et se met dans une enveloppe, sur laquelle on colle une bande de papier rouge, en marquant que la lettre est dedans ; on l'enferme ensuite dans un sac de papier dont on colle le haut, et l'on écrit dessus le nom, la qualité et le lieu de la demeure de la personne à laquelle on veut la faire parvenir.

On conçoit combien tout ce cérémonial doit être fatigant ; mais les Chinois parviennent, par une habitude et un usage continuels, à se familiariser avec ces pratiques extrêmement fastidieuses ; ils s'accoutument à les remplir dès leur plus tendre jeunesse, et se font un mérite de les exécuter ponctuellement ; enfin, ils y attachent même une si grande importance, qu'ils regardent comme barbares les nations qui ne s'y conforment point.

## HABILLEMENT.

Les Chinois s'habillent constamment de la même manière : peu curieux, comme on l'est en Europe, de modes nouvelles, le petit-fils porte les habits de son aïeul, sans craindre de choquer les yeux de personne. Les robes des anciens Chinois étoient amples et longues, des manches immenses tomboient jusqu'à terre, et une chevelure bien fournie se relevoit sous des bonnets dont les formes varioient suivant les états et les grades.

Forcés d'abandonner ces antiques vêtemens lors de la conquête de la Chine par les Tartares, les Chinois prirent l'habit et la coiffure de leurs vainqueurs; mais à cette époque plusieurs d'entre eux aimèrent mieux s'expatrier, et préferèrent même la mort plutôt que de renoncer aux usages de leurs ancêtres. Les Chinois ont la tête rasée, et conservent seulement sur le haut une touffe de cheveux qu'ils laissent croître, et dont ils font une longue tresse qu'ils appellent Penzé. Leur habillement consiste en plusieurs robes; celle de dessus descend jusqu'au-dessous du mollet, les manches sont d'une moyenne largeur. La robe de dessous est plus longue, et serre davantage le corps; les manches de celle-ci, larges par en haut, se rétrécissent vers le poignet, se terminent ensuite en forme de fer à cheval, et couvrent presque entièrement les mains. Par-dessous cette robe ils en portent encore une troisième, mais qui est sans manches, et ils ont de plus une veste et une chemise de soie, avec des caleçons et des bas. C'est par-dessus la seconde robe qu'ils attachent la ceinture à laquelle ils suspendent une montre, un couteau, un mouchoir et une bourse contenant un flacon avec du tabac en poudre.

Les Chinois ont le cou nu en été, ils le garantissent du froid en hiver, avec un collet de peau, de soie ou de velours. Le bonnet, qui laisse les oreilles à découvert, se change deux fois dans l'année : celui d'hiver est bordé d'une bande de pelleterie et recouvert d'une houpe de soie rouge ; celui d'été est d'une forme désagréable ; il est fait de rotins et ressemble à un entonnoir renversé et fort évasé. Le dedans est en soie, et le dessus garni d'une houpe de crin rouge. Les gens de distinction et les mandarins, en ont un semblable ; mais le fond est de carton doublé des deux côtés avec de la soie, et les brins de soie de la houpe qui le recouvrent, au lieu de déborder le bonnet, sont coupés en-dessus à près d'un pouce du bord.

Lorsque les Chinois restent chez eux, ou qu'ils sortent sans cérémonie, ils portent, en place du bonnet, une petite calotte de soie brodée, et ornée quelquefois d'une perle sur le devant.

Leurs caleçons sont de toile ou de soie, et faits

comme les nôtres ; mais ils en ont aussi qui sont partagés en deux et qui n'ont pas de fond. Leurs bas sont en soie ou en nankin piqué ; ils s'élèvent plus haut que les bottes, et sont garnis sur les bords d'un ruban de soie ou de velours.

Les bottes sont de soie noire ou de cuir, et ne dépassent pas le mollet ; elles sont larges et très-utiles aux Chinois, qui s'en servent au lieu de poches et y mettent des papiers et leur éventail. Les chaussures des Chinois sont en général bien faites, et il y en a d'artistement travaillées. La semelle en est épaisse et composée de gros papiers renforcés en dessous par un cuir. Leurs souliers sont relevés par-devant, de sorte qu'il n'est pas nécessaire de les attacher, et qu'il suffit de les faire entrer avec un peu de force : on fait usage pour cela d'un instrument de corne recourbé.

Ces souliers ne quittent jamais le pied, mais ils incommodent beaucoup les personnes qui ne sont pas habituées à en porter, parce qu'ils tiennent les doigts écartés et relevés en l'air.

Les femmes s'habillent conformément au grade et au rang de leurs maris ; elles peuvent porter toutes sortes de couleurs, excepté le jaune-citron : celles qui sont âgées se servent d'étoffes noires ou violettes.

L'habit des femmes consiste dans une longue robe avec des manches larges ; elles ont en outre une veste de dessous, un caleçon et une espèce de jupon plissé. Les femmes n'ont pas le cou nu; elles portent constamment un collet, et ne laissent point voir leur poitrine; la décence exige même qu'on n'en distingue pas la forme.

L'habit d'hiver et celui d'été ne diffèrent que par l'épaisseur ou la légèreté des étoffes. Lorsqu'il fait froid, les Chinois portent des fourrures. Tous les mandarins qui entouroient l'empereur lors de notre première audience à Peking, avoient des habits de peaux dont le poil étoit en dehors.

La manière de s'habiller des Chinois a cet avantage sur la nôtre, qu'ils peuvent, sans paroître ridicules, augmenter ou diminuer à volonté le nombre de leurs robes, à proportion du plus ou du moins de froid.

A Quanton, où le vent du nord est très-piquant et incommode sur-tout les indigènes accoutumés à de fortes chaleurs, j'ai vu des Chinois joindre non sans quelque difficulté leurs deux mains ensemble, tant ils étoient surchargés d'habits. Mais si le peuple se couvre quelquefois prodigieusement dans l'hiver, il s'habille très à la légère pendant l'été, ne conservant ordinairement que la veste, le caleçon et les souliers. Pour les mandarins et les gens en place, ils n'oseroient, quelque grande que soit la chaleur, paroître en public sans être habillés et sans avoir des bas et des bottes.

Les Chinois sont très-propres à l'extérieur, mais leur propreté ne s'étend pas à tout. Nous étant plaints à l'un des mandarins qui nous accompagnoient durant notre voyage, de ce que nous n'avions pas de linge pour changer ; il nous répondit, en relevant ses manches, que depuis plus d'un mois il portoit la même chemise : cette partie de l'habillement est souvent presque usée avant qu'on la quitte.

On trouve cependant des élégans à la Chine : les jeunes gens riches se piquent d'être bien habillés et d'une manière leste ; il se donnent en marchant un certain balancement, et affectent de remuer les bras.

La coiffure des femmes varie suivant l'âge. Des cheveux épars annoncent une très-jeune fille, et une tresse pendante ou quelquefois relevée, fait voir qu'elle est nubile ; les femmes mariées portent les cheveux entièrement retroussés, et en forment un nœud ou une espèce de chignon qu'elles attachent avec des épingles. Cette habitude de relever les cheveux dégarnit le front et le rend chauve : aussi les femmes âgées cachent-elles cette difformité avec un morceau de toile noire appelé Pao-teou *[enveloppe de tête]*. Les femmes du Kiang-nan s'entourent la tête d'une bande de pelleterie, du milieu de laquelle elles laissent tomber sur leur front et entre leurs sourcils une petite bande d'étoffe noire, dont le bas est orné d'une perle : cette coiffure sied bien et relève la blancheur du teint. Celles qui sont en deuil portent cet ornement de tête en étoffe blanche ( n.° 49 ). Les femmes à Peking mettent presque toutes des fleurs artificielles dans leurs cheveux : celles des autres provinces ne suivent pas aussi généralement cet usage, mais elles portent, dans certains cantons, des chapeaux fort jolis. Ceux des femmes du commun sont en paille ; ils sont plats, garnis tout autour d'une frange de toile bleue, large de cinq à six pouces ; et le fond en est percé pour donner un passage libre au nœud de cheveux ( n.° 31 ).

Les Chinoises peignent en noir leurs sourcils, et leur font décrire une espèce d'arc très-délié ; elles se fardent le visage et se mettent du rouge aux lèvres, principalement à celle d'en-bas, où elles forment au milieu un point rouge.

Elles ne m'ont pas paru, en général, avoir les dents belles ; elles les ont larges et jaunes : ce dernier défaut provient de l'habitude de fumer, qu'elles contractent de très-bonne heure.

Les femmes riches et de qualité emploient un temps considérable à leur toilette. Un de leurs principaux soins est d'arracher les poils épars qui naissent sur le visage, et, pour y parvenir, elles les tortillent entre des fils de soie : cependant ces peines que prennent les Chinoises pour se parer et se farder, sont souvent en pure perte; car elles jouissent rarement de la satisfaction d'être vues, et quelquefois elles ne voient pas même leurs maris pendant la journée. Elles sont aussi dans l'usage de laisser croître les ongles de leur main gauche, et sur-tout celui du petit doigt, mais non pas jusqu'à cet excès de longueur que nous avons dit en parlant de ceux des hommes. Au reste, si une taille élancée et médiocre, si des petits yeux alongés et arqués, si un teint frais et vermeil sont des beautés essentielles pour une Chinoise, la petitesse du pied passe avant tous ces avantages; et cette petitesse extrême est tellement recherchée, qu'une jolie femme qui n'a pas le pied disposé suivant l'usage, est méprisée, et même pour ainsi dire, déshonorée. Le pouce est le seul des doigts qui conserve son état naturel; les autres, ainsi que le reste du pied, sont comprimés, dès la plus tendre enfance, avec des bandelettes. Il en résulte que ces doigts ne prennent aucun accroissement, et que le pied étant constamment resserré, demeure presque dans le même état où il étoit lors de la naissance de l'enfant, à l'exception d'une enflure qui se forme au-dessus du coude-pied et vers la cheville : enfin, le pied d'une Chinoise est si petit, qu'il peut entrer dans un soulier de quatre pouces de longueur sur un pouce et demi de largeur. Il est nécessaire cependant d'observer que le derrière du soulier est ouvert, et que le talon qui en sort un peu, est retenu par une bande d'étoffe proportionnée à la grandeur de l'ouverture.

Lorsque les femmes sortent de leur maison, elles mettent des souliers avec des talons de bois garnis de cuir ; elles ne se soutiennent que sur ces talons, et posent rarement l'extrémité antérieure du pied, dans la crainte de se heurter : cette manière de marcher leur donne une allure chancelante et de mauvaise grâce.

Il est difficile d'expliquer comment elles ont pu adopter une mode si gênante, qui les expose continuellement à des chutes, et qui les fait souffrir pendant toute leur vie. Plusieurs auteurs ont prétendu que c'étoit une politique des Chinois, pour empêcher les femmes de sortir; mais, comme j'ai vu pendant mon voyage qu'elles sortoient, se promenoient et couroient même, la raison alléguée par ces écrivains est sans fondement, et il faut avoir recours à une autre explication.

Les bas que portent les Chinoises, ne descendent que jusqu'à la cheville, et elles enveloppent le reste du pied avec des bandelettes ; c'est à cette forme de chaussure, et non à la politique, qu'il est plus raisonnable d'attribuer l'usage de se serrer le pied, usage introduit peut-être par le hasard, et fortifié depuis par l'habitude. Il est à présumer qu'autrefois quelque dame favorisée par la nature,

se

se sera fait un mérite d'avoir un pied très-petit ;
lui disputer cet avantage, étoit bien naturel à
des femmes. Pour cela elles durent se servir des
moyens que leur présentoit leur chaussure, elles
en employèrent donc les bandelettes pour se serrer
le pied outre mesure, et acquirent ainsi un genre
de beauté recherché dès-lors, et qui le fut bien
davantage par la suite.

Cet usage d'avoir le pied comprimé dès l'enfance, n'est point réservé aux personnes riches,
il est commun à toutes les classes. La femme et
la fille d'un homme pauvre et dans la médiocrité,
ont, comme la femme et la fille d'un mandarin,
ou d'un particulier opulent, les pieds étroitement
emprisonnés dans leur chaussure.

Les femmes Tartares n'ont cependant pas voulu
adopter cet usage incommode et dangereux ; elles
ont le pied dans l'état naturel, et portent des souliers aisés ; on s'en aperçoit facilement à leur démarche assurée.

## FESTINS.

Les Chinois s'invitent entre eux en différentes
occasions ; mais dans leurs festins le plaisir ne règne
pas avec autant de liberté qu'en Europe ; au contraire, tout y est compassé, tout y est mesuré ; et,
attachés à leur cérémonial minutieux, ils n'ont
pas même su le bannir de leurs repas.

Je ne parle pas ici du peuple, parce que, dans tous les pays, il est plus libre que les grands, et ne suit pas aussi exactement les usages; cependant les gens même de la classe ordinaire, à la Chine, sont cérémonieux quoiqu'avec plus de simplicité dans leurs manières.

Dans les festins, chaque convive a sa table; quelquefois une seule sert pour deux, mais rarement pour trois. Ces tables rangées sur une même ligne, n'ont point de nappes, elles sont seulement vernissées et garnies sur le devant d'un morceau de drap, ou de soie brodée. Dans les grands repas on en couvre le milieu avec de larges plats chargés de viandes coupées et disposées en pyramides : ces viandes ne servent que pour l'ornement ; les mets destinés aux convives, sont apportés dans des vases à part, et posés devant chacun d'eux.

On commence le repas par boire à la santé du maître : il est de la politesse de prendre la coupe des deux mains, de l'élever au niveau du front, de l'abaisser ensuite, et de la porter enfin à la bouche. On doit boire doucement et pencher la tasse pour faire voir qu'elle est vide.

Les Chinois ont à table des bâtonnets de bois ou d'ivoire, longs d'environ neuf à dix pouces, qui leur tiennent lieu de fourchettes, et avec lesquels ils prennent très-adroitement les morceaux de viande, car rien ne se sert en entier : quant au riz, comme ils ne font pas usage de cuillers, ils portent le vase qui le contient près de la bouche, et y font entrer le riz, en le poussant avec leurs bâtonnets ; cette manière de manger n'est ni propre ni agréable. Pendant le repas, on change plusieurs fois de plats, on boit deux ou trois tasses de vin et de thé : on se lève avant le dessert, et lorsqu'il est servi, chacun retourne à sa place.

Les festins durent quatre à cinq heures, et se donnent assez généralement le soir ; souvent ils sont accompagnés de la représentation d'une comédie.

En sortant de table on fait un petit présent, en argent, aux domestiques, et le lendemain on envoie un billet de remercîment à la personne qui a donné le repas.

### ALIMENS.

LES riches se nourrissent bien, et mangent beaucoup : on ne doit pas s'en étonner, puisqu'à la Chine l'embonpoint suppose de la fortune et du mérite. Les gens du peuple, lorsqu'ils ont de l'aisance, se procurent une nourriture abondante ; elle consiste principalement en riz, auquel ils ajoutent des légumes, de la viande de porc, de la volaille ou du poisson : les pauvres sont réduits aux herbages et au riz.

Dans toutes les provinces du sud, l'aliment principal des Chinois et la base de leurs repas, est le riz ; mais, dans le nord, où ce grain ne croît pas, et où il est plus difficile de s'en procurer, les habitans mangent du millet et du blé. Ils font avec la farine de froment, des espèces de galettes, et des petits pains mollets qu'ils mettent cuire au bain-marie : ces pains sont fort blancs, très-légers, mais jamais assez cuits ; et nous étions obligés, à Peking, de les exposer quelque temps au-dessus de la braise, pour leur donner un degré de cuisson convenable.

La viande la plus ordinaire, et dont on fait une grande consommation, est celle de cochon ; cette viande est légère, saine et n'incommode pas : les jambons de la Chine sont très-estimés.

Les Chinois mangent aussi des poules, des canards, du gibier, du poisson, mais très-rarement du bœuf : le mouton est très-bon ; il est commun dans les provinces septentrionales ; mais il est fort cher à Quanton. Le bœuf est excellent à Wampou.

Les Tartares se nourrissent de chair de cheval ; j'en ai vu vendre à Quanton ; elle coûtoit même plus cher que celle de cochon.

Le peuple n'est ni difficile, ni scrupuleux sur le choix des alimens : chiens, rats, vers, tout lui est bon. Les Chinois élèvent et engraissent exprès de jeunes chiens pour les manger ; ils les tuent en les étouffant; ils les passent ensuite au feu, les coupent par quartiers, et les lavent avec soin. J'ai remarqué néanmoins que lorsqu'ils faisoient cette opération, ils se cachoient et n'aimoient pas à être vus. La viande de chien est aphrodisiaque, elle n'est ni mauvaise au goût, ni mal-faisante. Les mets les plus recherchés chez les gens riches, sont les nids d'oiseaux, les nerfs de cerfs, les ailerons de requins, les priapes de mer et les pattes d'ours.

On mange à Peking de l'esturgeon, du lièvre et du cerf; la partie la plus estimée de ce dernier animal, est la queue; on la réserve pour la table de l'empereur. Parmi un assez grand nombre de légumes qui entrent dans la cuisine Chinoise, celui dont on fait le plus d'usage, est une plante appelée Pe-tshay, espèce de bette; les Chinois en consomment une quantité prodigieuse, ou fraîche ou marinée; ils aiment en général tout ce qui est confit au vinaigre, et préparent de cette manière les jeunes tiges de bambou, le gingembre, les oignons, les mangues, et une infinité d'autres productions. Ils ont aussi des fruits confits au sucre, et sur-tout un mets particulier et assez fade qu'ils appellent à Quanton, Ta-fou et Ta-fou-fa : ces deux substances sont faites avec de la farine de fèves. Le Ta-fou, qui se mange frit, est plus solide et plus compact; le Ta-fou-fa est liquide, on le mange frais, et avec du sirop de sucre; il est rafraîchissant; les Chinois se servent aussi du résidu de ces fèves pour blanchir le linge et l'empeser.

L'art de la cuisine Chinoise consiste plutôt dans les sauces que dans les ragoûts; car toutes les viandes sont assez généralement rôties ou bouillies; on en trempe les petits morceaux dans du jus de viande légèrement épicé, ou dans du Souy, espèce de sauce faite avec des fèves.

Les pauvres assaisonnent leurs mets avec un ragoût composé de chevrettes confites dans la saumure: on ne peut rien sentir d'aussi mauvais, surtout lorsque cette sauce est chaude.

La boisson ordinaire des Chinois est le thé; ils s'embarrassent peu de la bonne ou mauvaise qualité des eaux, car ils n'en boivent pas de crues; ils la font toujours bouillir. Leur vin se fait avec de l'eau dans laquelle on a mis fermenter du millet ou du riz.

L'eau-de-vie est composée avec du gros millet ou du riz sauvage, macéré dans de l'eau avec un levain pour hâter la fermentation: on passe ensuite la liqueur à l'alambic. Cette eau-de-vie a un goût désagréable, les Chinois la boivent chaude, ainsi que leur vin. Quelquefois on distille une seconde fois cette liqueur, qui devient alors extrêmement forte.

Les Chinois mâchent du bétel et de l'arec, à

l'instar des peuples de l'Inde; mais il paroît que cet usage a plutôt lieu dans les provinces méridionales, que dans celles du nord.

### MARIAGE.

Le desir d'avoir des héritiers, l'espérance consolante de s'entourer de soutiens pour le temps de leur vieillesse, la certitude d'être honorés après leur mort, par les fils qu'ils laisseront, tous ces motifs réunis aux sollicitations de la nature, portent les Chinois à se marier de très-bonne heure; et l'exemple, ainsi que l'opinion, ont tellement consacré cet usage, qu'un homme est déshonoré s'il ne se marie pas, et s'il n'établit pas, dans la suite, tous ses enfans.

Comment se fait-il néanmoins que les Chinois, qui regardent comme un malheur de mourir sans postérité, honorent en même temps le célibat des filles ! comment concilier des idées aussi incompatibles ! mais tels sont les hommes dans tous les pays; extrêmes et bizarres dans leurs institutions et leur conduite, ils édifient et détruisent tout-à-la-fois leur ouvrage.

A Tsien-chang-hien, ville du Kiang-nan, près de laquelle nous passâmes dans notre voyage, il y a des filles qui gardent la virginité; leurs maisons sont ornées d'inscriptions, prérogative qu'elles tiennent de l'empereur lui-même, et qu'il n'accorde qu'à celles qui sont restées vierges jusqu'à quarante ans.

Le père et la mère choisissent la première épouse de leur fils ; ce sont eux qui règlent les conditions avec les parens de leur future belle-fille, et qui fixent la somme à employer pour les objets à son usage ; c'est tout ce que les parens donnent, car à la Chine les filles ne reçoivent pas de dot.

Les parens, de part et d'autre, se font ensuite des présens ; ils étoient jadis très-simples, et l'on se contentoit d'offrir un canard de Nanking, oiseau très-agréable pour son joli plumage ; mais maintenant ces présens sont considérables, et consistent en étoffes de soie, en toiles, en riz, en vins et en fruits.

Le jour de la cérémonie, on place la mariée dans un palanquin très-orné, fermé avec soin *(n.º 42)*, et escorté d'un cortége plus ou moins grand, suivant la qualité et la richesse des personnes qui se marient. Un certain nombre de domestiques et de jeunes filles esclaves, l'entourent en portant divers présens ; des joueurs d'instrumens précèdent, et les amis et les parens marchent derrière ; l'un d'eux, celui qui tient le plus près à la mariée, porte la clef du palanquin, et la remet au mari en arrivant à sa maison. Celui-ci, après avoir présenté son épouse à ses parens, se prosterne avec elle devant eux : l'un et l'autre mangent ensuite quelque chose, et échangent entre eux la coupe dans laquelle ils boivent du vin.

Quant au repas de noce, les hommes sont traités dans une salle à part, et les femmes mangent dans une autre avec la mariée.

Les Chinois font de grandes dépenses lorsqu'ils établissent leurs enfans ; il leur arrive souvent de contracter des dettes, quelquefois même de se ruiner dans ces circonstances.

Le divorce est très-rare à la Chine, on peut même dire qu'il est hors d'usage ; car la stérilité, qui seule pourroit engager un homme à divorcer, n'est pas une raison reçue pour l'y autoriser. Les Chinois ont tant de respect pour leurs parens, qu'ils ne répudient jamais l'épouse qu'ils en ont reçue, quand même elle n'auroit pas d'enfans ; mais, dans ce cas, ils prennent une seconde femme. La mort de l'un des époux donne à l'autre la faculté de se remarier : l'homme n'est plus obligé, dans cette circonstance, d'avoir égard aux convenances ; il épouse une de ses concubines, ou telle autre femme qui lui plaît.

Les femmes qui perdent leurs maris, sont libres de se remarier ; mais elles préfèrent de rester veuves ; et l'on a des exemples de plusieurs, qui, n'ayant été mariées que très-peu de temps, n'ont pas voulu contracter un second mariage, se croyant obligées de passer le reste de leurs jours dans la viduité pour honorer la mémoire de leur époux : c'est en l'honneur de ces femmes restées veuves, qu'une grande partie des arcs de triomphe que nous avons remarqués durant notre voyage, avoient été élevés.

Cet état permanent de veuvage n'est cependant autorisé que pour les femmes de distinction ; car les veuves des gens du peuple sont forcées de prendre un second mari avec lequel les parens du défunt prennent souvent des arrangemens secrets qui les dédommagent des frais qu'ils ont pu faire lors du premier mariage.

Il n'est pas permis à la Chine d'épouser sa sœur, sa cousine germaine, ni une fille qui porte le même nom que l'homme. Deux frères ne peuvent épouser les deux sœurs. Un homme veuf ne peut marier son fils avec la fille d'une veuve qu'il auroit épousée. Un mariage conclu d'après les rites prescrits, ne peut être dissous que pour des raisons extraordinaires. Une femme qui s'enfuit hors de la maison de son mari, est punie par les lois, et son époux peut la vendre.

Si un mari reste trois ans absent, s'il abandonne sa maison, sa femme a le droit de se présenter devant les juges, et de demander la permission de se remarier. Les Chinoises se marient de bonne heure ; elles vivent fort retirées. Lorsqu'elles sont jeunes, elles emploient une partie de la journée à leur toilette ; le reste du temps, elles s'amusent à broder ou à se divertir dans l'intérieur de leurs maisons. Lorsqu'elles ont des enfans, elles en prennent beaucoup de soin ; elles donnent plus d'attention au ménage, mais ne se mêlent en rien des affaires du dehors : elles ne voient que leurs maris ou leurs plus proches parens. Les femmes chez l'empereur ne se montrent point, et les filles sont exclues du trône.

Le sort des Chinoises n'est pas heureux, surtout si on le compare avec celui des Européennes ; mais l'ignorance d'un état meilleur leur rend supportable celui qu'elles ont devant les yeux depuis l'enfance, et auquel elles savent être destinées. Le bonheur ne consiste pas toujours dans une jouissance réelle, il n'est souvent que relatif à l'idée qu'on s'en est formée.

### CONCUBINES.

LA loi ne permet qu'à l'empereur, aux grands et aux mandarins l'usage des concubines ; elle le défend au peuple, à moins que l'épouse ne soit stérile et n'ait atteint quarante ans. Cette loi n'est pas suivie à la lettre ; cependant, en cas d'accusation, on juge d'après la loi.

L'empereur, outre son épouse, appelée Hoangheou, peut avoir plusieurs concubines. L'impératrice loge dans le palais avec l'empereur ; les autres femmes ont des appartemens à part; leurs enfans sont légitimes, mais dans la succession au trône, les fils de l'impératrice sont préférés.

Les concubines de l'empereur sont divisées en plusieurs classes; il y en a trois appelées Fou-gin; elles ont le titre de reines, et sont des filles de rois, ou de princes Mantchoux.

Après celles-là on en compte neuf, portant le titre de Pin; trente-sept, celui de Chy-fou; et quatre-vingt-une, celui de Yu-tsy. Avant que les Tartares se fussent emparés de l'empire, certains empereurs Chinois ont eu jusqu'à dix mille femmes.

Chez les particuliers les concubines sont reçues sans formalités; elles sont sous la dépendance de l'épouse légitime, la servent et la respectent comme la maîtresse de la maison. Les enfans des concubines sont censés appartenir à la femme légitime; ils la considèrent comme leur propre mère, et si elle vient à mourir, ils en portent le deuil.

Les concubines vivent ordinairement dans la maison du maître; mais lorsqu'elles sont jeunes, il les loge dans des maisons séparées, pour éviter les querelles qui ne manqueroient pas de s'élever entre elles, et qui lui seroient plus à charge que la dépense que lui occasionne ce déplacement.

Si les Chinois se bornoient à ces femmes du second ordre, ils ne seroient point blâmables, puisque l'usage les autorise; mais ils ont en outre des jeunes gens de dix à douze ans et au delà, et l'on voit peu de gens aisés, ou de mandarins, qui n'en aient à leur suite. On ne peut se tromper sur l'usage qu'ils en font; les Chinois s'en vantent hautement, et parlent de ce goût horrible, comme d'une chose ordinaire et adoptée généralement chez eux. Ces jeunes gens portent habituellement une seule boucle d'oreille.

## EXPOSITION DES ENFANS.

EXCEPTÉ le droit de vie et de mort, ou celui de commander une action contraire aux lois, un père, à la Chine, jouit du pouvoir le plus absolu sur ses enfans; mais il n'en faut pas conclure que les expositions soient aussi multipliées que plusieurs écrivains ont voulu le faire croire. Si les guerres et les troubles ont produit anciennement l'exposition et même l'infanticide, ces causes n'existent plus. La superstition et la misère peuvent seuls, mais rarement, porter maintenant un père à se séparer de ce qu'il a de plus cher. Les préjugés établis s'y opposent; car, puisqu'un Chinois se croit déshonoré quand il ne se marie point, et ne laisse pas des fils pour lui succéder et pour veiller à ses funérailles, comment peut-on croire que, foulant aux pieds, non-seulement les lois de la nature, mais plus encore l'opinion publique, ce moteur si puissant des actions humaines, il consente facilement à anéantir son ouvrage, et à se priver volontairement, et pour toujours, d'une consolation qu'il a tant desirée! Les hommes peuvent se porter à des actes de férocité envers leurs semblables ; mais, même chez les sauvages, les pères chérissent leurs enfans. Or, supposera-t-on que les Chinois soient plus barbares que les sauvages eux-mêmes? Quand on parle du caractère d'un peuple, il faut le peindre tel qu'il est. Les hommes sont déjà assez méchans, pourquoi les dégrader encore en les montrant sous un jour plus défavorable que la vérité ne l'exige! M. Barrow se livre trop aux préventions d'un écrivain *(a)* passionné contre les Chinois, lorsqu'il dit qu'on expose dans la capitale trente mille enfans par année : cependant il revient bientôt à ses propres lumières, et, diminuant ce nombre exorbitant, il le réduit à moitié, et même à beaucoup moins.

Le lord Macartney ne parle que de deux mille enfans exposés dans l'année à Peking, et prétend que dans ce nombre il y a plus de filles que de garçons ; mais, suivant les premiers voyageurs qui sont entrés à la Chine, et qui ont rapporté naïvement ce qu'ils ont vu, les filles deviennent la richesse des parens, parce que n'emportant pas de dot, elles reçoivent, au contraire, un douaire qui

---

*(a)* M. Paw.

passe à leurs père et mère : il est donc de l'intérêt des parens de ne pas abandonner les filles, et l'on ne peut supposer que les Chinois les exposent de préférence aux garçons.

Mendoze *(a)* s'exprime en ces termes : « Si un » enfant naît estropié, le père le présente au ma- » gistrat, qui ordonne de lui faire apprendre un » métier qu'il puisse exercer ; si le père n'en a pas » le moyen, les parens doivent s'en charger ; et » lorsque ceux-ci sont trop pauvres pour en faire » les frais, le mandarin place alors l'enfant dans » un hôpital où on l'élève aux frais de l'État. »

Il y a dans toutes les villes des maisons destinées pour recevoir les enfans exposés ; les missionnaires et l'écrivain Anglois en conviennent.

Les lois ne permettent donc pas l'exposition ; mais on conçoit sans peine que, dans un empire aussi vaste que la Chine, il se trouve quelques parens que l'extrême misère réduit à exposer leurs enfans ; cependant, il faut encore faire une distinction entre les enfans exposés vivans et ceux qui le sont après leur mort.

Comme il n'est pas d'usage à la Chine d'enterrer les enfans dans les tombeaux de famille, et les enterremens étant fort coûteux, il n'est pas étonnant que des gens pauvres exposent leurs enfans morts,

---

*(a)* Mendoze, *page 38.*

dans le dessein de leur procurer une sépulture et d'en éviter les frais : c'est aussi pour cela que des charrettes parcourent tous les matins les rues de Peking, et ramassent tous les enfans exposés. Ceux qui sont vivans sont placés dans une maison où ils sont élevés, et ceux qui ont été trouvés morts sont portés hors de la capitale, dans un endroit où ils sont enterrés.

J'ai traversé la Chine dans toute sa longueur, en voyageant par eau, je n'ai jamais vu un enfant noyé : dans ma route par terre, j'ai passé de grand matin dans les villes et dans les villages, j'ai été à des heures différentes sur les chemins, et je n'ai jamais aperçu un enfant exposé ou mort.

Dans notre dernière journée, avant d'arriver au fleuve jaune [Hoang-ho], un des cochers conduisant les effets d'un de nos mandarins, écrasa un enfant; il fut arrêté sur le champ : ce n'étoit pas cependant sa faute, car lui et ses camarades, en entrant dans les villages, crioient aux habitans de faire place ; mais leur curiosité étoit si grande, qu'ils se portoient jusque sur les roues des voitures pour nous regarder.

Si les Chinois étoient si indifférens sur le sort de leurs enfans ; si la police ne veilloit pas à leur conservation, pourquoi auroit-on arrêté ce cocher ? Il ne faut donc pas croire à ces expositions, à ces infanticides qu'on représente si nombreux : il en existe

existe certainement, mais les crimes existent partout.

Je dois attester que les Chinois aiment tendrement leurs enfans ; les femmes qui vivent à Quanton sur la rivière, dans la crainte qu'il ne leur arrive quelque accident, leur passent autour du corps une corde qui leur permet de jouer dans le bateau, mais non d'en sortir. Quant à ce que l'on dit qu'elles attachent une calebasse sur le dos des enfans pour les faire flotter plus long-temps, afin de donner le temps à quelque personne charitable de leur sauver la vie, elles ne le font que pour avoir elles-mêmes le moyen de les secourir dans le cas où ils tomberoient à la rivière. J'ai été témoin d'un pareil accident ; la mère, loin d'abandonner son fils à son malheureux sort, ne fut tranquille que lorsqu'elle le revit dans ses bras.

D'ailleurs, les femmes des bateaux ont en général l'attention de porter leurs enfans sur leur dos : tous ces soins prouvent que le cri de la nature se fait entendre par-tout ; et, je le répète, si l'exposition des enfans a quelquefois lieu à la Chine, on ne doit l'attribuer qu'à des circonstances impérieuses dont on a des exemples dans tous les pays. Ajoutons une dernière réflexion. On a supposé que la pluralité des femmes produisoit une surcharge dans les familles, dont les Chinois se délivroient par l'exposition ; c'est une erreur : tous ceux qui connoissent les mœurs des Asiatiques, savent que la population, bien loin d'être chez eux en raison du nombre de femmes que chacun peut avoir, est au contraire bien moindre relativement, que chez les Européens: c'est ce que j'ai moi-même observé à la Chine. Mais, quand il seroit vrai que la polygamie fût favorable à la population, comme elle n'existe de fait que parmi les grands, les mandarins et les riches, leur fortune les met à l'abri de songer à se défaire de leurs enfans : voilà donc une classe dans laquelle on peut assurer que l'exposition n'a pas lieu.

Chez les habitans des campagnes, les enfans sont utiles ; ils sont même une richesse, et les maladies n'en enlèvent que trop : l'exposition seroit donc contraire à leurs intérêts.

Dans les villes, l'industrie fournit plus de ressources ; il y a plus de gens à l'aise ; les pauvres trouvent plus de secours : il n'y a donc qu'un petit nombre de familles chez lesquelles l'exposition pourroit être en usage.

D'après tout ce que je viens de dire, je ne nierai pas absolument qu'elle ait lieu à la Chine ; mais je conclurai qu'elle n'y est pas plus commune que dans les autres parties du globe, où l'on n'en a des exemples que dans des cas particuliers et heureusement rares.

## ADOPTION.

Une des raisons qui empêchent encore, ou du moins qui diminuent l'exposition, c'est l'adoption; elle est fréquente chez les Chinois. Ils desirent avec tant d'ardeur de laisser après eux des enfans pour honorer leurs cendres, qu'à défaut d'enfans naturels ils en adoptent d'étrangers. Il faut les avoir étudiés et connoître à fond leurs préjugés, pour comprendre jusqu'à quel point ils se croient malheureux si en mourant ils ont la crainte d'être privés de sépulture, et s'ils n'emportent l'espérance qu'une personne à qui ils seront chers viendra tous les ans réparer leur tombeau, et y faire des prières ou des offrandes. C'est peut-être cette pensée et non un sentiment de bienfaisance, qui est le principe de l'adoption chez les Chinois; mais ce préjugé est heureusement établi, et il faut en bénir l'auteur, puisqu'il a su le faire tourner au profit de l'humanité, et intéresser, pour ainsi dire, la mort même à la conservation des vivans.

Les Chinois adoptent indifféremment le fils d'un parent, d'un voisin, ou des enfans abandonnés pris dans les hôpitaux; mais les Tartares n'adoptent point de Chinois; ils ne peuvent adopter qu'un de leurs parens, et, à défaut de parens, un Tartare quelconque. Du moment de l'adoption, un enfant n'est plus rien pour la famille de son véritable père ; il est regardé comme le fils de son père adoptif ; il en prend le nom ; et si le père adoptif vient ensuite à avoir des enfans naturels, le fils adoptif partage également avec eux.

Concluons donc encore qu'avec les facilités qui existent chez les Chinois pour conserver les enfans, on ne peut supposer qu'ils soient assez cruels pour les exposer ou les faire périr aussi fréquemment qu'on s'est plu à le répéter.

## ESCLAVES.

Il n'y avoit autrefois d'esclaves à la Chine, que ceux faits à la guerre, ou condamnés par les lois. Les famines et la misère forcèrent dans la suite les parens à vendre leurs enfans, et établirent ce droit funeste, qu'un père peut engager son fils et même le vendre. Mais, si l'infortune est souvent la cause de cet acte dénaturé, l'intérêt l'est encore bien davantage ; et l'on ne trouve beaucoup de petites filles à vendre, que parce qu'il se rencontre un grand nombre d'acheteurs : ceux-ci élèvent ces filles avec soin, leur font apprendre à jouer des instrumens, et leur donnent toutes sortes de talens, soit pour les revendre ensuite avec un grand profit, soit pour en faire des filles publiques. La ville de Sou-tcheou-fou est renommée pour ce genre de trafic ; cependant les Chinois n'achètent pas toujours ces enfans pour cet usage infâme :

ils les gardent chez eux, les font travailler et les marient ; c'est leur intérêt, parce que les enfans qui naissent de ces esclaves leur appartiennent : ils les élèvent ordinairement dans la maison ; les filles accompagnent leurs maîtresses lorsqu'elles se marient, et les garçons servent et apprennent quelque métier. Les esclaves peuvent être affranchis ; ils ne sont tenus alors envers leurs maîtres, qu'aux cérémonies d'usage pratiquées au premier jour de l'an, et à leur faire quelques présens.

Au reste, il ne faut pas entendre par l'expression d'*esclave*, ce que nous entendons par ce mot dans nos colonies, car la différence est très-grande. Pendant notre voyage à Peking, un de nos domestiques Chinois ayant acheté un petit garçon, remit quelque argent au père, et fit un écrit par lequel il s'engageoit à nourrir et à habiller l'enfant ; le contrat terminé, il l'appela son frère, et le traita comme s'il l'eût été réellement.

L'état de comédien étant mal regardé à la Chine, les Chinois qui jouent la comédie, achètent des petits garçons qu'ils dressent à ce métier ; c'est un des moyens qu'ils emploient pour pouvoir compléter leur troupe.

La femme légitime d'un esclave ne peut être séparée de son mari.

Un homme peut se vendre lui-même, s'il n'a pas d'autre moyen pour secourir son père.

Une fille libre, dans la dernière misère, peut être vendue, mais il faut qu'elle y consente et qu'elle soit censée se vendre elle-même.

Il n'existe pas à la Chine de marché où l'on conduise publiquement des hommes, des femmes et des enfans pour être mis en vente ; il ne s'en fait de publiques que par autorité de justice. On vend une fille lorsque, prostituée du consentement de ses parens, elle ne peut épouser son amant.

On vend les concubines d'un mandarin, lorsque ses biens sont confisqués légalement : ces circonstances arrivent rarement.

Les prisonniers de guerre sont esclaves de droit ; on les emploie à travailler vers les frontières, et on les traite comme les débiteurs de l'empereur, qui sont envoyés en Tartarie, et deviennent esclaves du prince.

### *EUNUQUES.*

Les eunuques étoient autrefois en grand nombre ; ils jouissoient, sous les empereurs Chinois, d'un crédit considérable, et remplissoient les emplois les plus importans. De dix mille eunuques qui existoient lors de la conquête de la Chine, les Tartares n'en conservèrent que mille, qu'ils réduisirent même ensuite à trois cents ; mais depuis, les eunuques sont devenus plus nombreux : cependant, comme je l'ai déjà dit dans mon Voyage, ils n'excèdent pas en totalité cinq à six mille, en réunissant ceux qui existent chez l'empereur et chez les grands, où cette espèce d'homme n'est employée qu'à des fonctions viles ou de peu d'importance. Les eunuques de l'empereur sont destinés à le garder dans l'intérieur du palais, à le servir ainsi que ses femmes, à balayer les appartemens et à entretenir la propreté des meubles, enfin, à être les gardiens des maisons impériales, soit à Peking, soit au dehors de la capitale. Ils sont en outre chargés du soin de compter les personnes qui entrent chez l'empereur, et de veiller exactement à ce qu'aucune d'elles ne reste dans le palais. Lorsque l'empereur veut faire quelque présent à des ambassadeurs étrangers, les eunuques le reçoivent de sa main, et le remettent aux ministres, qui le donnent eux-mêmes aux ambassadeurs. Cette habitude d'être avec le souverain, peut donner sans doute quelque crédit à certains eunuques, et il est à présumer que les mandarins les ménagent ; mais ils n'ont aucune influence sous la dynastie régnante, et la nation les méprise. Voici ce dont j'ai été témoin :

La dernière fois que nous allâmes au palais, un eunuque, tandis que nous étions à attendre dans une salle basse, vint s'asseoir près de nous, et se mit à nous considérer ; l'officier Tartare du palais qui nous accompagnoit, et qui portoit un bouton bleu-clair et la plume de paon, après nous avoir fait un signe très-expressif pour nous désigner l'eunuque, lui dit d'un ton un peu brusque qu'il y avoit assez de temps qu'il étoit assis, et qu'il feroit bien de se retirer ; l'eunuque se leva et s'en alla sur-le-champ sans répliquer.

Les eunuques que j'ai vus chez l'empereur, étoient grands et robustes. Nous trouvant avec eux dans un pavillon, le jour de notre première audience, ils se mirent à parler, croyant peut-être que nous ne les connoissions pas ; mais le mouvement de surprise que nous fîmes en entendant leur voix grêle, les rendit honteux, d'autant plus que les Chinois qui étoient présens, et qui en comprirent très-bien le motif, ne purent s'empêcher de rire.

Les Chinois nous ont donné pour certain, que, parmi les eunuques de l'intérieur du palais, ceux qui sont chargés de la garde des femmes, sont totalement dépourvus des marques de la virilité ; mais ce qui nous a étonnés, c'est qu'ils assurent que cette opération se fait facilement, et qu'un homme déjà formé peut la subir sans danger.

Les eunuques n'ont pas de barbe, et ceux qui ont été mutilés lorsqu'ils en avoient déjà, la perdent entièrement. Tant qu'ils sont jeunes, ils ont le visage plein ; mais quand ils avancent en âge, ils deviennent laids et ressemblent à de vieilles femmes très-ridées. Ils sont intéressés et possèdent des biens, ils ont même des femmes; mais comme ils ne peuvent avoir d'enfans, ils en adoptent et leur laissent en mourant leur fortune.

## FUNÉRAILLES; DEUILS.

PERSUADÉS que les ancêtres sont des intercesseurs et des protecteurs auprès de la Divinité; qu'ils voient ce qui se passe chez leurs descendans, les Chinois les honorent et les respectent comme s'ils existoient encore.

Les enfans, témoins dès le plus bas âge, de l'observation des cérémonies prescrites par les lois envers les morts, s'accoutument de bonne heure au respect et à la soumission qu'ils doivent à leurs parens; ils les aiment, ils les chérissent tout le temps de leur vie; et long-temps après leur mort ils vont pleurer sur leurs tombes et leur rendre les mêmes honneurs qu'ils leur rendoient auparavant. Quelque longues et fatigantes que soient les cérémonies du deuil, ils les observent scrupuleusement, et l'exercice de ce devoir devient pour eux une espèce de consolation. Ces sentimens d'une piété filiale sont tellement inculqués chez les Chinois, qu'un fils qui manqueroit à faire placer le corps de son père dans le tombeau de ses ancêtres, seroit déshonoré pour toujours.

Le deuil de père et de mère doit durer trois

ans; mais il a été réduit à vingt-sept mois : pendant sa durée on ne peut remplir aucune place; un mandarin doit tout quitter, à moins que l'empereur ne lui ordonne de continuer ses fonctions, en le dispensant du cérémonial accoutumé. La tristesse, la douleur et la retraite auxquelles les Chinois se livrent dans ce temps, sont considérées comme des marques de leur reconnoissance pour les soins que, dans leur jeunesse, ils ont reçus de leurs parens.

Personne ne peut se dispenser d'observer le deuil, et il est plus ou moins long suivant le degré de parenté.

Un père porte trois ans le deuil de son fils aîné, lorsque celui-ci n'a pas laissé d'enfans.

A la mort de l'empereur, le deuil est général, tous les tribunaux sont fermés, et les grands mandarins sont uniquement occupés de cérémonies funèbres.

Lorsque l'impératrice, mère de Kang-hy, mourut [en 1718], les tribunaux furent également fermés; comme cela se pratique à la mort de l'empereur; les mandarins ôtèrent la houpe rouge de dessus leurs bonnets, et cessèrent de porter tout ornement quelconque.

Les deuils se divisent en trois temps : dans les premiers mois, l'habit de deuil est fait d'une espèce de toile de chanvre rousse et grossière; le bonnet est de la même étoffe, et une sorte de corde sert de ceinture. On porte dans le second temps un vêtement, un bonnet et des souliers blancs. Durant la troisième période il est permis de s'habiller en soie, mais on doit conserver les souliers blancs ou en prendre de toile bleue.

Dans les premiers momens, les Chinois montrent à l'extérieur une grande douleur; ils ne se rasent point la tête, et affectent, par un air d'abandon et négligé, de prouver combien ils sont affligés de la perte qu'ils ont faite.

Les Chinois portent toute leur attention à se préserver de tout accident, et leur plus grand soin est de mourir avec le même nombre de membres qu'ils ont reçu de la nature. Quelques-uns poussent même la précaution jusqu'à garder les poils et les ongles qu'ils coupent, pour les emporter avec eux dans la tombe. Ce préjugé des Chinois, d'envisager comme un grand malheur la perte d'un membre, fait que chez eux la peine la plus infamante est celle d'avoir la tête tranchée.

Chacun veille pendant sa vie à sa conservation future, et l'idée de se préparer une demeure convenable pour le temps qui suivra leur trépas, les porte à acheter d'avance leurs cercueils; c'est même souvent le fils qui en fait présent à son père. Plus ce cercueil est magnifique, plus le père est satisfait, et plus il met de complaisance à le montrer à tous ceux qui viennent le visiter. Ainsi les usages sont opposés chez les différens peuples ; et ce qui caractérise chez les Chinois le meilleur des fils, seroit regardé chez nous comme une preuve d'ingratitude et de dureté. L'opinion fait tout chez les hommes, et les choses les plus extraordinaires cessent de le paroître, lorsqu'elles ont été consacrées par les préjugés et l'habitude.

Plusieurs de ces cercueils sont d'un bois précieux, et coûtent depuis cent jusqu'à cinq cents piastres ; celui d'un particulier peu aisé va depuis dix jusqu'à quinze et vingt piastres. Ils sont composés de quatre grosses pièces de bois épaisses de près de six pouces ; la pièce de dessous est longue et plate, celle de dessus est de même longueur, mais elle est bombée ; les deux morceaux de la tête et des pieds sont petits et carrés, souvent plats, mais assez généralement convexes en dehors : on étend au fond un lit de chaux, on y place le corps tout habillé avec un petit coussin sous la tête, et l'on remplit tous les vides avec de la chaux et du coton, puis on ferme ces cercueils hermétiquement, de sorte qu'ils ne laissent échapper aucune émanation. On les enduit en dedans et en dehors de poix ou de bitume ; on les vernit quelquefois, ou l'on se contente de les blanchir à l'extérieur. J'en ai vu quelques-uns déposés dans des maisons ;

ils n'exhaloient aucune mauvaise odeur, et les pièces de bois qui les composoient, quoique très-anciennes, étoient bien conservées.

Les Chinois gardent souvent chez eux les corps de leurs parens; ils les placent dans des pavillons construits exprès, jusqu'au moment où ils les enterrent, ou jusqu'à ce qu'ils puissent les envoyer dans les provinces pour y être placés dans les tombeaux de leurs ancêtres.

Dans les enterremens, aussitôt que le corps est enfermé dans la bière, on la couvre d'une toile blanche, et on la met dans une salle tendue en blanc; ensuite on dresse une table en avant du cercueil, et l'on place dessus des vases de porcelaine et des chandelles parfumées. Le corps reste ordinairement plusieurs jours dans la maison, à moins que des raisons n'obligent de l'enterrer plus promptement. Chaque fois que quelques-uns des parens ou des amis viennent rendre leurs devoirs au défunt, ses enfans et ses femmes poussent des cris lugubres. La cérémonie achevée, un des proches fait entrer dans une salle voisine ceux qui sont venus honorer le mort, leur offre du thé et des rafraîchissemens, après quoi il les reconduit jusqu'à la porte.

Dans les circonstances où les enfans gardent chez eux, pendant la durée du deuil, le corps de leurs parens, ils vont pleurer tous les jours auprès du cercueil ; mais si l'on enterre le défunt immédiatement, la cérémonie se fait de la manière suivante. Le jour des funérailles, les parens et les amis se rassemblent pour accompagner le corps ; la marche est ouverte par des musiciens ; viennent ensuite plusieurs personnes, portant différentes figures d'animaux, les marques de dignité du mort, de petites pagodes, des parasols, des banderoles blanches et bleues, et des cassolettes de parfums. Les bonzes précèdent le cercueil, qui est élevé sur un brancard porté par une vingtaine d'hommes, et surmonté quelquefois d'un baldaquin. Le fils aîné vient immédiatement après, suivi de ses frères ; il est couvert d'un sac de grosse toile ; il s'appuie sur un bâton, et marche le corps courbé. Les enfans et les plus proches parens portent sur leurs habits une robe de grosse toile, avec un bonnet de la même étoffe ; suivent les amis et les domestiques, et plus loin les femmes, à pied ou en palanquins, habillées de la même étoffe que les hommes ; elles poussent des gémissemens et des cris, et versent des pleurs, en s'interrompant par intervalles, pour recommencer ensuite toutes en même temps.

Avant de creuser la fosse où l'on doit placer le corps, les parens consultent les bonzes pour savoir la place qui peut convenir et plaire au défunt. On choisit toujours un endroit sec, bien aéré, et en belle vue. Ils s'imaginent que mieux ces convenances sont observées, plus le mort est satisfait, et plus la famille devient riche et heureuse. On a vu des enfans tombés dans l'infortune, attribuer ce malheur à la mauvaise situation du tombeau de leur père, aller le déterrer pour le placer dans un lieu plus convenable, et tâcher par-là de changer la malignité du destin. Une fosse a six pieds de longueur, sur trois à quatre de profondeur ; les Chinois la creusent dans l'alignement d'un air de vent, sans cependant suivre un rumb déterminé. Lorsque le cercueil est déposé dans la fosse, ils la remplissent de terre mêlée avec de la chaux qu'ils ont soin de bien fouler. Les tombeaux des riches et des grands sont faits avec soin ; ils occupent souvent de vastes terrains, et coûtent beaucoup à ériger.

Lorsque le cercueil est entièrement recouvert de terre, les Chinois font des libations ; ils plantent autour et sur la tombe, des chandelles parfumées et des banderoles de papier ; ils brûlent des papiers dorés, ainsi que des chevaux, des habits et des hommes, le tout en papier, dans la ferme persuasion que ces offrandes faites aux morts, les accompagnent dans l'autre monde. Ces cérémonies achevées, les parens et les amis se rendent sous des tentes ou dans des pavillons élevés à peu de distance, où ils se reposent, font l'éloge du défunt, et mangent les vivres qui viennent de lui être offerts. Le repas terminé, les personnes du deuil se prosternent de nouveau devant le tombeau, le fils leur répond par des salutations, et tous gardent un profond silence.

Il est difficile de dire si les anciens Chinois se sont bornés à brûler des habits et des hommes de papier, et si cette coutume n'est pas la représentation d'un ancien usage barbare qui a existé chez beaucoup de peuples de l'antiquité, et qui se pratiquoit encore, il n'y a pas long-temps, chez les Tartares Mantchoux, actuellement maîtres de la Chine. L'empereur Chun-tchy, dont le règne finit en 1661, ordonna, à la mort d'une de ses femmes, que l'on immolât trente personnes aux manes de cette princesse, et que son corps fût déposé dans un cercueil précieux, et brûlé avec une prodigieuse quantité d'or, d'argent, de soieries et de meubles. A la mort de la mère de Kang-hy [en 1718], quatre jeunes filles voulurent s'immoler sur la tombe de leur maîtresse ; mais l'empereur ne voulut pas le permettre, et défendit de brûler désormais des étoffes, des meubles ou des esclaves.

Les honneurs que les Chinois rendent aux défunts, ne se bornent pas aux cérémonies de l'inhumation ; les parens s'assemblent chaque année, au printemps, dans une salle où l'on conserve la

tablette

tablette des ancêtres, et là ils se prosternent de nouveau et réitèrent leurs offrandes.

Cette salle s'appelle Tsong-miao : la tablette des ancêtres a un pied de long sur cinq et six pouces de large ; elle se nomme Chin-tchou, ou *demeure de l'esprit*, et contient le nom, la qualité du défunt, l'année, le mois, et le jour de sa naissance et de sa mort. Outre les offrandes, les parens préparent un morceau de soie d'environ deux aunes de long, sur lequel on écrit les mêmes caractères qui sont sur la tablette, excepté qu'on ne met pas au caractère Tchou *[demeurer]*, le point qui est en haut, et sans lequel il a une autre signification *(a)* ; c'est à la personne la plus distinguée à mettre ce point. Les Chinois sont persuadés que, par cette cérémonie, ils invitent l'ame du mort à venir demeurer parmi eux.

Tous les ans, à la troisième lune [en avril], on visite les tombeaux, on les répare, et l'on renouvelle en partie les cérémonies pratiquées à l'enterrement. Ces usages sont sacrés : un fils n'oseroit y manquer, quelles que soient les fatigues et les dépenses qu'ils lui occasionnent, dépenses qui, comme celles des enterremens, sont très-coûteuses.

Les tombeaux varient pour la forme et suivant

---

*(a) Voyez* dans la table des empereurs le caractère Tchou, à l'année 473 après J. C.

TOME II. V

les provinces. La construction de celui que j'ai vû le 26 novembre *(n.° 29)* au-dessus de Quanton, est la seule que j'ai remarquée de ce genre. La forme générale des sépultures est en fer à cheval. Le cercueil est placé au milieu et recouvert d'une butte de terre, en avant de laquelle on dresse une pierre portant le nom du défunt. Les pauvres se contentent d'enfouir la bière et de la couvrir d'un peu de terre. Les tombeaux occupent souvent de grands terrains et même des collines entières. On élève au sommet une ou deux pierres chargées d'inscriptions *(n.° 19)*; plus loin des figures en pierres représentant des mandarins, des beliers, des tigres et des éléphans; et plus bas, des figures de chevaux tout caparaçonnés qui semblent encore attendre la volonté du maître *(n.°s 60, 61, 63, 73)*: d'autres fois ce n'est qu'une simple butte de terre avec une pierre placée debout, énonçant les qualités du défunt; mais cette butte est au centre d'un emplacement considérable, planté d'arbres funèbres, tels que des pins et des cyprès *(n.° 35)*; de sorte que l'homme, qui, peut-être, pendant sa vie a dépouillé les vivans de leurs biens, leur dérobe encore, après sa mort, un terrain précieux, et qui seroit mieux employé à des plantations utiles.

Les sépultures qui sont auprès de la ville de Hang-tcheou-fou, dans le Tchekiang, sont environnées de pareils arbres *(n.° 62)*, et ressemblent à de petites maisons : l'extérieur est blanchi, et l'intérieur divisé en cellules qui contiennent une ou plusieurs bières. Les personnes opulentes suivent une autre méthode. Après avoir enterré le corps et avoir élevé au-dessus une butte de terre, ils la recouvrent d'un mastic qui devient très-dur avec le temps, et placent ensuite en avant des tables et des figures en pierre (n.º 60).

Dans d'autres endroits on dépose les bières dans des pavillons ; on les enferme dans des bâtisses (n.º 57), ou bien on élève au-dessus une espèce de mausolée (n.º 56). Les tombeaux que nous vîmes à la ville de Pé-tsiu-tcheou, dans le Kiang-nan, présentoient une variété de formes si singulière et si agréable, qu'on n'auroit jamais pu croire qu'on fût au milieu des morts : c'étoit tout le contraire dans la partie orientale de la même province, où les bières des pauvres, seulement mises sur la terre, exposées aux injures de l'air et recouvertes à peine de quelques gazons, offroient le spectacle le plus révoltant.

Les sépultures, à la Chine, sont toujours en dehors des villes, et il n'est pas permis de les placer auprès des habitations. On choisit de préférence, ainsi qu'on l'a déjà dit, les hauteurs pour cet objet ; à moins qu'il ne s'en trouve pas dans les environs.

Les Chinois n'enterrent pas un corps dans une

fosse où il y en a déjà un autre, et pour qu'ils s'y déterminent, il faut qu'il ne reste aucun vestige du premier cadavre. On doit juger par-là de l'immense étendue de terrain employé uniquement par les tombeaux ; mais quels que soient les inconvéniens en tout genre qui résultent de la méthode que l'on suit dans ce pays pour donner un asile aux morts, les préjugés et l'habitude empêcheront toujours d'en changer.

### NOMS CHEZ LES CHINOIS.

IL n'y avoit originairement qu'un tiers de la Chine qui fût habité (a), et les peuplades se trouvoient si éparses, qu'elles ne se connoissoient pas entre elles. Les villages et les villes ne prirent de l'accroissement que peu à peu ; et 2200 ans avant J. C., on ne comptoit encore dans chaque province que douze mille habitans.

La nation étant peu nombreuse dans le principe, les premiers noms durent être en petite quantité : ce ne fut que dans la suite, lorsque les hommes se furent sensiblement multipliés, qu'on imagina d'ajouter aux noms déjà existans des surnoms, pour distinguer les particuliers les uns des autres ; mais les premiers noms restèrent toujours les mêmes.

De cette idée que dans l'ancien temps les Chinois

---

(a) Missionn., tome I.er

étoient presque tous parens, est venue la coutume qu'un jeune homme ne peut se marier avec une fille dont le nom de famille est le même que le sien, quelque éloigné que soit leur degré de parenté, et quand même ils ne seroient pas parens.

Le père Trigaud prétend qu'il y a mille noms; mais le livre intitulé Pe-kia-sing [*noms propres des cent familles*], n'en rapporte que cent, sous lesquels tous les individus de la nation sont rangés.

Les Chinois portent donc tous un nom de famille qui ne change jamais.

A la naissance d'un enfant mâle, le père lui en donne un autre qu'on appelle *petit nom*. Les filles n'en reçoivent pas ; elles conservent le nom du père, et se distinguent entre elles par *première, seconde ;* les Chinois signent ces noms qu'ils ont reçus en naissant, lorsqu'ils écrivent des lettres ou des billets ; mais personne ne s'en serviroit en leur parlant, sans se montrer incivil.

Lors des études, les Chinois reçoivent de leur maître un nom qu'on appelle *nom d'école,* et qui est employé par le maître et par les condisciples. Les études terminées, ils quittent ce nom, et en se mariant ils en prennent un autre qu'ils conservent, à moins qu'ils n'obtiennent une charge honorable; car, dans ce cas, ils en prennent encore un autre que tout le monde doit employer en leur adressant la parole.

Le nom de famille d'un Chinois s'appelle Sing; il n'est jamais formé que d'un seul caractère;

Celui par lequel il est distingué dans la famille, s'appelle Ming;

Et le dernier nom qu'il prend, ou titre d'honneur, s'appelle Hao.

## JEUX.

Les Chinois sont passionnés pour le jeu; les grands et le peuple s'y livrent avec une telle fureur, que plusieurs d'entre eux se ruinent entièrement. Leurs cartes sont plus nombreuses et plus petites que les nôtres; elles sont longues et étroites. Les dés ressemblent à ceux dont nous nous servons : les Chinois en portent toujours avec eux; on trouve même des couteaux dont le manche renferme deux dés. Lorsque le peuple n'a ni cartes ni dés, il a recours au Métoua; c'est un jeu de hasard fort en vogue parmi les gens de bateaux, et qu'on joue avec les doigts. Le poing fermé compte pour rien, et chaque doigt pour un. Celui qui tient le jeu, nomme un nombre quelconque, en élevant autant de doigts qu'il lui plaît : par exemple, s'il prononce six en montrant deux doigts, les autres joueurs doivent répondre et élever quatre doigts, pour compléter, avec les deux doigts du premier joueur, le nombre énoncé six. Les Chinois vont très-vîte dans ce jeu, et crient fort haut. Celui qui perd est obligé de boire du vin ou de l'eau-de-vie, et l'on ne cesse que lorsqu'on est assez échauffé pour ne plus distinguer les doigts. Les Chinois quittent rarement ce jeu sans être un peu rouges par l'effet du vin qu'ils ont bu ; lorsqu'ils le sont trop, ils restent dans leurs bateaux, car ils n'aiment pas à être vus dans cet état.

Les personnes de distinction ou au-dessus du commun, jouent aux échecs ; ce jeu est fort ancien, et l'on en ignore l'inventeur. Il a, comme le nôtre, trente-deux pièces, seize pour chaque joueur ; mais les pièces sont différentes. Il n'y a point de reine : au lieu de huit pions, il n'y en a que cinq ; mais il y a d'autres pièces en place.

Le damier est composé de soixante-douze cases formées par neuf rangs de lignes parallèles et par huit autres transversales. Les Chinois ne posent pas les pièces dans le vide des cases, mais sur les points d'intersection.

Le général est placé au milieu de la première ligne du côté du joueur, ayant à sa droite et à sa gauche un assesseur, un éléphant, un cavalier et un chariot : ce qui fait neuf pièces ; les deux canonniers sont placés seuls sur la troisième ligne, l'un et l'autre vis-à-vis des cavaliers. Les soldats, au nombre de cinq, précèdent immédiatement les canonniers, et sont posés sur la quatrième ligne dans l'ordre suivant : un soldat en face de chacun des chariots, un autre en face de chaque éléphant, et le dernier, ou celui du milieu, en face du général.

Entre les soldats du joueur et ceux de son adversaire, il y a deux lignes vides.

Le général ne sort jamais des points d'intersection formés par les quatre cases qui sont auprès de lui : les deux assesseurs sont à ses côtés ; ils remplacent nos fous et marchent de même. Les deux éléphans qui viennent ensuite, n'existent pas chez nous.

Les cavaliers sont comme les nôtres, et les chariots tiennent la place de nos tours. Les canonniers précèdent les cavaliers ; ils marchent comme les chariots, et ne peuvent prendre aucune pièce s'il n'y en a une autre qui les en sépare.

Les cinq pions ne prennent pas de côté, mais en avançant et sans jamais reculer.

Les cavaliers n'attaquent pas le roi ennemi, à moins qu'il n'y ait une pièce de son jeu entre eux et lui ; celui-ci se défend en se retirant sur un autre point, ou en mettant une autre pièce devant lui, ou en se découvrant le côté et faisant retirer son soldat. Ce jeu est estimé à la Chine, et l'on fait cas de ceux qui le connoissent bien.

Les Chinois ont, en outre, différens jeux, entre autres celui appelé *le jeu du docteur*. Ils ont aussi le domino et une espèce de damier ; celui-ci contient trois cent soixante et une cases, et chaque joueur a un grand nombre de dames ou blanches ou noires. L'avantage à ce jeu consiste à enfermer son adversaire, et à s'emparer de la plus grande partie des cases.

Les Chinois jouent par-tout où ils se trouvent. J'ai vu à Quanton un grand mandarin se rendre dans nos quartiers : à peine fut-il entré dans la maison, que les soldats, les valets, les bourreaux qui étoient venus avec lui se mirent tous à jouer par terre. Enfin, les gens du peuple passent souvent les nuits entières à jouer ; mais ils n'en vont pas moins le lendemain à leur ouvrage.

## MUSIQUE.

LA musique fut de tout temps très-estimée à la Chine ; mais loin de la regarder comme un objet d'amusement et de plaisir, les anciens Chinois la dirigèrent vers un but plus grave et plus noble ; ils en firent la *règle* du gouvernement et la *base* de la morale.

On ne faisoit autrefois aucune cérémonie sans qu'elle fût accompagnée de musique : le Chou-king rapporte qu'on mettoit en musique la promesse qu'un homme faisoit de se corriger, qu'on lui chantoit de temps en temps cet air, et que s'il ne changeoit pas de conduite, on le punissoit.

Suivant les anciens Chinois, la connoissance de la musique emportoit avec elle celle des sciences et de la morale. Un musicien étoit en même temps physicien, moraliste, poëte et historien : il étoit physicien, parce qu'il savoit accorder les tons relativement aux saisons et à la température de l'air ; moraliste, parce qu'il enseignoit la vertu ; poëte, parce qu'il composoit des vers ; enfin historien, parce qu'occupé sans cesse à célébrer les actions des grands hommes, il étoit obligé de connoître l'histoire pour y puiser des faits mémorables et dignes d'être transmis à la postérité. Confucius s'exprime ainsi : « L'homme a dans son » cœur le germe de la vertu, la musique le vivifie ; » celle qui est voluptueuse irrite les passions ; celle » qui est sage entretient la sagesse. »

Ce sentiment du prince de la philosophie Chinoise est conforme à celui des anciens peuples : tous ont eu leurs poëtes, leurs chantres, leurs musiciens. Les Juifs même, dont les opinions religieuses s'éloignoient tant de celles des autres, pensèrent de la même manière sur l'emploi de la musique ; et chez eux, comme chez toutes les nations, les événemens remarquables furent célébrés par des cantiques et par des hymnes. Mais si les Chinois font servir la musique à des usages semblables, elle est par elle-même très-différente ; et leurs airs, soit pour la voix, soit pour les instrumens, n'ont aucun rapport avec ceux des autres pays : ils déplaisent sur-tout aux Européens, tandis que les chansons de ces derniers fatiguent les oreilles Chinoises, et en sont peu goûtées ; tant il est vrai que, parmi les hommes, les sensations ne se ressemblent pas, et qu'elles diffèrent suivant les habitudes que l'on contracte dès l'enfance.

Les anciens Chinois n'avoient que cinq tons : Kong, *fa* ; Chang, *sol* ; Kio, *la* ; Tche, *ut* ; Yu, *ré* ; ils ajoutèrent ensuite, sous les Tcheou, deux autres tons, le Pien-kong, *mi*, et le Pien-tche, *si*. On peut consulter les ouvrages des missionnaires pour connoître le système musical de ce peuple ; je ne parle que de ce que j'ai entendu.

Le genre de la musique est le même dans toute la Chine : les airs sont presque tous de la même facture *(n.° 92)* ; et avant d'avoir été à Péking, aucun n'avoit attiré mon attention.

Chez l'empereur à Yuen-ming-yuen, nos oreilles furent frappées de sons plus agréables ; la musique étoit plus douce, et pouvoit approcher de celle dont nous nous servons dans nos églises. Cette sorte de musique, dont l'invention remonte à l'empereur Chun, s'appelle Chao-yo, et s'emploie lorsque l'empereur est assis sur son trône pour régler certaines affaires, ou qu'il reçoit des ambassadeurs. En général, chaque cérémonie a ses airs particuliers, et l'empereur ne fait rien sans qu'il y ait de la musique.

Quant aux concerts qu'on donnoit à nos man-

darins à l'approche des villes, nous ne les goû-
tâmes point ; et quoique certains missionnaires *(a)*
prétendent que les soldats Chinois tirent des sons
harmonieux de leurs conques marines, nous n'en
fûmes nullement satisfaits.

La musique instrumentale des opéra Chinois,
si l'on peut se servir de cette expression, n'est pas
moins étrange : l'orchestre étant composé de gros
tambours, de bassins de cuivre, de flûtes, de
violons et de cymbales, elle est toujours aigre et
bruyante ; mais elle l'est bien davantage dans les
occasions où l'action s'anime. Dans les combats,
par exemple, et lorsque les acteurs font des tours
de force extraordinaires, chaque musicien s'agite
avec vigueur, frappe à coups redoublés, et fait un
bruit épouvantable : ce que l'on conçoit sans peine,
lorsqu'on songe que toute cette musique ne consiste que dans des battemens multipliés. En effet,
tandis que le premier musicien frappe un coup,
celui qui vient immédiatement après en frappe
deux, le troisième trois, et ainsi de suite jusqu'au
dernier qui bat continuellement. Cette musique
est cependant très-estimée des Chinois, et ils l'emploient dans toutes les circonstances où ils implorent la divinité : j'ai eu occasion de l'entendre
plusieurs fois, et principalement à une époque

---

*(a)* Art militaire des Chinois.

où les Chinois attachés à la maison Suédoise adressèrent des prières aux génies protecteurs, dans l'espérance d'en obtenir l'arrivée de quelque vaisseau de la compagnie. Cette infernale musique dura pendant plusieurs semaines.

La musique vocale est plus douce, mais l'expression en est singulière. J'ai entendu chanter à Quanton des filles aveugles ; elles tiroient du gosier et du nez des sons qu'il nous seroit impossible de rendre. On peut chanter une chanson Chinoise, mais je pense qu'il est très-difficile de lui donner le ton convenable sans l'avoir entendu chanter par les gens du pays, et je crois même qu'on ne parviendroit jamais à imiter parfaitement leurs accens.

Les Chinois notent leurs chansons ; ils emploient pour cela les caractères dont ils se servent pour écrire, et les disposent de la même manière, c'està-dire, de haut en bas. La valeur des notes se connoît par l'espace qu'elles occupent et par les traits alongés qui sont placés en dessous. Il y a en outre plusieurs signes pour augmenter la valeur d'une note ou la faire répéter, et pour indiquer la mesure ou les repos *( n.° 92 )*.

Les Chinois ont différens instrumens de musique ; le plus doux et le plus agréable est le Cheng, sorte d'orgue composé de plusieurs tuyaux de bambou enfoncés dans une espèce de calebasse de bois. Ces tuyaux sont inégaux en grandeur et varient pour le nombre : quelquefois ils remplissent toute la circonférence de l'instrument, d'autres fois ils forment un vide par lequel on introduit la main.

Il y a des trompettes de plusieurs formes ; les unes n'ont pas de trous, d'autres en ont huit et d'autres cinq, avec une embouchure à-peu-près semblable à celle de notre clarinette. Le mérite des musiciens qui s'en servent, consiste à soutenir un ton, ou tout au plus deux. On doit penser que cette monotonie ne doit pas plaire aux oreilles Européennes ; aussi n'y a-t-il rien de plus désagréable que la musique militaire et celle des enterremens, où ces instrumens figurent beaucoup.

Les flûtes diffèrent aussi entre elles ; il y en a une qui a cinq trous, avec l'embouchure placée en haut. La flûte la plus ordinaire est de bambou : elle a dix trous ; elle est extrêmement criarde, et on peut l'appeler avec raison flûte à l'oignon, puisque j'ai vu des Chinois en mettre une pellicule sur un des trous pour la faire mieux résonner.

Les tambours rendent un son sourd : les très-gros, qui sont presque uniquement affectés à l'usage des temples, et ceux d'une moyenne grosseur, se placent à terre, ou sont un peu élevés et soutenus sur quatre pieds : les petits sont montés sur trois pieds fort hauts ; les très-petits se tiennent à la main, et l'on bat dessus avec un petit bâton. La caisse est de bois, et la peau qui la couvre est de buffle.

Les King sont des instrumens composés de pierres sonores ou de petits bassins de cuivre. Ceux faits avec des pierres, en contiennent seize, et ceux avec des bassins en ont seulement dix. On frappe dessus avec un bâton arrondi.

Les cloches varient dans leur forme : il y en a de rondes par le bas, et d'autres qui sont échancrées ; celles-ci sont rares. On voit des cloches extrêmement grandes : les plus grosses s'appellent Po-tchong ; elles n'ont pas de battans, mais on les fait résonner en les frappant avec un morceau de bois appelé Che [ langue ].

Le Lo est un instrument de cuivre qui ressemble à un bassin, avec un rebord plat et élevé de deux à trois pouces ; on le tient par une poignée, et l'on frappe dessus avec un bâton dont le bout est garni de lanières de drap. Le Lo pèse ordinairement quatre livres et quelquefois plus, car il y en a de très-grands. Les sons qu'on en tire sont aigres et perçans ; ils s'entendent de loin. Les Chinois s'en servent dans toutes les circonstances. Ils ont aussi des cymbales et des instrumens entièrement de bois ; tel est le poisson de bois creux dont les soldats se servent dans le Kiang-nan. Ce poisson a deux pieds et demi de long sur six pouces de diamètre. Les bonzes se servent aussi d'un poisson de bois creux et contourné ; ils le placent sur un coussin, et frappent dessus avec un petit bâton, tandis qu'ils récitent leurs prières. L'instrument qui sert à battre la mesure est également de bois, et s'appelle Pe-pan.

Les Chinois ont également plusieurs instrumens à cordes : ces cordes sont en soie ; on n'en fabrique pas d'autres.

Le plus grand des instrumens à cordes se nomme Che ; il peut avoir jusqu'à vingt-cinq cordes. Le Kin est plus petit, et n'en a que sept.

On joue de ces instrumens avec les doigts ; cependant on peut frapper dessus avec un petit bâton. J'ai vu un aveugle jouer du Che : cet instrument avoit trois pieds de long ; les sons qu'il rendoit étoient assez doux.

Il y a trois sortes de guittares ; les deux premières ont deux et quatre cordes, et le manche garni de touches ; la dernière a trois cordes, et n'a point de touches.

Le violon Chinois est composé de deux cordes mises à un ton différent ; l'archet passe entre ces deux cordes. Je ne connois pas d'instrument dont le son soit plus détestable.

*DANSE.*

## DANSE.

Les missionnaires parlent dans leurs écrits de la danse des Chinois ; mais ce seroit se tromper que de s'imaginer que ce peuple danse comme les Européens. Les danses, à la Chine, sont des marches, des évolutions, ou des espèces de pantomimes dans lesquelles les acteurs agissent sans sauter. Nous fûmes témoins chez l'empereur de ces sortes de danses ; on ne pouvoit rien voir de plus bizarre ni de plus ennuyeux.

## COMÉDIE.

Il n'y a pas à la Chine de théâtre public à demeure ; lorsque les habitans d'un quartier veulent avoir une comédie, ils se réunissent et forment entre eux une somme suffisante pour subvenir aux frais de la construction d'une salle, et pour payer les comédiens.

Les salles de spectacle sont composées d'une grande pièce, et d'une autre plus petite. Ces salles, qui sont ordinairement construites en bambou, exigent peu de frais et un emplacement très-borné : c'est tout simplement un angar dont le sol est élevé de six à sept pieds, fermé de trois côtés, et couvert avec des nattes *(n.° 8)*.

Dans certains endroits, les habitans disposent l'entrée intérieure des pagodes pour y élever leur théâtre : chez les mandarins, il y a des salles bâties exprès ; elles sont entièrement ouvertes ; et pour les disposer à recevoir les comédiens, il suffit de les partager en deux avec des toiles, et d'en entourer la portion de derrière ; le théâtre est préparé en un instant, d'autant plus que dans les comédies Chinoises on n'emploie pas de décorations, et que tout se réduit à une table et quelques chaises placées en avant d'une grande toile où sont pratiquées deux ouvertures pour le passage des acteurs.

Les Chinois de tous les états, de toutes les classes, aiment passionnément les spectacles ; le peuple et les grands les recherchent également, et il se donne peu de repas chez les personnes riches, où les comédiens ne soient pas appelés. Ils sont bien payés et gagnent beaucoup d'argent ; aussi leurs habits, qui sont taillés d'après le costume ancien, sont-ils quelquefois très-riches ; Les comédiens ont un répertoire de pièces qu'ils savent toutes par cœur, et ils peuvent les jouer indifféremment sur-le-champ. Une troupe est composée de sept ou huit acteurs, et même moins, car le même acteur peut, dans une pièce, représenter deux personnages différens, parce qu'il s'annonce en entrant sur la scène, et prévient le public du rôle qu'il va remplir.

Les sujets qu'on représente sont tirés de l'histoire Chinoise, et rendus en langue Mandarine, quelquefois avec des expressions anciennes, ou

## SUR LES CHINOIS.

qui sont si peu en usage, que les trois quarts des spectateurs ne comprennent pas la pièce.

Les acteurs parlent haut et en chantant. Le récitatif, dans les grandes pièces, varie peu ; il s'élève ou s'abaisse de quelques tons seulement, et est interrompu de temps en temps par des chansons et par la musique de l'orchestre. En général les acteurs chantent toutes les tirades qui expriment la fureur, la plainte ou la joie.

M. Barrow, en parlant du théâtre Chinois *(a)*, prétend que les pièces n'ont pas le sens commun, tandis que le lord Macartney *(b)* dit, au contraire, que l'Orphelin peut être considéré comme une preuve avantageuse de l'art de la tragédie chez les Chinois. Ces jugemens contradictoires de deux personnes instruites, qui ont vu et voyagé en même temps, doivent surprendre ; mais, sans me permettre de prononcer, je dirai que les Chinois n'observent point l'unité de lieu et de temps dans leurs grandes pièces, qui durent quelquefois plusieurs jours ; que l'acteur est souvent supposé parcourir dans un instant des distances considérables ; et qu'un personnage, ainsi que le dit Boileau, dans son Art poétique,

> Enfant au premier acte, est barbon au dernier.

---

*(a)* Barrow, *page 220.*
*(b)* Marcartney, *tome III, page 359.*

Dans les opéra Chinois, les génies apparoissent sur la scène; les oiseaux, les animaux y parlent et s'y promènent. A notre retour de Peking, les mandarins nous firent la galanterie de faire représenter devant nous la Tour de Sy-hou, pièce ainsi intitulée du nom de cette même tour qui existe sur les bords d'un lac près de la ville de Hang-tcheou-fou, dans la province de Tchekiang.

Des génies montés sur des serpens et se promenant auprès du lac, ouvrirent la scène; un bonze du voisinage devint ensuite amoureux d'une des déesses, lui fit la cour, et celle-ci, malgré les représentations de sa sœur, écouta le jeune homme, l'épousa, devint grosse et accoucha sur le théâtre d'un enfant, qui, bientôt, se trouva en état de marcher. Furieux de cette conduite scandaleuse, les génies chassèrent le bonze, et finirent par foudroyer la tour et la mettre dans l'état délabré où elle est maintenant.

A ces scènes bizarres, si l'on ajoute qu'un acteur est à côté d'un autre acteur sans le voir; que, pour indiquer qu'on entre dans un appartement, il suffit de faire le simulacre d'ouvrir une porte et de lever le pied pour en franchir le seuil, quoique cependant il n'y en ait pas le moindre vestige; enfin, qu'un homme qui tient une houssine à la main est censé être à cheval, on aura une idée de l'art dramatique chez les Chinois, et du jeu des acteurs.

Les Chinois jouent mieux dans les petites pièces ; ils ne chantent pas ; mais ils prennent le ton de la conversation ordinaire. L'histoire des maris trompés par leurs maîtresses, faisant assez souvent le sujet de ces comédies, il s'y rencontre quelquefois des situations tellement libres, et où l'acteur met tant de vérité, que la scène en devient extrêmement indécente. L'auditoire est alors enchanté et manifeste son contentement : ainsi l'on peut juger, d'après ces comédies, du caractère vicieux des Chinois, et, d'après les grandes pièces, de leur goût singulier et extraordinaire.

Quoique les Chinois aiment passionnément les spectacles, et qu'ils passeroient volontiers les jours et les nuits à les voir, l'état de comédien est méprisé. Les directeurs ont de la peine à compléter leurs troupes, et sont forcés, pour ne pas manquer de sujets, d'acheter, comme on l'a dit plus haut, ou d'élever de petits enfans.

Les femmes ne montent pas sur la scène à la Chine ; elles sont remplacées par des jeunes gens qui jouent si bien leurs rôles, qu'à moins d'en être prévenu, on les prendroit pour de jeunes filles.

### MÉDECINE ; MALADIES.

TOUT le monde peut exercer la médecine dans l'empire. Il n'y a point d'école publique où cet art soit enseigné ; celui qui veut l'étudier, se met sous la direction d'un médecin, qui lui apprend son art et ses secrets. Il suffit d'avoir guéri quelque mandarin pour acquérir la réputation d'un médecin très-habile, avoir de la vogue et s'enrichir. Les gens du peuple paient fort peu, et il est d'usage qu'un médecin ne retourne pas chez un malade à moins qu'il ne soit redemandé. Les Chinois n'ont point de connoissances en anatomie, leurs préjugés les empêchant d'ouvrir un cadavre. Toute la science des médecins consiste dans l'étude du pouls; ils en observent exactement les battemens et en tirent des pronostics sur les indispositions des différentes parties du corps. En général, ils attribuent les maladies au Fong-chouy *(a)* et au froid et au chaud. Ils ordonnent des tisanes, des cordiaux, et recommandent la diète. Ils ne saignent pas, mais ils font venir le sang à l'extérieur de la peau, en la frottant fortement avec une pièce de cuivre. Ils enfoncent des aiguilles dans certaines parties du corps, et la grande habileté consiste à savoir les placer, à les faire demeurer et à les retirer à propos. Le sang ne sort pas dans cette opération : on cautérise la plaie en brûlant dessus des feuilles d'armoise.

Dans les fractures ou dans les maladies pour lesquelles il est nécessaire d'avoir recours à l'am-

---

*(a) Vent et eau*, bonne ou mauvaise disposition.

putation, les médecins ne la pratiquent pas, et le malade en meurt souvent : c'est la raison qui fait qu'on ne voit pas d'estropiés à la Chine, et pendant tout mon voyage je n'en ai pas rencontré un seul. Qu'on réfléchisse combien la saignée, l'amputation, et même les lavemens, peuvent sauver de malades dans certaines circonstances, on jugera combien d'hommes périssent à la Chine faute d'employer ces moyens si usités en Europe.

Selon la plupart des missionnaires, la petite vérole existe à la Chine depuis très-long-temps, quoique quelques autres prétendent, au contraire, qu'elle y est récente. L'inoculation fut inventée sous le règne de Tchin-song des Song, dans l'année 1000 de J. C. Les médecins introduisent le virus dans le nez. C'est à cette insertion que les Anglois attribuent la cécité, qui est fort commune chez les Chinois, tandis que d'autres personnes disent qu'elle ne provient que de l'usage où l'on est dans ce pays de boire et de manger extrêmement chaud. Mais cette maladie ne proviendroit-elle pas plutôt de l'espèce de nourriture en usage à la Chine, c'est-à-dire du riz ? car en Turquie, où l'on en mange habituellement, les habitans y sont sujets à devenir aveugles. On pourroit encore attribuer la cécité des Chinois aux vents de nord qui viennent de Tartarie et passent sur les montagnes neigeuses qui couvrent ces contrées : au reste, c'est aux médecins à prononcer sur cette matière.

On voit beaucoup de lépreux à la Chine, et ils ne sont pas renfermés. Ceux qu'on rencontre dans les rues de Quanton sont dégoûtans, et la plupart ont perdu les doigts, principalement ceux des pieds. On trouve aussi plusieurs Chinois qui n'ont pas de nez ; c'est un commencement de lèpre, mais qui, quelquefois, ne s'étend pas plus loin. Il est à présumer pourtant que la lèpre des Chinois n'est pas la véritable ; car la véritable lèpre étant contagieuse, quelque soin que prennent les personnes saines pour ne pas toucher à celles qui en sont infectées, elles ne peuvent pas toujours les éviter, et par conséquent se trouvent dans le cas de gagner cette maladie. Il en résulteroit donc que la plus grande partie de la Chine seroit attaquée de la lèpre : cependant, le nombre des lépreux n'est pas très-considérable, et paroît ne pas augmenter. Ce n'est donc pas une vraie lèpre, mais c'est un sang corrompu, une maladie vénérienne parvenue à son plus haut degré. Les Chinois savent pallier cette dernière maladie ; ils la guérissent même avec des tisanes ou par les sueurs.

Parmi les filles publiques il s'en trouve qui sont très-malades ; elles prennent des drogues et des boissons rafraîchissantes ; enfin, elles concentrent le mal de manière qu'il ne paroît rien à l'extérieur. Ces femmes vont et viennent, et hormis un teint un peu pâle et un visage bouffi, on ne s'imagineroit jamais, à les voir, qu'elles sont incommodées. Les chaleurs des pays méridionaux atténuent le mal vénérien, et les sueurs, avec quelques drogues, le font disparoître : on voit même des personnes vivre avec cette maladie, et ne pas s'en inquiéter.

La peste a existé à la Chine ; elle s'appelle Ouen-pin : sous l'empereur Hiao-tsong des Ming, en 1503, elle ravagea les provinces du Sud.

### SECTES DE LAO-KIUN ET DE FO.

La secte de Lao-kiun est la plus ancienne de celles qui existent à la Chine. Lao-kiun ou Lao-tse ( n.° 84 ) étoit de la province de Honan, et naquit 604 ans avant J. C. et 53 ans avant Confucius. Ce sectaire, voyant la vertu dégénérer chez les Tcheou, abandonna la Chine et se retira dans le Ta-tsin, pays soumis aux Romains, où il écrivit son livre intitulé Tao-te-king, composé de cinq mille sept cent quarante-huit caractères. Ce livre, dont le titre veut dire *le livre de la puissance du Tao,* n'est qu'une suite de pensées et de maximes détachées exprimées dans un style très-concis et très-difficile à comprendre.

Suivant Lao-tse, le Tao est le principe du ciel et de la terre ; il est la mère de tout ce qui existe ; enfin, c'est un être très-intelligent, mais en même temps incompréhensible.

Il y a eu un chaos qui a précédé la formation du ciel et de la terre, le repos et le silence. Le Tao est fixe et ne change pas ; il produit toutes choses ; il est grand : la règle du Tao c'est lui-même. Celui qui veut s'unir au Tao est nommé Ching : c'est le vrai sage ; il doit être sans passions, rejeter les biens et les dignités, ne s'occuper que du néant, observer le silence, ne pas blâmer ce qui existe, vivre comme s'il ne vivoit pas, et être touché de compassion pour les autres.

Lao-tse établit l'immortalité de l'ame : ayant trouvé le culte des génies institué, il admit des divinités subalternes, inférieures aux génies, il leur rendit un culte, et déifia plusieurs empereurs et un grand nombre de personnages célèbres.

Les sectateurs de Lao-kiun ou les Tao-tse font consister le bonheur dans une parfaite tranquillité : l'homme sage, selon eux, doit écarter les desirs et les passions violentes capables de porter le trouble dans l'ame ; il doit couler ses jours sans peine et sans inquiétude, soit pour le passé, soit pour le présent ou l'avenir, et placer enfin la suprême félicité dans le plus grand repos. Mais comme ce repos ne pouvoit manquer d'être troublé par la pensée d'une fin, les Tao-tse s'adonnèrent à la chimie, et travaillèrent à composer un breuvage qui donnât l'immortalité. L'espoir d'éviter la mort leur attira beaucoup de sectateurs parmi les mandarins, et sur-tout parmi les femmes. Quelques empereurs même, persuadés de l'existence d'un breuvage qui pouvoit les faire jouir à jamais d'une vie délicieuse, se livrèrent entièrement aux opinions des Tao-tse. La superstition augmentant toujours, ceux-ci obtinrent le titre de docteurs célestes, et leur chef fut honoré de la dignité de grand mandarin.

Séduit par les promesses des Tao-tse qui lui avoient promis la communication avec les esprits, un des frères de Ming-ty des Han apprenant qu'il existoit dans le pays de Tien-tso [Indostan] un esprit appelé Fo *(n.º 85)*, pressa l'empereur de le faire venir. Des ambassadeurs se mirent en route et pénétrèrent jusque dans l'Inde, où ayant rencontré deux Chamen ou *prêtres*, ils les emmenèrent avec des livres théurgiques, et des images de Fo ou Boudha peintes sur des toiles. L'ambassade fut de retour à la Chine à la huitième année de Ming-ty, l'an 69 de J. C. Depuis cette époque, la secte de Fo s'est extrêmement répandue dans la Chine.

Elle met une très-grande différence entre le bien et le mal; elle établit des peines et des récompenses après la mort, et reconnoît la métempsycose ou la transmigration des ames enseignée par Boudha, qui dit qu'outre le corps qui naît, s'accroît et meurt, il y a dans l'homme une ame qui ne se détruit pas, qui existe avant le corps, qui lui survit, et qui, après avoir subi différentes mutations, se purifie et se réunit enfin à la divinité *(a)*.

Les Ho-chang, ou prêtres de Fo, prétendent qu'il est venu sur la terre pour sauver les hommes, et que ce n'est qu'en le priant qu'on peut expier ses péchés. Ils disent que, pour être heureux dans l'autre monde, il faut observer cinq préceptes ; ne tuer aucunes créatures vivantes, ne point prendre le bien d'autrui, ne point commettre d'impuretés, ne jamais mentir, et ne point boire de vin.

Ces prêtres, que nous nommons *bonzes*, honorent non-seulement le dieu Fo, mais encore un grand nombre de personnages auxquels ils donnent différens noms, savoir, les Chin-ven, hommes célèbres ; les Yuen-kio, hommes recommandables par des vertus éclatantes ; enfin les Poussa, qui sont des êtres accomplis et regardés comme des divinités.

Les bonzes Tao-tse et les bonzes de Fo ont toujours été rivaux, et souvent ils ont profité de leur crédit auprès des empereurs pour s'entredétruire. Favorisés sous les Yuen ou Mogols, les bonzes de Fo faillirent perdre de leur crédit à l'extinction de cette dynastie ; mais les Ming les protégèrent, comme l'avoient fait leurs prédécesseurs. Les Tartares, actuellement régnans, les soutiennent également, et reconnoissent le grand

---

*(a)* Mémoires de l'Académie, tome *XL*.

Lama. La religion est la même ; mais on fait une distinction entre les Ho-chang et les prêtres Lamas du Thibet.

### SECTE DE CONFUCIUS.

Confucius naquit 551 ans avant J. C. Les Chinois le regardent comme le premier de leurs sages et comme leur législateur. Confucius s'efforça de rétablir l'ancienne doctrine, et tâcha de rendre les hommes meilleurs, en les exhortant à obéir au ciel, à l'honorer, à aimer leur prochain, et à vaincre leurs passions.

La différence qu'il y a entre les deux écoles de Confucius et de Lao-tse, est que la première enseigne à vivre parmi les hommes et cherche à les corriger ; au lieu que les partisans de la seconde évitent la société, et ne s'occupent, dans une vie frugale et retirée, que de leur propre bonheur.

La doctrine de Confucius a prévalu sur celle de Lao-tse ; c'est celle des savans. On voit dans toutes les villes un temple dédié à Confucius : on y conserve sa figure ou sa tablette. Il est d'usage de s'assembler au printemps et à l'automne dans ce temple, et d'y faire des sacrifices en l'honneur de ce philosophe et de ses disciples, que les Chinois regardent comme des esprits tutélaires. Cette cérémonie se pratique aussi dans certaines circonstances, et sur-tout dans le temps des examens,

## JUIFS.

Il y a des Juifs à la Chine ; ils ont une synagogue à Kay-fong-fou, dans le Ho-nan. Le père Gozani, qui l'a visitée, croit que les Juifs sont entrés sous les Han, 206 ans avant J. C. Le père Cibot les fait entrer cinquante-deux ans plutôt, sous le règne des Tcheou.

Les Juifs sont en petit nombre. Les Chinois leur donnent, ainsi qu'aux Mahométans, le nom de Hoey-hoey. Ils les appellent aussi Lan-mao-hoey-tse, ou Hoey aux bonnets bleus, parce qu'ils portent un bonnet de cette couleur lorsqu'ils s'assemblent dans la synagogue.

## CHRISTIANISME ; *Persécutions, Missionnaires ; utilité des Missions.*

L'ÉTABLISSEMENT des Nestoriens date de 635 ans après J. C, qu'un certain Olopuen vint à la Chine sous Tay-tsong des Tang : ce fait est prouvé par le monument découvert à Sy-ngan-fou en 1625, sous Hy-tsong des Ming.

Ces Nestoriens, appelés prêtres du Ta-tsin, furent proscrits l'an 845 de J. C., à l'instigation des bonzes Tao-tse, alors favorisés par l'empereur Vou-tsong.

Sous les Yuen ou Mogols, les Chrétiens et les Mahométans rentrèrent à la Chine. Saint François Xavier partit, en 1552, pour aller à la Chine, mais il mourut à Sancian, sur les côtes de cet empire. Le père Ricci arriva à Peking en 1582 : c'est à cette époque que commença la prédication de la religion Chrétienne à la Chine.

Les Mahométans s'étant révoltés dans la province du Chen-sy, l'empereur envoya contre eux des troupes qui les massacrèrent tous, à l'exception d'un petit nombre. Les mandarins, en recherchant ceux qui avoient eu le bonheur d'échapper, découvrirent dans le Hou-kouang quatre missionnaires dont les interrogatoires leur apprirent qu'un prêtre Chinois, nommé Zay-petolo, les avoit introduits dans l'empire.

Cette nouvelle transmise à Peking, l'empereur donna ordre qu'on lui amenât, sur-le-champ, ce Chinois; mais celui-ci s'enfuit et parvint à se réfugier à Macao. Telle fut l'origine de la persécution qui eut lieu en 1784. Les mandarins des provinces, pour satisfaire aux ordres de l'empereur, firent de nouvelles perquisitions, qui ne servirent qu'à faire arrêter quatre autres missionnaires, mais ils ne réussirent point à découvrir la retraite du prêtre Zay.

Les mandarins de Quanton ne furent pas plus heureux, quoiqu'ils eussent fait prendre tous les domestiques des PP. procureurs, MM. de la Torre et Marchini, et qu'ils eussent fait battre un Chinois Chrétien nommé Antoine. Forcés de les renvoyer sans en avoir pu tirer aucun indice, ils maltraitèrent ensuite cruellement M. Simonelli, vieillard âgé de soixante-dix-sept ans. Cependant toutes ces démarches ayant été infructueuses, ils se transportèrent à Macao, et y visitèrent quelques couvens; mais, irrités de ce que plusieurs religieux n'avoient pas voulu leur donner l'entrée de leurs maisons : ils arrêtèrent les vivres et suspendirent le commerce. Ils envoyèrent même des troupes contre Macao, et firent prendre des renseignemens sur l'état de cette place ; mais ceux qui étoient chargés de ce soin, ayant rapporté qu'il seroit difficile de forcer les Portugais, parce qu'à l'abri de leurs murailles ils pourroient tuer beaucoup de monde sans aucun danger pour eux, les mandarins devinrent plus modérés dans leurs prétentions.

Au mois d'octobre, les grands de Quanton firent venir dans la ville M. de la Torre, pour l'interroger, et l'obligèrent ensuite de signer un papier dont on lui cacha le contenu.

Quelque temps après, le banniste Pankekoua vint voir M. de la Torre, et lui apprit que l'empereur ayant su qu'il étoit lettré, lui avoit pardonné en le laissant le maître de se punir lui-même :

mais,

mais, ajouta-t-il, cette affaire ne sera pas terminée, tant que les PP. Zay et Lomeo (Barthelemi) ne seront pas pris, et il seroit prudent de quitter la Chine. Malheureusement le P. de la Torre ne tint pas compte de cet avis ; il s'imagina que les choses en resteroient là, et résolut de ne point sortir de Quanton. Plusieurs commissaires étant ensuite arrivés de Peking, M. de la Torre fut appelé de nouveau par les mandarins, le 15 janvier 1785 ; les Chinois prirent ses papiers, et emmenèrent avec eux M. Marchini ; mais celui-ci ayant été interrogé, eut la permission de revenir, laissant dans la ville le P. de la Torre, qui partit pour Peking le 23 du même mois, accompagné de deux mandarins, l'un civil et l'autre militaire. A son arrivée dans la capitale il fut mis en prison, et y mourut de faim le 29 avril, au moment où, par les sollicitations des missionnaires de Peking, il avoit obtenu son élargissement. La persécution cessa au commencement de mai. De tous les missionnaires pris dans les provinces, quatre furent condamnés à une prison perpétuelle, et les autres envoyés en exil en Tartarie, ou reconduits à Macao.

Des chefs, parmi les Chrétiens Chinois, furent exilés, d'autres battus et condamnés à la cangue pour trois mois. Enfin, les mandarins donnèrent un édit par lequel il fut enjoint à tout Chinois de changer de religion dans le courant de l'année, sous peine d'être puni sévèrement.

Quoique tout fût terminé dans les provinces, les mandarins de Quanton continuèrent de rechercher le nommé Zay, et se rendirent à Macao en juin 1785, afin de le demander : ils insistèrent pour que le gouverneur Portugais vînt chez eux ; mais celui-ci s'y refusa, et ne voulut pas même permettre que M. Descouvrières, procureur des missions Françoises, s'exposât en sortant de la ville pour aller chez les mandarins. Ces derniers voyant qu'il ne leur étoit pas possible de se procurer le P. Zay, qui avoit quitté Macao au commencement de l'année, et s'étoit embarqué sur un bâtiment Anglois, écrivirent à Peking, qu'il étoit sorcier et qu'il avoit disparu. Ainsi se termina cette persécution suscitée contre les Chrétiens, et qui par suite fut très-préjudiciable aux mandarins eux-mêmes. Tous ceux de la province de Quanton, depuis cette ville jusqu'à Nan-hiong-fou, qui est à l'extrémité de la province, furent dégradés de trois degrés, et forcés de payer une amende de sept cent mille taëls [5,250,000 liv]. Les hannistes donnèrent cent vingt mille taëls [900,000 liv] ; et tous les mandarins des lieux où les missionnaires avoient été arrêtés, ou par où ils avoient passé, furent cassés. Pankekoua, pour avoir logé M. de la Torre, quoiqu'il en eût la permission des mandarins de

Quanton, fut obligé de payer cent mille taëls [750,000 liv.], et il lui fut enjoint d'être plus circonspect à l'avenir. On prétend même que cinq ou six bateliers qui avoient passé le P. Zay, sans le connoître, eurent la tête tranchée. On voit par-là que le gouvernement Chinois est extrêmement sévère : mais si, comme on le remarque, il est très-habile à profiter des occasions qui se présentent pour se procurer de l'argent, les mandarins ne le sont pas moins à se tirer d'embarras dans les affaires épineuses, et sont sur-tout peu embarrassés sur les moyens ; aussi saisirent-ils le seul qu'ils avoient de se justifier, celui d'accuser M. de la Torre, dont la mort mit fin aux poursuites du gouvernement. Cependant la manière dont la cour de Peking termina cette persécution, ne dut pas satisfaire beaucoup les mandarins, et l'on doit croire que dans la suite ils fermeront les yeux sur la croyance de certains individus. Néanmoins, quelle que soit leur conduite future, on ne peut regarder les missionnaires comme solidement établis à la Chine, car les préjugés et les mœurs s'opposent trop visiblement à l'introduction de la religion Chrétienne : d'ailleurs on doit peu compter sur les Chinois, qui sont capables de changer d'opinion d'un moment à l'autre, et toujours disposés à le faire suivant les circonstances. Il ne faut cependant pas en conclure que les missionnaires soient absolument inutiles, et qu'il n'est pas nécessaire de les conserver : ce seroit se tromper grandement, et l'on commettroit une faute majeure en les rappelant.

Avant de porter un jugement sur le plus ou sur le moins d'utilité des missions, il est nécessaire d'examiner ce qu'on entend par missions, et en quoi elles consistent. On doit distinguer deux sortes de missions à la Chine, l'une qui n'est pas avouée du gouvernement Chinois, et qui se fait à son insçu dans les provinces ; l'autre qui en est approuvée, et qui réside à Peking.

La mission de l'intérieur coûte peu de chose : on trouvera difficilement des hommes aussi vertueux et aussi désintéressés que ceux qui la composent : privés des douceurs de la vie, manquant presque de tout, exposés tous les jours à souffrir la mort, le seul desir de s'instruire et de propager la religion Chrétienne, leur fait oublier tous les maux qu'ils endurent. Je parle ici sans préjugés, je rapporte ce que j'ai vu, et je me crois obligé de dire la vérité. Le Gouvernement François en soutenant les missionnaires qui parcourent le vaste empire de la Chine, est toujours à même de se procurer des éclaircissemens utiles, soit sur la position des lieux, soit sur le commerce, soit sur mille autres objets importans. Je ne suis pas ici l'admirateur aveugle des missionnaires, mais j'en ai connu plusieurs dont les connoissances étoient très-étendues ; leurs écrits d'ailleurs le prouvent assez, et l'on ne peut disconvenir que nous ne devions beaucoup à ces hommes laborieux et infatigables.

Je conviens que les missionnaires s'exposent en entrant furtivement à la Chine, et qu'ils courent au-devant de leur perte; mais qu'importe à la nation que quelques individus se sacrifient pour une récompense qu'ils ne lui demandent pas, et qu'il n'est pas en son pouvoir de leur donner, tandis qu'elle en peut tirer de grands avantages. Il est donc de l'intérêt de l'État d'encourager les missionnaires de l'intérieur de la Chine, et c'est en les soutenant, en les favorisant, que le gouvernement les aura toujours à sa disposition.

Quant à la mission de Peking, les faits parlent assez en faveur de son utilité, et il faudroit être aveugle pour ne pas reconnoître combien il est important que nous en ayons une autorisée dans cette capitale. Un pareil établissement seroit acheté au poids de l'or par une nation rivale; elle donneroit tout au monde pour pouvoir l'employer à son gré. Tant que la Chine restera fermée pour les Européens, la nation qui conservera quelques individus à Peking, doit s'estimer très-heureuse : par eux elle peut savoir, elle peut empêcher, elle peut tout entreprendre. Je parle d'après des faits.

connus, mais dont les détails ne peuvent être divulgués. Il est donc, je le répète, de la dernière importance, de la saine politique, que le Gouvernement François vienne au secours des missionnaires, et qu'il protège ces hommes vraiment respectables.

Quarante mille francs peuvent suffire pour la mission de Peking, et autant pour l'entretien de celle de l'intérieur : la dépense de ces sommes modiques doit-elle arrêter un moment l'État ?

Abandonner les missions seroit un malheur : peut-être les circonstances présentes ne démontrent-elles pas assez évidemment combien elles sont nécessaires; mais une fois qu'elles seront détruites ou abandonnées, le moment viendra où l'on sentira quelle perte on aura faite. Trop heureux s'il est possible de les rétablir alors, tandis qu'il faut présentement fort peu de chose pour les conserver.

## MAHOMÉTANS.

Les missionnaires (a) supposent que les musulmans sont entrés à la Chine l'an 599 après J. C., sous les Souy; et pour preuve, ils citent un passage Chinois, où il est dit que la première fois, au milieu des années Kay-hoang des Souy, il vint

_____

(a) Missionnaires, tome XIV, page 10.

un homme du royaume de Sa-na-pa-sa-ngan-ty-kan-se-ke pour prêcher sa religion.

L'empereur Ven-ty ayant commencé à régner en 590, et étant mort en 604, le milieu est 597, et non 599 ; mais quand cette époque seroit encore postérieure de quelques années, elle sera toujours prématurée, car il est difficile de la faire concorder avec les différens événemens de la vie de Mahomet. Pour se tirer d'embarras, les missionnaires font naître Mahomet en 560 ; mais cette date n'est pas conforme à celle qui est rapportée par les auteurs Anglois de l'Histoire universelle, qui placent la naissance de Mahomet en 578.

On peut supposer néanmoins que le prophète est né plutôt, et ce que rapporte Abulféda le confirme. Suivant lui, Khadija avoit quarante ans lorsqu'elle épousa Mahomet ; elle vécut vingt-quatre ans avec lui, et mourut trois ans avant l'hégire. La fuite à Médine étant de 622, Khadija mourut donc en 619. En retirant de ce nombre les vingt-quatre années que Khadija vécut avec son mari, on trouve que Mahomet l'épousa en 595 : il avoit vingt-cinq ans alors ; il étoit donc né en 570. De plus, Mahomet étant mort en 632, à l'âge de soixante-deux ans, cette époque porte nécessairement sa naissance à l'année 570. Khadija ayant vécu dix ans avec Mahomet depuis qu'il se mit à enseigner sa doctrine, et étant morte en 619, il s'ensuit qu'il ne commença à s'ériger en prophète qu'à l'âge de trente-neuf à quarante ans, c'est-à-dire en 609.

On voit que ces différentes dates ne peuvent s'accorder avec celle rapportée par les auteurs Chinois, l'année 599 ou 597 dont il est parlé dans le passage ci-dessus étant antérieure de dix à douze ans à 609, temps auquel Mahomet commença sa prédication, et précédant même de beaucoup la première fuite de quelques Musulmans qui se sauvèrent en Éthiopie peu d'années avant l'hégire. L'événement arrivé sous Ven-ty n'a donc aucun rapport aux Musulmans; il faut croire que les Chinois, qui défigurent étrangement les noms, ont voulu parler d'un royaume différent des pays que conquit Mahomet, et que la ressemblance des mots a trompé les missionnaires.

Les Mogols ou Yuen, qui s'emparèrent du trône en 1279 et chassèrent les Song, amenèrent un grand nombre de Musulmans. Ceux-ci furent très-nombreux jusqu'à la dynastie des Ming, qui commença à régner en 1368, après avoir détruit les Tartares : le moyen qu'ils employoient pour se soutenir, étoit d'acheter des enfans qu'ils élevoient dans leur religion. Les temps malheureux et les famines leur en procuroient beaucoup.

Le dernier empereur Kien-long a détruit cent

mille Mahométans dans les années 1783 et 1784. Lorsque nous passâmes à Hang-tcheou-fou, nous vîmes une mosquée; mais elle étoit abandonnée.

Les Mahométans, que les Chinois appellent Hoey, et qui habitent les pays situés à l'extrémité du Chen-sy jusqu'à Ily en Tartarie, sont partagés en trois classes distinguées par la coiffure : ceux de la première portent un bonnet rouge en forme de pain de sucre, ce qui leur a fait donner le nom de Hong-mao-Hoey-tse *[Hoey aux bonnets rouges]*; ceux de la seconde ont un bonnet blanc, on les appelle Pe-mao-hoey-tse *[Hoey aux bonnets blancs]*; ceux de la troisième, s'enveloppant la tête d'un long morceau de toile, on les a nommés Tchan-teou-hoey *[Hoey s'enveloppant la tête]*.

## SECTE DE JUKIAO.

EN l'an 1070 de J. C., sous les Song, plusieurs savans cherchèrent à interpréter les King. Un de ces philosophes, nommé Chao-kang-tse, distingué par son érudition, établit que le monde a commencé et qu'il aura une fin, qu'ensuite il renaîtra, se détruira et se reproduira successivement.

Ce philosophe détermina la durée du monde, et la porta à cent vingt-neuf mille six cents ans, qu'il divisa en douze périodes, chacune de dix mille huit cents années. Suivant lui, dans la première période, le ciel s'est formé peu à peu par le mouvement que le Tay-ky imprima à la matière, pour lors immobile ; dans la seconde, la terre s'est produite de la même manière ; dans la troisième, l'homme et tous les êtres ont commencé à naître, et ainsi de suite jusqu'à la onzième période où tout se détruira, et le monde retombera dans le chaos, dont il ne sortira qu'à la fin de la douzième période.

Vers l'an 1400, l'empereur Yong-lo des Ming ordonna à plusieurs lettrés de faire un corps de doctrine d'après les principes de Chao-kang-tse. Ces savans interprétèrent les King, les livres de Confucius et de Meng-tse ; ils donnèrent le nom de Tay-ky [ *grand faîte* ] au principe de toutes choses. On ignore la raison pour laquelle ils l'appelèrent ainsi, et d'où ils tirèrent ce nom de Tay-ky ; car ce mot n'existe dans aucun des King ni dans les livres composés par Confucius et par Meng-tse. Confucius dit seulement, en interprétant l'Y-king : « La transmutation contient le Tay-ky ; il produit le parfait et l'imparfait ; ces deux qualités produisent quatre images, qui, à leur tour, produisent huit figures. » D'après ce passage, ces nouveaux philosophes prétendirent que le Tay-ky est séparé des imperfections de la nature ; que c'est un être existant, et qui est une même chose avec le parfait et l'imparfait, et avec le ciel, la terre et les cinq élémens, qui sont : le métal, le bois, l'eau, le feu et la terre. Le Tay-ky, suivant eux, est fixe; mais lorsqu'il se meut, il produit l'Yang, matière subtile et agissante, le ciel, le feu, le jour, le parfait, le mâle ; et lorsqu'il se repose, il produit l'Yn, matière grossière et sans mouvement, la terre, la lune, l'obscurité, l'imparfait, la femelle. Du mélange de l'Yang et de l'Yn sortent huit élémens, qui, par leur union, font la nature particulière et la différence de tous les corps : de là naissent les vicissitudes de l'univers, la fécondité ou la stérilité de la terre.

Le Tay-ky a le pouvoir de tout produire, de tout conserver et de tout gouverner ; il est l'essence de toutes choses. Ces philosophes lui donnent aussi le nom de Ly : c'est, disent-ils, ce qui, joint à la matière, compose tous les corps naturels.

Enfin les partisans du Tay-ky ont fini par devenir athées, en excluant toute cause surnaturelle et en n'admettant qu'une vertu inanimée unie à la matière. A l'égard de la morale, ils ont adopté des principes plus raisonnables. Ils veulent que le sage se propose le bien public pour but de ses actions, et qu'il étouffe ses passions pour ne suivre que la raison. Ces philosophes établissent en outre les devoirs réciproques entre le prince et les sujets, entre les pères et les enfans ; enfin, entre le mari et la femme.

De toutes ces explications peu satisfaisantes du Tay-ky, il est résulté que la plupart des Chinois n'ayant pas d'opinion décidée, les uns sont tombés dans l'athéisme, les autres ont reconnu un être primitif, mais sans trop savoir ce qu'il étoit ; et ce qui prouve combien l'homme s'égare et se perd lorsqu'il veut trop raisonner, c'est que tous ont mêlé à leurs différens sentimens les nombreuses superstitions des autres sectes.

De toutes les religions établies à la Chine, aucune n'est dominante : elles sont toutes subordonnées au gouvernement, qui, même dans certaines circonstances, a diminué le nombre des prêtres et détruit une partie des temples.

L'empereur à la Chine est le chef suprême. Tous les individus qui composent l'empire sont égaux devant lui. Les bonzes ou les prêtres ne jouissent d'aucun privilége particulier, et sont soumis, comme tous les autres citoyens, à la volonté du souverain.

## CULTES.

LES premiers hommes, nécessairement frappés d'étonnement et d'admiration à la vue des merveilles de la nature, ne durent pas rester long-temps sans soupçonner l'existence d'un Être suprême et créateur de l'univers. Pénétrés de cette idée sublime, ils adorèrent dans le principe la Divinité ; mais bientôt s'éloignant de ce culte pur et sans mélange, ils tournèrent leurs hommages vers des choses qui étoient plus à leur portée, et frappoient davantage leurs sens.

A mesure que la population s'accrut, les vertus disparurent et firent place à des crimes jusqu'alors inconnus. Les méchans se multiplièrent, et parmi eux se montrèrent de grands scélérats, dont la destruction fut un bonheur pour les peuples. Il étoit juste que ceux qui avoient purgé la terre de semblables fléaux, obtinssent l'estime et l'admiration de leurs concitoyens ; mais l'importance et le mérite de leurs actions, échauffant l'imagination, on finit par les adorer, et de là naquit le culte des héros et des demi-dieux.

Délivrés des maux qui les avoient tourmentés ; mais pressés par d'autres auxquels il étoit impossible de remédier, les hommes s'imaginèrent bientôt qu'il devoit exister des êtres supérieurs aux mortels, mais inférieurs à la Divinité, et qui présidoient sous elle aux saisons, aux élemens, aux maladies et aux accidens qui affligent l'humanité. Ce furent ces idées qui les portèrent à admettre un nombre infini de dieux subalternes, classés en bons et mauvais génies, culte répandu chez tous les peuples, et dans lequel ils ont plutôt recours aux mauvais, qu'à l'Être suprême, parce qu'il semble plus naturel de prier celui dont on redoute quelque mal, que de s'adresser à l'Être infiniment bon, qui ne peut faire que du bien.

Les Chinois durent donc suivre cette marche générale de l'esprit humain; aussi les voyons-nous d'abord adorer l'Être suprême sous les noms de Chang-ty, de Hoang-tien et de Tien *(a)*, et lui offrir des sacrifices sur les hauteurs et dans des temples. Au Chang-ty on joignit par la suite les esprits tutélaires, qu'on nomma Chin ou Kouey-chin, auxquels on rendit un culte; tel est la doctrine dont il est parlé dans les King. La morale se réduisoit alors aux deux vertus appelées Gin et Y : la première exprimoit la piété envers Dieu et les parens, ou la bonté envers les hommes; et la seconde signifioit l'équité et la justice.

---

*(a)* Chang-ty veut dire *souverain Seigneur*; Hoang-tien, *souverain Ciel*; Tien, *Ciel*: ces mots, suivant les King, expriment la Divinité. Le mot Tien, *Ciel*, est pris indifféremment pour l'Être suprême et pour le Ciel visible : dans le cas où il est parlé du Maître de l'univers, le mot Tien a la même acception que dans cette phrase, *que le Ciel vous conserve!*

Sur le frontispice d'une des salles du temple du Ciel, à Peking, on lit ces deux mots Chinois et Tartare, Kien, Apkaï-han : le mot Kien veut simplement dire en chinois, *le Ciel;* mais il est clairement expliqué par le mot Tartare, Apkaï-han ou Han-apka-i, *le Maître du Ciel*, les Tartares formant le génitif (1) en ajoutant *ni* aux mots terminés par une consonne, et *i* à ceux qui finissent par une voyelle. Il n'y a donc plus de doute sur la signification des mots Kien et Tien, qui sont les mêmes, et qui veulent dire *le Ciel*.

(1) *Gramm. Tart.*, par M. Langlès.

La dynastie de Hia qui commença à régner 2205 ans avant J. C., éleva un temple au Chang-ty, sous le nom de Che-chy *[maison des générations et des siècles]*. Les Chang, qui lui succédèrent 1766 ans avant J. C., rebâtirent ce temple et l'appelèrent Tchou-ou *[maison renouvelée]*. Les Tcheou, qui les suivirent 1122 ans avant J. C., firent élever un autre temple, et le nommèrent Ming-tang *[le temple de la lumière]*. Dans la suite, les autres dynasties voulurent faire plus que celles qui les avoient précédées ; elles imaginèrent de séparer en deux le mot Ming *(a)*, composé des caractères Ge *[soleil]*, et Yue *[lune]*, et bâtirent un temple au soleil et un autre à la lune : c'est de ce partage et de cette dénomination que sont sorties ensuite une foule de superstitions. Les hommes une fois entraînés vers l'erreur, loin de l'éviter, l'embrassent et la saisissent aveuglément : tout fut personnifié ; le vent, la pluie, le tonnerre et les maladies, devinrent des divinités ; les guerriers, les empereurs et les hommes célèbres, furent des demi-dieux.

Les Chinois oublièrent bientôt le culte du Chang-ty, et négligèrent la doctrine des King : en vain Confucius, par ses sages préceptes, chercha à la rétablir ; les troubles survenus après lui

---

*(a)* Voyez, dans la table des empereurs, le caractère Ming, de Ming-ty, 58 ans avant J. C.

replongèrent les peuples dans l'ignorance. Chy-hoang-ty en soumettant l'empire, 246 ans avant J. C., rétablit la paix; mais ce prince, trop attaché à la secte des Lao-tse, fit brûler les livres et persécuta les savans : sous les Han on se mit à la recherche des King échappés à l'incendie ; on s'appliqua à l'étude, à la philosophie et à la morale. Ces occupations convenoient à des philosophes ; mais les hommes dépourvus de lumières, généralement mécontens de leur sort, et cherchant sans cesse les moyens de l'améliorer, abandonnèrent un culte trop abstrait, pour embrasser une religion qui leur offroit autant de dieux qu'ils pouvoient former de vœux. Aussi les Chinois s'attachèrent-ils avidement à la secte de Fo, apportée de l'Inde l'an 65 de J. C. : ils adorèrent les génies, les Poussa ; ils crurent à la transmigration des ames, aux peines, aux récompenses futures; et si les lettrés, presque tous incrédules, néanmoins superstitieux, étudièrent la doctrine des King, ils se rendirent en même temps aux temples pour y prier les idoles.

Les grands crurent dans un Être suprême; mais emportés par le torrent de l'opinion générale, ils ne purent se défendre de la superstition universellement répandue. Les empereurs, regardés comme des êtres supérieurs, se réservèrent le droit d'adorer le Tien, mais ils sacrifièrent également

à

à l'esprit de la terre, au soleil, à la lune, et s'attachèrent plus ou moins aux idées des Tao-tse, et des bonzes de Fo. Les Tartares qui sont sur le trône, protègent ces derniers et reconnoissent le grand Lama ; cependant ils font les sacrifices établis et pratiqués par leurs prédécesseurs, et se rendent dans les temples aux temps marqués par le tribunal des rites.

Il n'existe dans tout l'empire qu'un temple consacré au Tien, et l'empereur a seul le droit d'y faire des sacrifices, et d'adresser ses prières à la tablette du Hoang-tien-chang-ty [ *auguste ciel, suprême empereur* ].

Le temple du soleil, ou Ge-tan, est en dehors de la ville Tartare, du côté de l'est; l'empereur y envoie tous les ans, à l'équinoxe du printemps, un prince faire les cérémonies en l'honneur du soleil.

Le temple de la lune, ou Yue-tan, est situé à l'ouest en dehors de la ville Tartare; l'empereur envoie de même une personne, à l'équinoxe d'automne, pour faire les cérémonies en l'honneur de la lune.

Lorsque l'empereur fait des sacrifices dans le Tien-tan, et dans le Ty-tan, il s'y prépare par un jeûne de trois jours ; à cette époque tous les tribunaux sont fermés, et il est défendu de manger de la viande et du poisson.

Le Tien-tan [ *éminence du ciel* ], est dans la ville

Chinoise de Peking ; l'empereur y fait un sacrifice au solstice d'hiver, consistant en bœufs, porcs, chèvres et moutons.

Le Ty-tan *[éminence de la terre]*, est couvert en tuiles vertes, et situé aussi dans la ville Chinoise ; l'empereur y sacrifie à la terre, au solstice d'été.

Le peuple, les lettrés, les mandarins et l'empereur, ayant des cultes séparés et cependant mêlés de différentes cérémonies appartenant à d'autres croyances, il n'est pas étonnant que, dans une aussi grande confusion, l'esprit général de la nation se soit tourné vers la superstition, et n'ait adopté tout ce qui pouvoit lui sembler ou utile ou consolant : aussi les Chinois comptent-ils un grand nombre de dieux et de génies tutélaires *( n.ᵒˢ 86, 87, 88, 89 )* des villes, des maisons, de la campagne, des vents, de la terre et des eaux. Ils ont tous un petit autel chez eux, et des idoles devant lesquelles ils se prosternent et brûlent des papiers dorés, à la nouvelle et à la pleine lune. Ils placent sur leur porte le nom ou la figure d'un génie appelé Men-chin, espèce de dieu conservateur ou de dieu pénate qui tient d'une main une massue, et de l'autre une clef.

Le peuple adore le soleil et la lune ; il allume en leur honneur des lanternes aux nouvelles et pleines lunes, et dans les éclipses il s'imagine que ces deux astres sont en danger d'être dévorés par un dragon ; cette opinion est générale. Dans ces circonstances, mandarins, lettrés, simples citoyens, tous s'assemblent pour prier, tous battent sur les tambours de cuivre, et cet épouvantable bruit ne cesse qu'avec la fin de l'éclipse.

Le dragon est en grande vénération chez les Chinois ; ils l'appellent *l'esprit de l'air et des montagnes* ; ils le représentent couvert d'un bouclier fait d'écailles de tortue, soutenant l'univers et veillant à sa conservation. Le dragon est l'emblème de l'empereur, lui seul a le droit d'en porter un à cinq griffes brodé sur ses habits.

De temps immémorial on a été dans l'usage de pratiquer des jeûnes publics à la Chine : dans les grandes sécheresses, les paysans font des processions ; les mandarins vont dans les temples pour intercéder les dieux, et il est défendu de tuer des porcs et de manger de la viande jusqu'à ce que le ciel ait accordé de la pluie. On sacrifioit autrefois des bœufs, des agneaux et des cochons ; mais les troupeaux étant rares, cet usage n'existe plus actuellement. Du moins, pendant tout le temps que j'ai demeuré à Quanton, je n'ai vu présenter dans les temples, que des fruits ou des volailles cuites, ayant la partie inférieure du bec enlevée, ou des cochons rôtis en entier et seulement ouverts par la moitié. Une seule circonstance m'a cependant fait voir, à Yu-chan-hien, que les Chinois font des sacrifices sanglans. Dans les offrandes où dans les sacrifices qu'on fait aux dieux, le peuple ne laisse, soit pour les idoles, soit pour les bonzes, aucune portion des fruits ou des animaux offerts; il remporte tout après les prières achevées, et se contente de donner quelques monnoies aux prêtres de la pagode.

## SORTS.

La Chine est remplie de charlatans et de devins qui se mêlent de dire la bonne aventure. Aveugles pour la plupart et jouant d'un instrument, ils vont de place en place, en promettant toujours des richesses et de la fortune à ceux qui les consultent, ou en les engageant à visiter les temples et à consulter les sorts. Les anciens Chinois faisoient un grand usage des sorts. Confucius s'exprime ainsi dans le Tchong-yong : « Un sage doit connoître » d'avance les événemens futurs. Lorsqu'une nou- » velle dynastie est sur le point de s'établir, il arrive » des présages heureux; et lorsque l'ancienne va » finir, il en survient de malheureux : on connoît » ces événemens par les sorts. Lorsque le malheur » et le bonheur doivent venir, l'homme probe et le » méchant peuvent les prévoir; mais le vrai sage » est comme *un génie*. »

Il y a deux manières de consulter les sorts : la première consiste à secouer un tube de bambou rempli de petites baguettes plates, longues de sept à huit pouces, à en retirer une au hasard et à la porter ensuite au bonze, pour avoir l'explication des caractères qui sont marqués dessus : dans la seconde manière, on prend deux morceaux de bois longs d'environ six à sept pouces, et taillés comme une fève partagée dans sa longueur ; on les jette en l'air, et l'on réitère l'opération jusqu'à ce qu'ils retombent dans le sens que l'on desire. Telle est la foiblesse des mortels ; ils craignent, après de mûres réflexions, d'entreprendre une affaire, et ils l'entreprennent aveuglément et au hasard, après avoir consulté le hasard lui-même.

Avant de bâtir une maison on consulte les sorts ; mais on cherche sur-tout une bonne exposition ; car les Chinois redoutent infiniment ce qu'ils appellent Fong-chouy [ le vent et l'eau ], c'est-à-dire, une influence bonne ou mauvaise. De ce Fong-chouy dépendent le bonheur et le malheur de la vie. Les Chinois sont constamment occupés à se le rendre favorable, ou à le détourner, s'ils croient qu'il leur soit contraire.

On évite les influences malignes, ainsi que je l'ai dit précédemment, en ne plaçant pas les portes d'une maison en face les unes des autres, et, lorsqu'on ne peut faire autrement, on dresse vis-à-vis des espèces de paravens en bois pour arrêter le mauvais génie. Le moyen le plus sûr, est de construire une porte ronde, qui est celle du bonheur, et il est rare de ne pas en trouver une dans chaque maison Chinoise. D'autres portes, faites en éventail, ou en fleur, ou en feuille, ont aussi leur avantage : le mauvais génie se trouve embarrassé dans ces portes, et n'ose les franchir. En général, les Chinois tiennent beaucoup aux portes ou au génie qui y préside. Si le peuple seul croyoit à de pareilles extravagances, cela ne seroit pas extraordinaire ; mais les gens riches et instruits en sont également imbus. Il y a quelques années que les Danois voulurent ouvrir dans leur maison une fenêtre donnant sur le quai et sur la maison de l'un des premiers marchands Chinois de Quanton : aussitôt que celui-ci eut appris l'intention des Danois, il les supplia de renoncer à ce projet, dans la crainte où il étoit, disoit-il, que les tigres peints sur les embrasures de la forteresse ne vinssent à voir chez lui. Ce qu'il y a de plus singulier, c'est que de chez le marchand on voit la forteresse en face ; mais apparemment qu'il se persuada qu'il étoit plus dangereux pour lui d'être aperçu de côté par les tigres. On évite aussi avec soin le Fong-chouy dans les enterremens, et l'on consulte les devins pour découvrir un emplacement favorable pour les tombeaux.

Les Chinois croient aux jours heureux et malheureux. Le gouvernement publie tous les ans un almanach, dans lequel les momens favorables sont indiqués. L'heure de minuit, suivant les idées Chinoises, est heureuse, parce que c'est l'heure à laquelle le monde fut créé.

Comme les Chinois implorent les génies dans toutes les circonstances de la vie, il n'est pas surprenant qu'ils les invoquent pour en obtenir la conservation de leurs enfans. Lorsqu'ils craignent de les perdre, ils les consacrent à quelque dieu, et, pour cela, ils leur percent une oreille et y suspendent une petite plaque de cuivre, d'argent ou d'or, avec le nom du génie; d'autres fois ils attachent les cheveux de l'enfant des deux côtés de la tête et forment deux petites touffes : dans ces deux cas, les enfans sont voués à une divinité ; elle en prend soin, et détourne d'eux les accidens et les malheurs.

Il résulte de ce que je viens de rapporter, que les Chinois sont très-adonnés à la superstition, et que personne, jusqu'à l'empereur lui-même, n'en est exempt, puisque, ainsi qu'on l'a vu dans mon voyage, Kien-long ne sortit pas de son palais le 4 février, dans la crainte d'une éclipse et des évènemens qui pouvoient arriver dans une circonstance aussi funeste. Mais, si les rêveries des sectes de Lao-tse et de Fo ont rendu les Chinois superstitieux, elles leur ont donné du moins l'idée d'une vie future, et leur ont persuadé que l'ame étant immortelle, seroit punie ou récompensée suivant ses mauvaises ou ses bonnes actions ; idée salutaire et qui prouve que celui qui, en s'accommodant aux foiblesses des hommes, a inventé des dieux vengeurs des crimes, et des génies protecteurs et rémunérateurs de la vertu, est plus louable, sans doute, que celui qui, voulant dépouiller l'homme de ses préjugés, ne lui montre que le néant pour terme de toutes ses actions.

## PAGODES.

D'APRÈS le caractère superstitieux de la nation, on doit s'attendre à trouver à la Chine un grand nombre de temples et de chapelles. Il y a plusieurs pagodes à Quanton; celle dite de la Cochinchine et bâtie dans la partie occidentale de la ville, est remarquable; mais celle qui est érigée à Honan, vis-à-vis de Quanton, et qui se nomme Hay-tchang-tse, l'est encore davantage.

Dans cette pagode, après avoir dépassé les deux portes d'entrée, on trouve une cour qui conduit à deux vestibules, dont l'un renferme quatre figures de pierre assises. La cour qui suit a quatre pavillons à deux étages, qui contiennent des idoles. Au pourtour de cette cour règne une galerie avec des colonnes, qui sert de communication aux cellules des bonzes. Ces cellules sont petites et ne reçoivent le jour que par la porte. Les chefs des prêtres ont aux quatre angles de la cour leurs logemens, qui sont à double étage. Au milieu des galeries, le réfectoire et les cuisines sont d'un côté, et l'infirmerie de l'autre. On voit des cerfs dans la seconde enceinte, et un peu plus loin, sur le côté, quelques gros cochons fort gras et très-vieux : ces animaux ont été voués à la divinité pendant la maladie de quelque bonze; ils sont libres, et on les laisse mourir de vieillesse.

On distingue deux sortes de Miao ou pagodes des Tao-tse et des bonzes de Fo, savoir, les Miao Kouan et les Miao ordinaires. Les premiers qui sont, en général, les plus considérables, ont des biens-fonds, des maisons et des terres. Les pagodes ordinaires ont été fondées par des bonzes ou des particuliers, et par conséquent sont plus ou moins riches. Il y a peu de palais appartenant à l'empereur, qui n'aient une pagode dans leur voisinage. Les temples sont presque tous bien entretenus, les bâtimens en sont simples, les cours sont plantées d'arbres, et rien ne ressemble plus à nos couvens d'Europe. Les pagodes de Peking sont en bon état; elles paroissent encore mieux soignées que celles des provinces.

Les temples sont toujours ouverts. On trouve à l'entrée, dans une salle ou dans un des pavillons, un gros tambour et une grosse cloche de métal, sur laquelle on frappe avec un marteau de bois. Dans la pièce où réside le principal dieu, les Chinois ont toujours soin de mettre une table couverte de bouquets et de vases pour les parfums. Ils suspendent aussi devant la divinité une chandelle odorante faite en spirale : ces chandelles, composées de bois de sandal, d'odeurs et de gomme, durent fort long-temps et brûlent continuellement ; mais si elles viennent à s'éteindre, on se contente de les rallumer ; car les Chinois n'ont pas sur cet objet la même superstition que les Romains avoient sur le feu sacré.

On trouve aussi en avant des pagodes, de grands vases en fonte, qui servent à brûler les offrandes ou papiers dorés : ces vases varient peu pour la forme (n.° 72). Outre ces temples, on rencontre beaucoup de chapelles dans la campagne et à l'entrée des villages ; elles sont érigées en l'honneur des génies de la terre, des eaux et des montagnes : mais souvent, au lieu de chapelle, les Chinois se contentent de placer une pierre debout, sur laquelle ils gravent le nom de l'esprit tutélaire. Cette pierre est presque toujours au pied d'un arbre ou d'une touffe de bamboux : quelques chandelles d'odeur, et deux ou trois fleurs de papier en font tout l'ornement.

Dans tous les lieux où il y a quelque danger à courir, les Chinois ont soin de bâtir de petites pagodes, où les voyageurs et les bateliers vont implorer les génies. Lorsque quelque circonstance les empêche de visiter la pagode, ils ne manquent pas, en passant, de brûler des papiers et de battre sur leurs bassins de cuivre; mais d'autres fois ils gardent un profond silence, et ressemblent assez à des gens qui craignent de réveiller une personne endormie. C'est sur-tout dans le Kiang-nan que nous avons remarqué un plus grand nombre de temples. Bâties dans les plus agréables positions et dans des sites charmans, les pagodes de cette province jouissent, en général, d'une vue superbe. Mais si les pagodes du Kiang-nan et du Tchekiang sont bien entretenues, celles du Petchely sont dans un état déplorable : loin d'être conservées, quoique dans le voisinage de la cour, elles sont au contraire abandonnées, la plupart découvertes, et laissent les dieux exposés aux injures de l'air; les cloches sont jetées sur le terrain, et le bonze, forcé de fuir un asyle qui tombe en ruines, erre à l'aventure et demande l'aumône.

Dans le Kiang-sy, les temples sont généralement en bon état, ainsi que dans le Quang-tong. La pagode la plus extraordinaire que nous ayons vue dans cette dernière province, est celle qui est construite auprès de la ville de Jin-te-hien (n.º 80).

Les temples de la Chine renferment un grand nombre de figures; on en trouve toujours à l'entrée qui représentent des génies; elles sont fort grandes, et quelquefois d'une taille gigantesque: celles que nous vîmes à la pagode du lac Sy-hou, avoient de vingt-cinq à trente pieds de haut. Ces génies ont différentes attributions, qui sont désignées par les choses qu'ils tiennent à la main : un sabre annonce le dieu de la guerre ; une guittare, celui de la musique *(n.° 89)*; une boule signifie l'esprit du ciel. Les dieux de l'intérieur sont ordinairement d'une proportion moyenne et plus raisonnable ; les uns sont couchés nonchalamment, les autres sont assis sur des fleurs et les jambes croisées ; mais ils sont tous gros et replets : cela doit être, car les Chinois faisant grand cas de l'embonpoint, on croira sans peine qu'ils se sont bien gardés de représenter leurs dieux maigres et chétifs.

Le nombre des dieux et des génies étant très-considérable, il seroit très-difficile de les dépeindre tous. La seule pagode du lac Sy-hou en contient cinq cents. Plusieurs des dieux qu'on voit dans les temples, sont représentés suivant la manière indienne, c'est-à-dire avec plusieurs bras : nous vîmes à Yang-tcheou-fou une déesse qui en avoit trente.

La déesse de toutes choses, appelée Teou-mou, a huit bras ; elle est assise dans un char traîné par sept cochons noirs.

La déesse de la reproduction et de la fécondité de la nature a seize bras ; elle repose sur une fleur de nénuphar. Les Chinois racontent à son sujet la fable suivante : « Trois nymphes du ciel s'étant baignées dans une rivière, une d'elles mangea des fleurs de nénuphar et devint enceinte ; elle resta sur la terre, et mit au monde un fils qu'elle éleva jusqu'à ce qu'il fut grand ; elle lui dit alors de rester dans une île écartée, et d'attendre qu'un homme vînt le chercher ; après quoi la nymphe s'envola vers le ciel. Celui que la déesse avoit annoncé, parut à l'époque marquée, et emmena le jeune homme, qui devint dans la suite un personnage célèbre, et donna des lois à tout l'empire. » Les Chinois entendent par les seize bras les seize siècles pendant lesquels la Chine a vécu sous la protection de la déesse.

Le dieu Fo est assis sur une fleur de nénuphar (n.° 85). La déesse des éclairs est debout, ayant deux cercles de feu dans les mains, et un poignard à la ceinture. Le dieu du feu marche sur des roues enflammées, et tient une lance et un cercle (n.° 87).

Le lord Macartney a peint un dieu dans un cercle composé de tambours, et l'a appelé le Jupiter Chinois. Le mot Jupiter est mal employé, car nous entendons par-là le maître du ciel, au lieu que la figure dépeinte par l'auteur Anglois, est celle d'un génie subalterne, nommé Louykong, qui préside au tonnerre (n.° 86).

Les dieux Chinois sont quelquefois seuls, et d'autres fois entourés de plusieurs génies inférieurs ; ils ont plus ou moins de réputation, suivant les grâces ou les faveurs qu'ils sont censés avoir accordées. Plusieurs de ces dieux ont des cornes au front, ou portent des têtes d'animaux ; il y en a qui ont trois yeux, mais ils sont rares : enfin, les Chinois ont des dieux de toutes les façons ; ils ne sont pas d'ailleurs embarrassés pour la représentation de leurs génies, car ils se contentent souvent de mettre sur une pierre ou sur un morceau de papier le nom du dieu qu'ils veulent implorer. Un Chinois craint-il qu'en soulevant une grosse pierre il ne lui arrive un accident, il en prend une petite, l'entoure de quelques chandelles, et brûle des papiers dorés ; cette cérémonie achevée, il se met à l'ouvrage et ne redoute plus rien : c'est ainsi que les préjugés conduisent la plupart des hommes.

### BONZES.

On estime que le nombre des bonzes existant dans l'empire, peut s'élever à un million. Les missionnaires ne sont pas d'accord sur la quantité de ceux qui demeurent à Peking, ou dans les environs : le P. Trigaud en met quinze mille, le P. du Halde deux mille, et les autres missionnaires six mille. N'ayant pas de notions exactes à ce sujet, je ne prononcerai pas entre ces auteurs.

On compte deux cents bonzes dans la pagode de Honan, vis-à-vis de Quanton : il y en avoit trois cents dans celle que nous visitâmes auprès du lac Sy-hou, et cinquante dans une autre maison qui n'est pas fort éloignée de Hang-tcheou-fou.

Les bonzes se rendent au temple le matin, le soir, et deux heures avant le jour. Le chef des prêtres est placé en avant pendant l'office, et accompagné de deux autres prêtres. Il frappe de temps en temps sur un instrument de bois creux, fait en forme de poisson, et posé sur un coussin ; les bonzes sont debout et se prosternent par intervalles ; ils chantent et répètent très-souvent le mot *omitofo* ; ils sont fort recueillis, et ne détournent point la tête.

On distingue deux sortes de bonzes, les uns appelés Tao-tse, ou sectaires de Lao-kiun ; et les autres nommés Ho-chang, ou bonzes de Fo. Les premiers vivent en communauté, ou seuls, ou mariés ; ils ne se rasent point, et relèvent, sur la tête, leurs cheveux quelquefois enveloppés d'une toile, d'autres fois ramassés sous une espèce d'écuelle jaunâtre et polie ; ils portent une grande robe sans collet avec des manches larges.

Les bonzes de Fo ne se marient pas ; ils ont la tête rasée, et portent, ainsi que les Tao-tse, une robe noire ou grise ; dans les cérémonies ils ajoutent une écharpe et un bonnet rouges ; ils ne mangent ni viande, ni poisson, ni ail, ni oignon ; ne boivent pas de vin, et menent enfin une vie très-frugale ; néanmoins, ils sont assez ordinairement gros et gras. Les bonzes ont des supérieurs, et leur noviciat est fort rude.

Les Tao-tse sacrifient aux démons, un cochon, un poisson et une poule ; ils exercent, ainsi que les Ho-chang, le métier de devins, vont comme eux dans les cérémonies, assistent aux enterremens pour chasser les mauvais génies, se mêlent de guérir les malades, et bénissent les jonques au moment où elles mettent en mer ; ils parcourent les rues, ainsi que dans l'Inde, en se frappant, pour expier les péchés des hommes, et font des quêtes : enfin, il n'est sorte de moyens qu'ils n'emploient pour tromper les trop crédules Chinois.

Kao-tsou des Tang, à la mort de son père Tay-tsong, en 649 de J. C., ayant assigné un lieu particulier aux femmes de l'empereur défunt, appela ce palais, Ngan-y-fang [ *séjour de la tranquillité* ]. C'est à cette circonstance que les bonzesses doivent leur origine : ces femmes vivent en communauté, sont habillées comme les bonzes, ont la tête rasée et entourée d'une toile. Les bonzesses sortent et peuvent se marier ; mais elles en doivent prévenir auparavant leur supérieure : si elles deviennent enceintes étant encore dans la retraite,
elles

elles sont punies. Ces femmes s'appellent Che-ly, et ordinairement Ny-kou.

Quoique les Chinois emploient les bonzes dans un grand nombre de circonstances, ils les méprisent ainsi que tous ceux qui embrassent cet état dans un âge avancé, et qui ne sont ordinairement que de la dernière classe du peuple ; c'est ce qui fait que les bonzes achètent de jeunes enfans pour les élever dans leur doctrine, et pour la perpétuer. Un principe établi à la Chine, est que tout homme doit son travail à la patrie : or, les bonzes renonçant à tout, pour se livrer à la contemplation, ou plutôt à la fainéantise, il n'est pas étonnant que le peuple n'ait aucune considération pour des gens qui manquent au devoir le plus sacré. C'est aussi pour écarter cette mauvaise opinion, et s'attirer le respect et la confiance, que les bonzes saisissent toutes les occasions pour acquérir des richesses et de la considération. Consultés dans les funérailles sur la place convenable pour enterrer un mort, ils s'entendent avec le propriétaire du terrain, et partagent avec lui le prix de la vente : faut-il s'attirer la protection de l'empereur, ils le mettent au nombre des dieux : veulent-ils faire venir le peuple dans les temples, et en recevoir d'abondantes aumônes, ils annoncent des prodiges et des choses extraordinaires ; ils disent qu'il faut faire des offrandes ou bâtir des temples, sans quoi on est privé de leurs prières, et les ames des défunts passent successivement dans le corps de différentes bêtes, en expiation des fautes qu'elles ont commises. Le peuple y croit plus ou moins, mais il fréquente les pagodes, et donne de l'argent ; les bonzes s'enrichissent, et c'est tout ce qu'ils demandent.

## FÊTES.

Les Chinois ne connoissent point de jour de repos, ils travaillent sans cesse. L'usage, en Asie, veut que les hommes s'occupent sans relâche, mais ils ne le font pas avec la même activité et la même force que les Européens. Ce travail continuel demandoit quelque repos ; il a donc fallu trouver un moyen de délassement qui attirât l'attention du peuple, et suspendît ses travaux; c'est dans cette vue que les fêtes ont été instituées.

Une des principales, chez les Chinois, est celle de la nouvelle année ; et comme à cette époque ils dépensent beaucoup d'argent, ils saisissent toutes les occasions de s'en procurer, ou se présentent chez leurs débiteurs, pour recouvrer celui qu'ils ont prêté.

Toutes les affaires cessent pendant les trois premiers jours de la nouvelle année; on passe ce temps en visites, on se fait des présens, on s'habille de son mieux; enfin, il n'est personne qui n'achète au moins des souliers neufs.

Le premier jour de l'an, les Chinois commencent dès minuit à tirer des pétards : il s'en consomme un nombre si prodigieux, que j'ai vu des rues tellement jonchées de morceaux de pétards déchirés, qu'il étoit impossible d'apercevoir le pavé. Ce jour est employé à visiter les parens, les amis ; et lorsqu'on en rencontre quelques-uns, ou des personnes de connoissance, on les salue profondément en les félicitant à plusieurs reprises. Pendant ces premiers jours, toutes les portes sont fermées ; on cole à l'entour des papiers rouges, et l'on en suspend d'autres découpés ou chargés des nombres 1, 2, 5. Les mariniers mettent également des papiers rouges à la poupe et à la proue des bateaux, pour attirer le bonheur. On allume aussi à cette époque des lanternes ; mais ce n'est qu'au 15.ᵉ de la lune qu'on célèbre la fameuse fête des lanternes : elle commence quelquefois le 13 au soir, et finit le 16 et même le 17 à la nuit. A cette époque, plusieurs quartiers forment entre eux une association pour illuminer certains endroits : on suspend une quantité considérable de lanternes aux portes des maisons et dans le milieu de la rue ; mais, dans ce dernier cas, on tend des bannes pour les mettre à l'abri de la pluie, car plusieurs de ces lanternes coûtent fort cher.

Chez les mandarins et les gens riches, ces jours sont employés en festins ; on joue la comédie, on tire des feux d'artifice. Ces feux, qui diffèrent entièrement des nôtres, sont renfermés dans des espèces de tambours, d'où il se détache peu-à-peu des lanternes, des vases de fleurs qui se déploient en tombant, et paroissent illuminés ; quelquefois ce sont de petits bateaux armés de pétards et qui se canonnent entre eux ; d'autrefois ce sont des espèces de treilles chargées de feuilles et de raisins : ces feux d'artifice sont très-agréables, mais ils n'ont rien d'imposant.

Les Chinois ne peuvent expliquer l'origine de la fête des lanternes, et ils en rapportent différentes causes. La première est la mort de la fille d'un mandarin : cette jeune personne, disent-ils, étant tombée dans l'eau et s'étant noyée, son père et le peuple, qui regrettoient beaucoup sa perte, la cherchèrent inutilement pendant long-temps avec des lanternes.

La seconde, c'est qu'un empereur s'ennuyant jadis d'être distrait dans ses plaisirs, par l'alternative continuelle du jour et de la nuit, ordonna, d'après le conseil d'une de ses femmes, de construire un palais entièrement inaccessible aux rayons du soleil, en fit éclairer l'intérieur par une grande quantité de lumières, et s'y tint ensuite renfermé. On ajoute que le peuple s'étant révolté, l'empereur fut chassé, et le palais détruit ; et que, pour conserver la mémoire de cet événement, on alluma tous les ans des lanternes à la même époque.

D'autres auteurs, sans donner une origine extraordinaire à cette fête, rapportent simplement que sous l'empereur Jouy-tsong des Tang, 712 ans après J. C., ce prince permit d'allumer un grand nombre de lanternes durant la nuit du 15 de la première lune. Dans la suite, l'empereur In-ty, en 950 de J. C., fit durer cette fête jusqu'au 18 ; mais après ce prince elle fut réduite à trois jours, et cessa le 17.

Les Chinois célèbrent au printemps une fête en l'honneur de l'agriculture ; ils promènent alors une vache faite de terre, accompagnée de plusieurs enfans habillés en laboureurs, et portés sur des tables ; ce cortége est suivi et entouré de musiciens.

Ils en ont aussi une autre dans l'automne *(n.° 6)*, pendant laquelle ils portent des lanternes, des transparens et d'énormes poissons de papier. Quatre hommes soutiennent une table garnie de fruits, sur laquelle une jeune fille se tient debout sur une branche d'arbre, ayant à côté d'elle une autre petite fille, et en avant un jeune enfant habillé en vieillard. La marche est ouverte par des musiciens et par des gens qui tirent des pétards toutes les fois qu'on s'arrête. Les habitans devant lesquels passe cette espèce de procession, dressent des tables garnies de fruits, de bétel et de tabac, et en offrent à tous ceux qui composent le cortége.

Une fête très-agréable est celle que l'on fait au cinquième jour de la cinquième lune. Un mandarin, dit-on, recommandable par ses qualités et fort aimé, s'étant noyé jadis, les habitans montèrent dans des bateaux et le cherchèrent pendant long-temps : c'est à cet événement qu'on rapporte l'origine de cette fête, appelée Ta-long-tchouen (n.° 23).

On se sert dans cette occasion de bateaux longs et étroits, qui sont peints, ornés de figures de dragons et de banderoles, et contiennent jusqu'à soixante rameurs et plus. Ceux-ci manœuvrent au son d'un tambour et d'un bassin de cuivre, sur lesquels on frappe avec plus ou moins de précipitation, selon qu'il est nécessaire d'accélérer ou de ralentir la marche, car souvent ils se défient entre eux. Dans ces circonstances, ils vont avec une grande rapidité, cherchent à se dépasser, et se heurtent, s'abordent ou chavirent même ; de sorte que plus d'une fois on en a vu plusieurs se noyer : aussi les mandarins, pour prévenir de semblables accidens, ne permettent pas toujours de célébrer cette fête.

A la même époque, les Chinois cuisent du riz dans des feuilles de bananier. Ce riz est rouge en dehors ; il est collant et forme une masse qui n'a pas bon goût. Ces espèces de gâteaux ont une forme triangulaire.

Les Chinois font, durant les mois de juillet et d'août, de grandes processions, pour obtenir de la pluie, ou pour demander aux dieux une bonne récolte. Ils vont quelquefois fort loin, et portent de petites chapelles et des banderoles. La musique accompagne toujours ces cortéges, qui sont nombreux.

Outre ces processions, dans lesquelles on n'a en vue que les biens de la terre, les Chinois en font d'autres uniquement en l'honneur des morts. Ces processions ont lieu au printemps. La marche est ouverte *(n.° 7)* par un homme portant des papiers dorés, et suivi par des musiciens et par des enfans tenant à la main des figures d'hommes, de chevaux et d'oiseaux en papier. Viennent ensuite des hommes avec des lanternes, des banderoles bleues et blanches, des parasols et des chapelles de papier. Sept à huit bonzes, disant des prières, marchent derrière une petite pagode en bois, et sont accompagnés par plusieurs personnes bien habillées ou vêtues de deuil.

Les Chinois de Macao célèbrent au milieu de la septième lune une autre fête pour les morts; elle dure deux jours, et finit dans la nuit. Cette fête étant dispendieuse, tous les habitans d'un quartier se rassemblent pour faire les frais nécessaires à l'élévation de la chapelle et au paiement des prêtres et des musiciens. L'édifice est peu de chose;

il est fait de bamboux, couvert en nattes et s'enlève après la fête *(n.° 91)*. Trois bonzes officient pendant la cérémonie; ils sont rasés et appartiennent à la secte de Fo; ils ont des robes d'étoffes grises, mais quelquefois noires. Le bonze principal porte en outre une écharpe rouge par-dessus sa robe. Ces prêtres sont très-recueillis, et frappent de temps en temps sur un bassin de cuivre en faisant des prières. Lorsque le premier des bonzes offre du riz aux dieux, il l'élève plusieurs fois avant de le répandre; mais lorsque c'est du vin, il y trempe auparavant ses doigts et en asperge la terre devant et à côté de lui. Dans l'après-midi du jour où la fête finit, les prières sont plus longues. Le bonze s'embarque à la nuit dans un bateau; il fait le tour de la baie, jette des papiers, et lâche dans la mer un crabe, action dont je n'ai pu apprendre la raison : « c'est la coutume », m'ont répondu les Chinois, et ils ne m'ont rien dit davantage.

Vers les dix heures du soir on dresse deux tables, dont une est plus élevée que l'autre. On pose sur la première des offrandes consistant en fruits; on y met en outre deux petits vases et une clochette : sur la seconde table on place un vase et des chandelles parfumées. Le premier bonze, avec son écharpe rouge et ayant sur la tête un bonnet découpé *(n.° 91)*, plus élevé du derrière que sur le devant, galonné en or et surmonté d'un gros bouton à quatre faces plates ornées de petits miroirs, se tient assis devant la table, ayant les deux autres bonzes à sa gauche. Après avoir prié pendant quelques momens, il s'attache derrière la tête une bandelette à laquelle pendent deux longs rubans marqués de caractères : ces rubans prennent naissance auprès des oreilles et tombent sur sa poitrine ; il les prend de temps en temps entre ses doigts, les élève à la hauteur de ses yeux, et les laisse retomber après avoir prié. Vers la fin de la cérémonie, on fait une espèce de cône en terre humide, dans lequel on plante un grand nombre de chandelles parfumées : on brûle ensuite un cheval de papier, et on pratique, à peu de distance de la chapelle, plusieurs sentiers bordés par de petits monticules de sable, sur lesquels on met également des chandelles parfumées. Le bonze se promène dans ces intervalles, et récite des prières. Pendant le temps que dure la fête, les musiciens jouent des instrumens et font un bruit extraordinaire, qui ne cesse que le second jour vers les deux heures de la nuit que la cérémonie est achevée et que chacun se retire chez soi.

Les Chinois ont en outre plusieurs fêtes particulières, par exemple, pour célébrer la soixantième et la quatre-vingtième année de leurs parens ; mais ces fêtes n'ont lieu que dans la famille.

## CARACTÈRES; ÉCRITURE.

L'ÉCRITURE, chez les Chinois, ne fut dans l'origine que la représentation ou plutôt le simple trait des choses que les hommes avoient devant les yeux; ainsi la figure d'un oiseau voulut dire *un oiseau*. Mais ce moyen, qui étoit bon pour rendre des objets visibles, ne pouvoit suffire pour exprimer les idées abstraites; il fallut donc inventer de nouveaux signes, ou combiner ceux qu'on avoit déjà, afin de peindre, pour ainsi dire, la pensée, et de la représenter par les images d'êtres sensibles, ou par les symboles d'êtres invisibles.

Peu-à-peu les caractères se composèrent d'une suite de figures que l'art et le hasard inventèrent. Dans le principe le nombre en fut très-borné, mais il s'accrut beaucoup dans la suite d'après les besoins, les notions nouvelles et le développement des vices et des vertus, qui sont une suite nécessaire de l'accroissement de la population.

C'est cet assemblage de caractères que les anciens Chinois distribuèrent en six classes appelées Lo-chou *(a)*;

---

*(a)* Plusieurs missionnaires ont employé, au lieu du terme Lo-chou, ceux de Lieou-ly ou Lieou-y; mais c'est par erreur, car les Chinois entendent par ces expressions, les six arts primitifs, qui sont, suivant les uns, l'agriculture, l'arpentage, le

Savoir, 1.º Siang-hing *[image et symbole]*. Cette classe comprenoit deux sortes de caractères : la première, ceux qui formoient une image, c'est-à-dire, qui peignoient les objets qui tombent sous les sens ; ainsi un vase signifia *un vase* : la seconde, ceux qui représentoient, soit métaphoriquement, soit allégoriquement, les idées qu'on attachoit à certaines figures, ou qui avoient quelque rapport avec elles ; un cœur, par exemple, exprima *l'amour et l'affection*. Cette classe renfermoit à peine deux cents caractères, qui suffirent néanmoins pour composer tous les autres.

2.º Tchy-sse *[indication de la chose]*. Cette classe, beaucoup plus nombreuse que la première, comprenoit les caractères qui avoient un sens très-étendu, c'est-à-dire, qui, non-seulement signifioient ce qu'ils représentoient, mais encore recevoient toutes les significations que la pensée pouvoit donner à leurs figures. Des herbes et de l'eau sur un champ dénotèrent *une terre marécageuse*, trois hommes placés les uns après les autres exprimèrent *l'action de suivre*, la ligne simple marqua *l'unité* et la *perfection*.

3.º Hoey-y *[jonction d'idées]*. Cette classe contenoit les caractères qui indiquoient un rapport d'idées

---

calendrier, l'architecture, les manufactures et la navigation ; et suivant les autres, la musique, les cérémonies, l'arithmétique, l'écriture, l'art de se battre et la navigation.

avec les mots dont ils étoient composés, c'est-à-dire, qui exprimoient ce qu'un seul caractère ne pouvoit rendre. Bouche et chien signifièrent *aboyer;* parole et porte voulurent dire *l'interrogation;* cœur et mourir marquèrent *l'oubli;* un homme placé sur un champ figura *un village.*

4.° Kiay-yn *[ explication par le son ]*. Cette classe naquit de la difficulté qu'il y avoit à représenter exactement les différentes espèces d'animaux. Pour éviter cet embarras, on imagina de placer à côté de la figure d'un animal un caractère dont le son en désigna particulièrement l'espèce. La figure d'un oiseau avec le caractère Ya, exprima *un canard;* celle d'un poisson avec le mot Ly, désigna *une carpe*, et l'image d'un arbre, avec Pe ou Liou, représenta *un cyprès* ou *un saule.*

5.° Kia-tsie *[idée empruntée, métaphorique]*. Cette classe, qui faisoit passer au figuré, la signification simple d'un caractère, a jeté de l'obscurité dans la langue Chinoise, parce que le sens figuré d'un mot n'a pas toujours d'analogie, au moins sensible, avec le mot primitif. Dans cette classe, tour représentoit en même temps *une tour* et *l'immobilité*, salle se prenoit pour *mère*, maison pour *épouse*, le soleil et la lune signifioient *éclairer*, arbre et couteau, *corriger.*

6.° Tchouen-tchou *[extension, développement]*. Cette classe comprenoit les caractères dont la signification changeoit suivant la position de la clef, et ceux dont la signification s'étendoit à tous les sens que le caractère pouvoit représenter. Un cœur placé au-dessous du caractère d'esclave, exprima *la colère*, et un cœur mis à côté du caractère de maître, désigna *l'application*; le caractère Chan, écrit seul, voulut dire *une montagne*; doublé, il signifia *une chaîne de montagnes*; et lorsque ces deux caractères furent surmontés d'un troisième, ils figurèrent *une montagne élevée*: cette classe comprit aussi tous les caractères qui se rapportoient à la morale, à l'histoire, aux mœurs, aux usages, aux traditions anciennes et aux préjugés.

Pour la morale, l'oreille à côté du cœur signifia *la pudeur, la honte*; un tigre sur un cœur, *convoitise*; un homme qui s'en va et parole, *vaines promesses*; fille et pensée, *irrésolution*.

Pour l'histoire, arc et chasse dénotèrent *les peuples du nord*; homme et troupeau, *les peuples d'occident*; l'empereur Yao et parole, *discours religieux*; Yao avec soleil, *savoir éminent*, et avec alimens, *nourrir le peuple*; homme sous le ciel, *première origine*.

Pour les mœurs et les usages, les mots ancien, se servir et vin, désignèrent *la défense de boire*; cris et cadavre, *enterrer*; vin et cachet, *mariage*, la coutume étant de présenter du vin à l'épouse; habit et hallebarde, *habit court*, les soldats ayant l'habitude de porter les habits courts ; feu et tigre *chasse aux tigres*, cette chasse se faisant la nuit et aux flambeaux.

D'après les traditions et les préjugés, dix et bouche signifièrent *les anciens* ; vieux et parole, *discours instructif* ; vieux et limite, *certain*.

Telles sont les six classes sous lesquelles les anciens Chinois rangèrent leurs caractères ; idée ingénieuse et qui donne l'explication non-seulement de ces mêmes caractères, mais qui fait voir comment les premiers hommes sont parvenus peu-à-peu à rendre leurs pensées. On doit juger qu'il fut facile de peindre un arbre, un oiseau, une montagne ; mais la difficulté fut très-grande lorsqu'on voulut exprimer une chose idéale. On associa alors plusieurs figures, on les combina les unes avec les autres ; enfin on parvint à former des caractères qui, s'ils ne représentèrent pas très-exactement ce qu'on s'étoit proposé, furent néanmoins adoptés et confirmés par l'usage et l'habitude. Mais cette écriture hiéroglyphique, ou plutôt cette peinture, présentoit des inconvéniens et des difficultés. On ne tarda pas à s'en apercevoir, et l'on chercha à les éviter. Dès ce moment, l'écriture ou les caractères subirent des changemens ; on travailla pendant long-temps à les corriger, et ce ne fut pas sans peine qu'ils parvinrent enfin à l'état de perfection où ils sont maintenant.

Les Chinois ne sont pas d'accord sur le véritable auteur de l'écriture *(a)* ; les uns pensent que c'est Fo-hy, qui régnoit 2953 ans avant J. C.; d'autres soutiennent que c'est l'empereur Sse-hoang, qui vivoit avant ce prince ; mais le plus grand nombre s'accorde à regarder comme l'inventeur des caractères, un mandarin civil appelé Tsang-hie *(b)*, qui existoit sous le règne de Hoang-ty, 2698 ans avant J. C.

Les écrivains qui attribuent cette invention à l'empereur Sse-hoang, assurent qu'il n'exista jamais sous Hoang-ty, de mandarin civil nommé Tsang-hié ; ils prétendent que l'erreur provient de ce que, dans le Che-pen, où il est parlé de Sse-hoang-tsang-hié, le commentateur Song-tchong a fait mal-à-propos de Tsang-hié un mandarin de Hoang-ty, et que les écrivains postérieurs ont confondu le texte avec le commentaire. En effet, l'empereur Sse-hoang avoit pour surnom Hié, et il est appelé très-souvent Tsang-hié. Le roi Vouhoay, fit graver dans la suite les caractères de Tsang-hié sur sa monnoie, et Fo-hy les mit depuis en usage dans les actes publics : or, ces trois monarques ayant existé avant Hoang-ty, l'invention des caractères ne date plus de ce dernier prince, mais remonte beaucoup plus haut.

---

*(a)* On se servoit autrefois de cordelettes.
*(b)* Plusieurs ont prononcé Kié ou Shié.

Quelle que soit la date de l'origine de l'écriture, et que Tsang-hié ait vécu avant ou du temps de Hoang-ty, c'est lui que les Chinois regardent comme l'auteur des caractères. Des traces d'oiseaux imprimées sur le sable, lui en ayant donné la première idée, il appela ces caractères Niao-ky-tchouen *[lettres imitant les traces des pieds des oiseaux]* ; mais comme ils avoient aussi de la ressemblance avec un animal du Midi appelé Kho-theou, on les nomma Kho-theou-tchouen *[lettres en forme de têtards]*. C'est de ce dernier nom que l'on se sert pour désigner les anciens caractères usités sous les trois premières familles : on n'en comptoit dans le principe que cinq cent quarante ; mais on en perdit plusieurs par la suite, car Ouen-heng dit que, du temps de l'empereur Ou-ty des Han, quelqu'un ayant trouvé dans une maison qui avoit appartenu à Confucius, des caractères antiques ressemblant à des têtards, personne ne put les expliquer.

Cette première écriture, inventée par Tsang-hié, dura jusqu'à Siuen-vang des Tcheou, 826 ans avant J. C., époque où le président des historiens, nommé Chy-tcheou, rangea les caractères sous quinze classes, appelées Ta-tchouen-tse : l'empereur les fit graver sur dix tambours, dont neuf sont encore conservés au collége impérial de Peking.

Chy-hoang-ty des Tsin, qui régna l'an 246 avant J. C.,

J. C., en prenant pour base les cinq cent quarante caractères antiques, fit faire une réforme des Ta-tchouen, par Ly-se, son premier ministre, qui en composa de nouveaux qu'on nomma Siao-tchouen-tse.

Tching-miao, qui avoit travaillé avec Ly-se à la confection des Siao-tchouen, en changea bientôt la forme, et de courbés qu'ils étoient, il les rendit droits, et leur donna le nom de Ly-tse.

Sous Eul-chy-hoang-ty, successeur de Chy-hoang-ty, 206 ans avant J. C., les tribunaux firent de nouvelles corrections dans les caractères, auxquels on donna le nom de Kiay-chou; la facilité de les tracer les répandit insensiblement dans tout l'empire.

Quatre-vingts ans après J. C., sous Tchang-hoang-ty des Han, on inventa de nouveaux caractères, qui furent nommés Tsao-tse *[caractères d'herbes]*; mais ils ne furent en vogue que sous la dynastie des Tsin, qui succéda à celle des Han. Ces caractères défigurent les mots, et ne sont plus d'usage que pour l'écriture courante. Il étoit réservé à la dynastie des Heou-han, ou *Han postérieurs*, qui ont régné depuis l'an 24 de J. C. jusqu'en 264, de perfectionner l'écriture et de lui donner la forme qu'elle a conservée jusqu'à présent. Sous cette dynastie Lieou-te, voyant la difficulté qu'il y avoit à former les caractères, imagina une nouvelle manière d'écrire, qui, en conservant aux caractères leur première origine, les débarrassoit néanmoins de leur ressemblance pittoresque avec les objets qu'ils exprimoient. Les différentes manières d'écrire se bornent donc, 1.° au Kho-theou, qui est la plus ancienne écriture ; 2.° au Ta-tchouen-tse, qui a duré jusqu'à la fin des Han ; 3.° au Siao-tchouen, au Ly-tse, et au Kiay-chou, inventés sous Chy-hoang-ty, et son successeur ; 4.° au Tsao-tse, qui eut cours sous les Han et sous les Tsin ; 5.° au Hing-chou, qui est l'écriture actuelle *(a)*.

L'écriture Hing-chou est composée suivant les règles des Lo-chou ; et Lieou-te, en inventant les nouveaux caractères, leur conserva l'esprit et le système des anciens. Mais ces caractères modernes, s'ils sont plus faciles et plus commodes à écrire, ont perdu beaucoup et ne parlent plus aux yeux aussi bien que ceux dont on faisoit usage auparavant, parce que, pour leur donner une proportion plus symétrique ou plus agréable, on en a défiguré plusieurs.

Un autre inconvénient de ces caractères, c'est qu'ils demandent beaucoup de soin, soit dans la

---

*(a)* Les Chinois ont, en outre, des écritures d'une forme singulière. L'empereur Kien-long s'est servi pour l'impression de son poëme intitulé *la ville de Moukden*, de trente-deux espèces de caractères différens. Éloge de Moukden, *page 131.*

composition, soit pour l'écriture, car un trait de plus ou de moins suffit pour en changer totalement la signification. C'est donc à tort que quelques personnes ont avancé qu'un caractère Chinois pouvoit être entendu, qu'il fût bien ou mal écrit : cette assertion prouve qu'elles ignoroient la formation des caractères Chinois.

L'écriture Hing-chou est composée de six traits élémentaires, avec lesquels on peut écrire tous les caractères. Ces six traits radicaux, joints à deux cent huit caractères primitifs, composent les deux cent quatorze clefs Chinoises sous lesquelles tous les caractères sont classés. Plusieurs auteurs ont cru que leur nombre s'élevoit à près de quatre-vingt mille, mais ils se sont trompés.

On comptoit dans le principe dix mille caractères. Le dictionnaire Chue-ven, fait par Hiu-tchy, sous Ho-ty des Han, l'an 89 de J. C., et les autres dictionnaires composés d'après lui, n'en contiennent que de huit à dix mille : cependant plusieurs circonstances occasionnèrent une augmentation dans les caractères. Un certain Yang-yong en ajouta cinq cents, et les liaisons des Chinois avec les peuples de l'ouest, obligèrent le général Pan-tchao et son frère Pan-kou d'en former encore de nouveaux. L'arrivée des bonzes de Fo augmenta bien davantage le nombre des caractères ; car, sous les Heou-leang, le bonze Hing-Hiun fit voir que la langue Chinoise s'étoit enrichie de vingt-six mille quatre cent trente mots. Dans la suite, les Tao-tse ne voulurent pas céder aux prêtres de Fo dans ce genre d'innovation ; de sorte que l'an 1090 de J. C., Se-ma-kouang offrit à Gin-tsong un dictionnaire composé de cinquante-trois mille cent soixante-cinq caractères, dont vingt-un mille huit cent quarante-six sont doubles pour le sens et la signification. Ainsi, il est évident qu'il n'existe pas quatre-vingt mille caractères, et que l'on peut en retrancher près de la moitié, dont encore il suffit de savoir dix mille pour bien comprendre tous les livres.

Il ne faut pas cependant s'imaginer que ces dix ou trente mille caractères soient rendus chacun par un son particulier ; les sons, au contraire, sont en petit nombre. Le père du Halde en compte trois cent trente, M. Barrow trois cent quarante-deux, et plusieurs savans missionnaires trois cent soixante-quatre. Si ces auteurs diffèrent entre eux, cela provient seulement de la différence de prononciation. Mais quel que soit le nombre exact des sons, il est évident qu'étant très-borné, il a fallu trouver un moyen de les multiplier ; c'est pour cette raison que les Chinois ont inventé cinq tons simples et cinq tons gutturaux, à l'aide desquels un caractère peut se prononcer de plusieurs manières différentes.

On distingue deux seuls tons principaux, Ping et Tse ; le premier est égal, c'est-à-dire sans élévation ni abaissement ; le second s'élève, s'abaisse ou se raccourcit.

Le premier ton, Ping, se subdivise en deux : Ping-ching [*uni, égal* et *clair*]; Hia-ping [*uni, bas* et *obscur*].

Le second ton, Tse, se partage en trois : Chang [*élevé*], la voix est haute d'abord et finit en baissant; Khuu [*traînant*], la voix est basse dans le principe, et monte en finissant; Je [*pressé* ou *rentrant*]; ce ton est le même que le précédent, excepté que la voix est brève et rentrante ; mais l'addition de ces tons, soit bas, soit élevés, n'ayant donné que mille quatre cent quarante-cinq, et suivant quelques auteurs, mille cinq cent vingt-cinq manières différentes de prononcer, elles n'ont pu suffire à la prononciation de tous les caractères : aussi en existe-t-il un grand nombre dont le son est semblable. Cette difficulté, cependant, qui paroît considérable au premier moment, disparoît, lorsqu'on réfléchit que dans l'écriture les caractères ne sont pas les mêmes, et que dans le discours le sens de la phrase en indique la signification.

Les Dictionnaires Chinois sont rangés ou par tons ou par clefs. Les dictionnaires par clefs portent en tête les deux cent quatorze clefs rangées par ordre de traits, c'est-à-dire, en commençant par la clef composée d'un seul trait, et continuant jusqu'à celle qui en a dix-sept. Tous les caractères existant dans la langue Chinoise, sont ensuite distribués sous celles des clefs auxquelles ils appartiennent, en observant à leur égard, pour les traits qui les composent, le même ordre que pour les clefs.

Lorsqu'on veut donc trouver la prononciation et la signification d'un caractère quelconque, il faut premièrement découvrir dans ce même caractère la clef principale, puis chercher sous cette même clef la place qu'occupe ce caractère d'après le nombre de ses traits, et l'on a sa signification; mais dans les dictionnaires faits par les missionnaires, et qui sont composés conformément au système des Chinois, il y a nécessairement une troisième opération, qui consiste, pour avoir l'explication du caractère, à aller le chercher dans la table des sons, suivant la prononciation indiquée sous le caractère déjà trouvé.

Les Chinois ont pareillement composé des dictionnaires dans lesquels ils enseignent la manière de trouver la prononciation. Pour avoir, par exemple, la prononciation du caractère Jin, ils écrivent les mots Jou et Lin, et ajoutent le mot Tsie *[couper]*; ce qui signifie qu'après avoir retranché *ou* de Jou, et la lettre *L* de Lin, il faut joindre

*J* et *in* pour avoir la prononciation Jin. Cette méthode est extrêmement défectueuse.

Quoique les clefs sous lesquelles sont rangés les caractères, influent jusqu'à un certain point sur leur signification, ou plutôt quoiqu'elles en donnent l'analogie, il ne faut pas cependant s'imaginer que l'on acquiert la connoissance des mots par celle qu'on a des clefs ou des parties qui les composent ; et si l'on peut parvenir quelquefois, par ce moyen, à trouver la signification d'un caractère, on court risque de se tromper dans le plus grand nombre.

### STYLE.

LES Chinois ont plusieurs manières de composer, c'est-à-dire, différentes sortes de styles ; savoir, 1.° le Kou-ouen, 2.° le Ouen-tchang, 3.° le Kouan-Hoa, 4.° le Hiang-tan.

Le Kou-ouen est le style des King *(a)*.

---

*(a)* On compte cinq King ; savoir : l'Y-king, ou explication des Koua de Fo-hy ; le Chouking, ou fragment considérable de l'histoire ancienne rédigée par Confucius ; le Chy-king, ou recueil de poésies ; le Ly-ky, ou compilation de loix, de cérémonies, d'usages, et de maximes de Confucius recueillies par les disciples de ce philosophe ; le Tchun-tsieou, ou annales du royaume de Lou, composées par Confucius.

Plusieurs Chinois ne regardent comme véritables King que les trois premiers.

Il y a encore des King du second ordre, ce sont, 1.° les

Le Ouen-tchang est le style des compositions élevées.

Le Kouan-hoa est le langage des mandarins, des lettrés et de toutes les personnes instruites.

Le Hiang-tan est le patois ou le langage du peuple.

Le Kou-ouen se subdivise en trois sortes : le Chang-kou-ouen, qui est un style concis et rempli d'images : c'est celui des King et de quelques anciennes descriptions ; le Tchong-kou-ouen, qui est le style des ouvrages composés depuis les King jusqu'à l'incendie des livres par Chy-hoang-ty, en 213 avant J. C. ; et le Hia-kou-ouen, qui est le style des livres faits depuis les Han jusqu'à la fin de la dynastie des Song. Ces deux derniers styles approchent de celui des King ; mais il y a une différence : on peut la comparer à celle qui existe en peinture, entre l'original d'un grand maître et la copie faite par une main habile.

Le Ouen-tchang n'est pas aussi laconique que

---

Sse-chou, ou les quatre livres de Confucius ; savoir : le Ta-hio [ la grande science ], le Tchong-yong [ le juste milieu ], le Lun-yu [ discours et paroles ], et les ouvrages de Meng-tse ;

2.° Les deux livres sur les rites de la dynastie des Tcheou ;

3.° Les livres de la piété filiale, le livre intitulé Tao-te-king, le Tsou-tse et le Chan-hay-king, pour la poésie ;

4.° Les trois anciens commentaires du Tchun-tsieou ;

5.° Les ouvrages de Se-ma-tsien et de quelques autres auteurs.

le Kou-ouen ; mais il est plus fleuri et plus recherché. Il faut, pour bien écrire en Ouen-tchang, connoître parfaitement la formation des caractères, et savoir distinguer ceux que les Chinois appellent *morts* ou *vivans*, *pleins* ou *vides*. Dans l'Ouen-tchang, un écrivain doit chercher de préférence les caractères qui fortifient la pensée, l'embellissent et la rendent, pour ainsi dire, palpable. Veut-il exprimer, par exemple, que l'empereur est mort ? Il ne se sert pas du mot ordinaire Sse *[ mourir ]*, il emploie de préférence le mot Pong *[ montagne qui se fend et s'écroule ]*, parce que ce caractère peint et rend avec énergie toute l'étendue de l'idée que se fait l'écrivain de la mort d'un empereur. Il peut encore, en parlant de cet événement, se servir du terme Pin-tien *[ un hôte est entré au ciel ]*. Cette expression plus douce remplit le même but, sans émouvoir cependant le lecteur aussi fortement que la première.

Le juste emploi de ces mots demande beaucoup de talens, et le choix en est difficile dans la langue Chinoise, dont la richesse et l'abondance nuisent souvent à la clarté du discours. L'arrangement des tons nécessite également un grand travail ; car un écrivain qui ne veut pas que son livre soit rejeté avec dédain, doit éviter attentivement que le même son frappe l'oreille plusieurs fois de suite : enfin, une composition en Ouen-tchang parfaitement faite et bien écrite, est un morceau qui exige beaucoup de soins et de connoissances.

Le Ouen-tchang demande à être écrit, et non à être parlé; quoiqu'il soit moins concis que le Kou-ouen, et qu'il emploie quelquefois des particules de temps, de nombre ou de conjonction, le sens de la phrase déterminant seul le verbe ou l'adjectif dans le Ouen-tchang, on conçoit que le discours parlé seroit souvent obscur, puisque les ouvrages écrits dans ce style sont eux-mêmes sujets à être commentés différemment.

Le Kouan-hoa est beaucoup plus étendu que le Ouen-tchang; ce style acquiert plus ou moins de force et de clarté, suivant le génie de celui qui parle. Il admet des synonymes, des prépositions, des adverbes, des particules, enfin tout ce qui peut lier le discours, le rendre clair, expressif, et le mettre à la portée de tout le monde. L'arrangement des mots y est plus simple et plus naturel, les temps sont variés et le sens est plus intelligible; mais en même temps le Kouan-hoa perd à être écrit, et ne convient que pour le langage.

Le Hiang-tan n'est qu'un Kouan-hoa corrompu; c'est un patois qui varie suivant les provinces et suivant les cantons. Les Chinois instruits savent parler celui de l'endroit où ils sont nés, mais ils n'oseroient s'en servir pour converser avec des mandarins ou avec des lettrés.

Il n'existe à la Chine que deux manières de parler, c'est en Kouan-hoa ou en Hiang-tan ; et comme il est reçu que les gens en place ne peuvent faire usage que du premier, il est évident qu'on s'exprime également bien à Peking, à Quanton et dans les autres villes de la Chine : la seule différence n'existe que dans la prononciation. Il y a certaines provinces où l'on prononce mieux, principalement dans le Kiang-nan ; mais la manière de prononcer plus ou moins fortement n'influe pas sur le Kouan-hoa, elle agit seulement sur le son.

La prononciation de la langue Chinoise est très-difficile ; elle ne peut s'apprendre que dans le pays même, et il faut une oreille extrêmement sensible pour saisir toutes les nuances ou inflexions occasionnées par les cinq tons, soit simples, soit gutturaux, soit aspirés, qui différencient le son de chaque caractère.

Les Chinois n'ont pas le *b*, le *d*, l'*r*, l'*x* et le *z* : ils rendent le *q* et le *c* par la lettre *k* ; ils n'ont aucun mot commençant par *a* ou par *e*, et tous leurs mots finissent par les voyelles *a*, *e*, *i*, *o*, *u*, *ou*, et par les consonnes *n*, *ng* et *l*.

Les lettres *ch*, *f*, *g*, *j*, *l*, *m*, *n*, *s*, *v*, *y*, sont simples et sans aspiration ; les lettres *k*, *p*, *t*, *tch*, *ts*, sont simples ou aspirées.

La lettre *h* est gutturale ou sifflée : elle est

gutturale dans les mots où l'*h* est suivie de *a, e, o, oa, ou, ong*; elle est sifflée dans ceux qui ont un *i* après l'*h*. Nous n'avons pas en françois de lettre qui ait le même son que l'*h* gutturale des Chinois, et notre *r* est la seule qui en approche le plus; mais l'*h* gutturale des Chinois est parfaitement rendue par l'*x* des Espagnols; par exemple, dans le mot *Don Quixote*.

L'*h* sifflée peut se rendre en françois en mettant une *s* avant l'*h* : Shien *[ville]*. Les missionnaires qui ont été à la Chine ont éprouvé beaucoup de difficultés pour rendre tous les tons différens, et pour écrire ou exprimer exactement l'équivalent des sons Chinois. Ces hommes savans et infatigables n'étant pas tous de la même nation, ont dû nécessairement les écrire d'une manière non uniforme; aussi l'orthographe de tous les dictionnaires est loin de se ressembler.

## GRAMMAIRE (*a*).

DANS les compositions d'un style élevé, les Chinois ne déclinent aucun nom et ne conjuguent aucun verbe. Un mot peut être pris en même temps pour un verbe, pour un nom ou pour un

---

(*a*) J'avois fait une grammaire de la langue Chinoise pour être placée à la tête du dictionnaire; mais l'impression de cet ouvrage paroissant abandonnée, je me bornerai ici à donner une légère idée de la grammaire, en la dégageant des caractères Chinois et des accens qui différencient les mots.

adverbe. La position du mot fait le verbe ou le substantif, et rend ce dernier déclinable.

Si l'on jette les yeux sur les ouvrages de Confucius, on verra qu'il n'y a rien de fixe : mais cette manière d'écrire, bonne pour les livres, ne pouvant suffire dans le discours, les Chinois ont ajouté des particules qui marquent les cas dans les noms et les temps dans les verbes ; ils ont employé des adverbes et des prépositions, enfin ils ont fait entrer dans le discours tout ce qui pouvoit servir à le lier, et à rendre le sens plus net, plus précis et plus facile à comprendre.

### Substantif.

Le nominatif se rend par un mot simple : par exemple, Fong *[ le vent ]*. Quelquefois les Chinois, sur-tout ceux des provinces du nord, ajoutent les mots Teou, Tse, Eul ; mais si l'on veut parler avec élégance, on n'en fait pas usage. Le nominatif se place près du verbe et le précède.

Le génitif se distingue par les particules Ty et Tchy ; mais on les sous-entend lorsque le sens de la phrase est assez clair. Dans ce cas, on place en avant le mot qui est dans la dépendance : Kia-tchou *[ de la maison le maître ]*.

Le datif est caractérisé par les particules Yu et Y ; elles précèdent le substantif, mais souvent on les omet : Ny-kiao-ngo *[ enseignez-moi ]*.

L'accusatif ne se distingue que parce qu'il est placé après le verbe, ainsi que dans la phrase ci-dessus; il y a cependant certains verbes qui sont précédés par l'accusatif.

Le vocatif emploie les particules Ya et Tsay. La première sert dans les exclamations : elle est peu usitée dans le discours ; mais elle s'emploie, ainsi que la seconde, dans les compositions.

L'ablatif se forme avec certaines particules qui précèdent toujours le verbe : Ny-tong-ta-kuu *[ avec lui allez ]*.

Le pluriel se rend par Men et Teng, qui se placent après les mots. Men sert pour toutes sortes de noms ; Teng est employé pour faire le pluriel de Ngo *[ moi ]*, et donne en même temps plus d'extension au mot.

Les Chinois ont aussi une autre manière de former le pluriel, en mettant avant ou après les mots des particules qui expriment quantité : Jin-kiay ou Jin-tou *[ homme en totalité ]*.

## Adjectif.

L'adjectif n'est sujet à aucune concordance avec le substantif, mais il le précède presque toujours : Hao-jin *[ un bon homme ]*. S'il vient après, on met le mot Ty : cependant lorsqu'on emploie des adjectifs synonymes, il est plus élégant de supprimer ce dernier mot ; Fou-kouey-jin *[ un riche homme ]*.

### Comparatif.

Le comparatif est formé chez les Chinois par différentes particules, dont les unes servent dans les compositions, et les autres dans le discours, Keng-hao *[meilleur]*; mais elles occupent diverses places, car il est bon d'observer que dans la langue Chinoise la position d'un mot apporte une grande différence au sens de la phrase : Ta-y-tche *[plus grand d'un pied]*, Y-tche-ta *[grand d'un pied]*.

### Superlatif.

Le superlatif se forme en plaçant avant ou après les mots certaines particules qui expriment *beaucoup*, ou en répétant l'adjectif et le faisant suivre par le mot Ty : Hao-hao-ty *[très-bien]*.

Les Chinois emploient aussi des particules pour exprimer le sexe chez les hommes ; Nan-jin *[un homme]*, Nuu-jin *[une femme]*. Pour les animaux, ils en ont d'autres; Kong sert pour exprimer le mâle chez les animaux à quatre pieds, et Mou les femelles. Hiong et Kio servent pour le mâle des oiseaux, et Mou et Tse pour leurs femelles; mais ce qui est plus difficile dans la langue, c'est que les particules pour exprimer le genre, les noms de profession, pour marquer le nombre de quelque chose, sont en grande quantité, et ne peuvent pas s'employer indifféremment :

Y-py-ma *[un cheval]*, Y-ko-jin *[un homme]*, Y-mey-tchin *[une aiguille]*.

### Pronoms personnels.

Ngo *[moi]*, Ny *[toi]*, Ta *[lui]*, Ky *[soi-même]*. Ce dernier n'admet pas de pluriel ni de particule pour désigner un cas quelconque. Tsin *[propre]*, et Tchy *[lui]*, ne s'emploient que dans les compositions.

### Pronoms possessifs.

La langue Chinoise n'a pas, à proprement parler, de pronoms possessifs ; elle les forme en ajoutant Ty aux pronoms personnels.

### Pronoms démonstratifs.

Tche et Na signifient *celui, celui-là* ; on ajoute ordinairement la particule Ko ; Tche-ko *[cela]*, à moins que le substantif n'ait pas lui-même une particule numérique.

### Pronoms relatifs.

Ty et Tche signifient *lequel, celui qui* ; ils ne se placent qu'à la fin du membre de la phrase. Ty est d'un grand usage ; Tche sert dans les compositions, ou lorsqu'on veut s'exprimer avec élégance.

Les Chinois ont d'autres mots qui ont la même signification que les pronoms, mais qui se placent en avant des mots : Mey-ko *[chacun]*, Souy-nien *[chaque année]*.

VERBES.

### VERBES.

Les Chinois ne conjuguent leurs verbes qu'avec des auxiliaires; ils parlent assez souvent à la troisième personne, sur-tout lorsqu'ils s'adressent à des supérieurs : alors ils se servent du mot, *votre serviteur* ou *votre disciple;* et s'ils parlent à des égaux, ils se disent leur frère cadet ; s'ils interrogent, ils s'expriment ainsi : *votre seigneurie a-t-elle fait!*

Les Chinois parlent généralement d'une manière obscure ; ils recherchent les équivoques, et évitent souvent de rendre entièrement leur pensée ; d'ailleurs le génie de la langue veut que l'on néglige ce qui pourroit éclaircir le discours, et que l'on dise beaucoup en peu de mots. La construction de la phrase est extrêmement simple, et n'admet que le présent, le futur et le passé ; *moi faire à présent, moi faire demain, moi faire fini ;* et si le sens indique assez clairement le temps du verbe, on n'ajoute rien pour le faire mieux connoître. Il n'y a dans la langue Chinoise que des verbes actifs et des verbes passifs.

### VERBES ACTIFS.

#### *Temps présent.*

Ce temps n'admet aucune particule auxiliaire; Ngo-ngay *[j'aime].*

#### *Prétérit imparfait.*

Chy et Chy-tsie *[lorsque]* servent à marquer ce temps ; Ngo-lay-chy *[quand je venois].*

### Prétérit parfait.

On emploie, pour marquer ce temps, les mots Leao [*finir*], Y [*déjà*], et Yeou [*avoir*]; le premier mot suit le verbe, et les deux autres le précèdent : Ngo-ngay-leao [*j'ai aimé*].

### Prétérit plusque-parfait.

On exprime ce temps avec Ouan-leao et Kouo-leao [*déjà passé*], Ngo-kiang-kouo-leao [*je l'avois déjà dit*].

### Futur.

On se sert, pour ce temps, des trois particules Hoey [*bientôt*], Tsiang [*tout-à-l'heure*], Yao [*je veux*], Ngo-hoey-Khuu [*j'irai*]; mais on les néglige dans les circonstances où les mots indiquent le temps; Ngo-ming-y-khuu [*j'irai demain*].

### Impératif.

L'impératif n'a aucune particule : Ny-khuu [*allez vous-en*]. On met quelquefois Khy [*commencer*] après le verbe; Kay-khy [*ouvrez*].

### Optatif et subjonctif.

Ces modes se rendent par les mots qui expriment le desir : Yuen [*souhaiter*], et Pa-po-te [*plût à Dieu*]! Pa-po-te-lay [*je desire qu'il vienne*].

### Prétérit imparfait.

On emploie pour ces temps les mots suivans : Jo [*si*], Jo-chy [*si cela étoit*], Souy [*quoique*], Jo-ta-lay [*s'il fût venu*].

### Futur.

On se sert, pour le futur du subjonctif, des mots Tsay [*dès que*], Fang [*lorsque*], Tsieou [*aussitôt, dans le moment*], Ngo-tche-leao, Tsieou-khuu-chouy [*après avoir dîné, aussitôt il faudra que je dorme*].

### Infinitif.

L'infinitif se rend par le verbe seul : Chouy [*dormir*], Kay-chouy [*il faut dormir*].

### Gérondif.

Les gérondifs se forment avec les mots Ty et Goey; le premier placé avant le verbe, et le second après; Ngay-ty [*aimant*], Goey-khuu [*pour aller*].

### Participe présent.

Ce participe s'exprime avec la particule Ty ou Tche; Ngay-ty ou Ngay-tche-jin [*l'homme aimant*].

### Participe futur.

Le participe futur se forme en mettant une des particules du futur avant le participe : Hoey, Tsiang, Yao, Fan-yao-ngay-tche-jin [*celui qui sera aimant*].

### VERBES PASSIFS.

Il y a dans la langue Chinoise certains verbes qui ont une signification passive; tels que Pong-leao [*il fut abîmé*], Hoay-leao [*il fut détruit*]; mais généralement les verbes actifs deviennent passifs en y ajoutant une particule.

## OBSERVATIONS

*Particules donnant la signification passive.*

Chy doit être placé après le nominatif du verbe : Ny-chy-ngay-tche-jin *[vous êtes aimé].*

So se met avant le verbe : Ny-so-ngay-ty *[vous êtes aimé].*

Py se place devant le verbe et la personne qui souffre ; Py-ta-leao *[il fut fouetté].*

Tche s'emploie quand on parle des personnes ; Ty peut servir dans le même sens ; mais il s'emploie plus ordinairement quand on parle de choses inanimées.

Lorsqu'on parle impersonnellement, on ôte Tche pour le remplacer par Ty : Chy-tchay-ty *[on a envoyé].*

Ces particules ajoutées au participe actif, forment le verbe passif.

*Présent.*

Ngo-chy-ngay-tche *[je suis aimé].*

*Imparfait.*

Ny-py-sien-seng-so-kiao-ty-chy-tsie *[quand vous étiez enseigné par le maître].*

*Parfait.*

Ta-py-ta-leao *[il a été battu].*

*Plusque-parfait.*

Ngo-py-ting-ouan-leao *[quand j'avois été entendu].*

*Futur.*

Ny-men-tsiang-py-ta *[vous serez battu].*

### Impératif.

Ny-goey-ngay *[sois aimé]*.

### Optatif et subjonctif.

Ngo-yuen-py-fou-tsin-so-ngay-ty *[plût à Dieu que je fusse aimé de mon père]*! Yo-chy-ny-chy-so-ngay-ty *[s'il arrive que vous soyez aimé]*!

### Imparfait.

Souy-ny-py-ngo-so-ngay-ty-chy-tsie *[quoique vous fussiez aimé de moi]*.

### Parfait.

Souy-ta-chy-so-ngay-leao *[quoiqu'il ait été aimé]*.

### Plusque-parfait.

Ngo-py-ngay-ouan-leao *[que j'eusse été aimé]*.

### Infinitif.

Chy-ngay-ty *[être aimé]*.

Les Chinois ont plusieurs prépositions qui gouvernent l'accusatif ou l'ablatif; la plus grande partie précèdent les noms qu'elles régissent, d'autres les suivent, et quelques-unes se placent devant ou après indifféremment.

Ils ont aussi un grand nombre de conjonctions et d'adverbes de temps, de lieu, de quantité, de qualité, &c., soit pour affirmer, soit pour interroger; mais tous ne s'emploient pas indistinctement, et sur-tout ne se placent pas sans choix dans la phrase ; c'est ce qu'il faut savoir lorsqu'on veut parler avec élégance.

Il y auroit encore beaucoup à dire sur la construction des phrases, et sur la manière de s'exprimer, des exemples même seroient absolument nécessaires ; mais comme il seroit indispensable d'y ajouter des caractères, je réserve pour un autre temps à publier les différens recueils que j'ai apportés avec moi. Je terminerai cet article par dire que les Chinois ne ponctuent pas leurs compositions, c'est-à-dire, qu'ils ne mettent rien pour distinguer la fin des phrases. Un lettré qui se permettroit d'employer des points dans une pièce d'éloquence, la verroit rejeter par les examinateurs, qui s'en trouveroient offensés. Les anciens ne ponctuoient pas, et les modernes n'osent le faire dans les ouvrages de haut style, ou qui doivent passer sous les yeux de l'empereur. On imprime les King sans points, à moins qu'ils ne soient accompagnés d'un commentaire.

## NOMBRES.

Y *[un]*, Eul *[deux]*, San *[trois]*, Sse *[quatre]*, Ou *[cinq]*, Lo *[six]*, Tsy *[sept]*, Pa *[huit]*, Kieou *[neuf]*, Che *[dix]*, Che-eul *[douze]*, Eul-che *[vingt]*, Pe *[cent]*, Tsien *[mille]*, Ouan *[dix mille]*, Y-pe-ouan *[cent fois dix mille* ou *un million]*.

Pour exprimer le *surplus*, on se sert des mots

Ling, To et Ko. Che-ling-san *[dix plus trois]*, Che-nien-to *[dix ans et plus]*, Y-pe-eul-ko *[un cent plus deux]*; le nombre précède toujours le substantif; Sse-ko-jin *[quatre hommes]*.

### *Manière habituelle de compter.*

Les Chinois n'ont pas de chiffres comme les nôtres; ils écrivent tout au long la somme indiquée; mais dans l'écriture courante, ils abrègent les caractères; et, par exemple, au lieu de mettre les deux caractères, San-che *[trente]*, ils tracent trois lignes perpendiculaires qu'ils traversent par une ligne horizontale.

Les Chinois emploient, pour nombrer, une machine de bois semblable à l'abacus des Romains: cet instrument, nommé en patois, San-pan, et en mandarin, Soen-poen, est composé de dix rangées de boules enfilées par une tige de cuivre, et partagées de manière que la partie supérieure de chaque tige n'a que deux boules, tandis que l'inférieure en a cinq; chaque boule d'en haut vaut cinq, et celles d'en bas chacune un.

Les Chinois comptent avec une grande facilité, et commencent indifféremment par une rangée quelconque, à moins que la somme ne soit trop forte, et qu'elle ne les oblige de partir du commencement de la machine. Ils nombrent également en disposant les boules tantôt à droite, et tantôt à gauche ; cependant l'usage est d'aller de droite à gauche.

## ÉTUDES ; EXAMENS.

Il existe peu de villages à la Chine où l'on ne rencontre une école ; il y en a dans tous les bourgs et dans toutes les villes. Le gouvernement ne subvient aux frais d'aucun collége établi dans les provinces ; il entretient seulement celui de Péking, appelé Koue-tse-kien, dans lequel l'empereur fait élever les enfans des grands. Les mandarins civils, depuis le premier rang jusqu'au quatrième, dans la capitale ; ceux depuis le premier jusqu'au troisième, dans les provinces ; et les mandarins militaires du premier et du second ordre ont le droit d'y envoyer un de leurs enfans. Ces élèves obtiennent, après trois ans de résidence, de petits emplois avec des appointemens.

On trouve un grand nombre de maîtres d'école dans toute la Chine ; les gens riches qui cherchent à donner à leurs enfans la meilleure éducation, ont des précepteurs chez eux ; ce sont des Chinois, ou qui ne sont pas parvenus au rang de docteur, ou qui travaillent pour l'obtenir. L'état de précepteur est honorable, et les enfans ont un respect profond pour leurs maîtres.

Dès l'âge de cinq ans les enfans commencent à apprendre les caractères ; les livres qu'on leur met entre les mains, sont 1.º le Pe-kia-sing [*noms propres des cent familles*], dans lequel sont désignés tous les individus qui composent la nation : cette étude est nécessaire à la Chine, où les noms propres ayant tous une signification particulière, et n'étant distingués par aucun indice dans les livres, on est embarrassé de savoir si un mot est un nom, ou ne l'est pas; 2.º le Tsa-tse [*mélange de lettres*]: ce livre traite des choses usuelles et nécessaires à la vie; 3.º le Tsien-tse-ouen [*assemblage de mille lettres*]; 4.º le San-tse-king [*vers de trois syllabes*], dans lequel on a rassemblé les premiers élémens de la morale et de l'histoire.

Les enfans, quoique réunis, apprennent haut et parlent tous ensemble; ils répètent deux fois par jour leurs leçons, et sont punis lorsqu'ils ne sont pas en état de le faire; il y a peu de relâche pour eux, excepté durant les réjouissances du nouvel an, et quelques jours dans le cours de l'année.

Après les premiers élémens, les enfans passent à l'étude des Sse-chou, ou *les quatre livres* classiques; mais on ne les leur explique que lorsqu'ils en savent parfaitement tous les caractères. Avant de leur donner les King, on les exerce à écrire, soit en calquant des caractères, soit en les recouvrant avec de l'encre, et en en suivant exactement les contours, soit en les traçant sur une tablette blanche et vernie qu'on lave ensuite lorsqu'elle est entièrement remplie. Les Chinois s'appliquent à bien écrire ; car, dans les écrits ou les mémoires, il faut que les caractères soient faits avec précision et netteté.

Dans l'étude des King, on commence par le Chy-king, après quoi l'on passe au Ly-ky, au Chouking, et au Tchun-tsieou. Les enfans apprennent ensuite les règles du Ouen-tchang; et, lorsqu'ils sont assez instruits, on les envoie aux examens qui se font dans les villes du troisième ordre, chez le Tchy-hien, ou *gouverneur d'une ville du troisième ordre*. Le nombre des composans est quelquefois de six cents; mais, après le premier examen, il se réduit à quatre cents, qui reçoivent le nom de Hien-ming. Le second examen a lieu chez le Tchy-fou, ou *gouverneur d'une ville du premier ordre*, où les Hien-ming se rendent pour composer, dans de grands batimens destinés à cet usage. Sur ce nombre de quatre cents, on n'en choisit souvent que deux cents auxquels on accorde le nom de Fou-ming.

Les examens dont je viens de parler, ne sont pas les seuls que les étudians doivent subir. Un mandarin envoyé de Peking, et auquel on donne le titre de Hio-tao, ou Hio-yuen, parcourt les provinces, et fait dans chaque grande ville deux examens, l'un au printemps et l'autre en hiver: il emploie trois ans à cette tournée. C'est devant lui que se présentent les Fou-ming, pour composer. On veille à ce qu'ils ne portent pas de livres avec eux, et que l'examinateur ne connoisse pas les auteurs des compositions; mais l'intrigue et les présens font beaucoup. Sur quatre cents concurrens, le Hio-yuen n'en nomme que quinze, qui reçoivent le titre de Sieou-tsay *[bacheliers]* ; ils ont des marques distinctives et le privilége de ne pouvoir être frappés de bamboux suivant le caprice d'un mandarin. En cas de faute de leur part, cette punition ne peut leur être infligée que par un mandarin particulier, qui a l'inspection sur leur conduite. Pour conserver le grade de Sieou-tsay, il faut composer dix fois ; et comme on ne peut s'exempter de paroître aux examens, que dans les cas de maladie ou de deuil, plusieurs Chinois, et même des Sieou-tsay, préfèrent d'acheter le titre de Kien-seng, en payant mille écus au bureau des finances : ce dernier titre est moins honorable que celui de Sieou-tsay, mais il n'est pas nécessaire de composer pour l'obtenir.

Les Kien-seng et les Sieou-tsay se rendent tous les trois ans dans la capitale de la province, afin de composer pour le titre de Kiu-gin ; cet examen est présidé par deux mandarins envoyés exprès de Peking, et dont le premier s'appelle Tching-tchou-kao, et le second Fou-tchou.

Sur un nombre considérable de Kien-seng et de

Sieou-tsay, on ne nomme que soixante Kiu-jin; le premier est décoré du titre de Kiay-yuen.

L'année suivante, tous les Kiu-jin des provinces sont obligés d'aller à Peking pour subir un examen qui a lieu tous les trois ans, et dans lequel ils acquièrent le grade de Tsin-tse, ou *docteurs*. C'est parmi ces derniers que l'empereur choisit ceux qu'il élève à la dignité de Han-lin ; quant aux autres ils peuvent se regarder comme solidement établis; car, outre les présens qu'ils reçoivent de leurs amis et de leurs parens, ils sont susceptibles de parvenir aux emplois les plus importans. Beaucoup de Kiu-jin ne se rendent cependant pas à la capitale, et se contentent de ce titre qui leur suffit pour obtenir des places honorables *(a)*.

Il résulte de là que beaucoup de Chinois courent la carrière des lettres, non pas tant pour se distinguer par leur esprit et leurs talens, que pour obtenir des places, de la considération et de la fortune ; ainsi cet état de lettré, si vanté par certains auteurs, n'a pas l'unique étude pour but, et ne doit être regardé que comme un acheminement aux biens et aux grandeurs.

Mais si l'étude est un moyen de parvenir, il

---

*(a)* Les gens de guerre subissent des examens et acquièrent des titres semblables à ceux des lettrés ; ils doivent savoir tirer de l'arc, monter à cheval et donner des preuves de force et d'agilité.

ne faut pas croire cependant qu'elle seule suffise pour mener aux emplois ; et si le mérite et la vertu peuvent faire distinguer un sujet, les richesses font davantage ; car quelques talens joints à l'aisance, conduisent plus loin que les seules connoissances. Un lettré sans fortune et sans place ne jouit pas à la Chine d'une grande considération ; aussi voit-on beaucoup de Chinois acheter des titres qui les mettent à même d'être placés. Une preuve que le mérite seul ne donne pas les emplois, c'est que plusieurs mandarins, purement militaires, sont gouverneurs de villes quoiqu'ils n'entendent rien aux affaires ; mais ils ont avec eux des mandarins civils qui les dirigent ; et c'est ce que nous avons remarqué plusieurs fois pendant notre voyage. D'ailleurs, les grands mandarins du premier et du second ordre peuvent proposer pour un emploi, leurs enfans, sans que ceux-ci subissent aucun examen, et soient décorés d'aucun titre ; ils ne sont obligés d'en prendre que pour les places éminentes.

Il ne faut pas conclure non plus, du soin qu'on prend d'élever les enfans, que tous les Chinois sachent lire et écrire ; on doit penser que les gens de la campagne, occupés des travaux agricoles, et vivant avec peine, n'ont ni le temps ni les moyens de s'instruire ; mais en général on rencontre à la Chine beaucoup plus d'hommes qu'en Europe, qui savent assez lire et écrire pour toutes les circonstances où ils en ont besoin.

## ASTRONOMIE.

C'est se perdre dans des conjectures sans nombre, que de vouloir fixer l'origine de l'astronomie. Cette science, dont la découverte remonte jusqu'aux temps les plus reculés, n'eut, dans le commencement, que des progrès lents et difficiles parmi les premiers hommes, que le besoin seul de reconnoître les époques propres à l'agriculture, força d'étudier le cours des astres. Le ciel pur et serein de l'Égypte et de plusieurs contrées de l'Asie, mettant les habitans de ces pays plus à même d'examiner la marche des corps célestes, les Égyptiens et les Chaldéens sur-tout, dont l'unique occupation étoit de garder des troupeaux, se distinguèrent par une longue suite d'observations : cependant, quoique les Chaldéens les fassent remonter à une antiquité très-reculée, on ne trouve rien de bien positif avant le règne de Nabonassar, qui monta sur le trône 747 ans avant J. C.; tout ce qui précède cette époque n'est appuyé que sur des traditions très-vagues et très-incertaines.

Les Égyptiens donnèrent les premiers une forme fixe à l'année. Ce peuple observateur ne dut pas en effet rester long-temps sans être frappé des différens changemens qui s'opéroient dans la configuration de la lune, et qui s'achevoient dans un temps limité ; il appela cette période un mois lunaire. Les saisons amenant des variations remarquables, on s'aperçut bientôt que ces variations étoient comprises et revenoient dans le cours de douze lunaisons ; cette révolution fut nommée année, et comme la lune en déterminoit la durée, on l'appela année lunaire. Cette année fut d'un usage général, et les premiers peuples n'en connurent pas d'autre ; car il fallut faire plusieurs observations avant de remarquer qu'au bout d'un certain nombre d'années l'ordre des saisons étoit renversé, et que le temps nécessaire à ce que le soleil revînt dans le ciel au même point d'où il étoit parti, étoit un peu plus long que les douze lunaisons dont on avoit composé l'année. Ce ne fut donc que long-temps après la découverte de l'année lunaire que l'on connut l'année solaire, et qu'on vit la nécessité d'intercaler une lune pour faire coïncider les deux années ensemble.

Les Chinois font remonter leurs connoissances en astronomie jusqu'à la plus haute antiquité. Suivant le Chouking, livre composé sous la première dynastie, on connoissoit du temps de l'empereur Yao, 2357 ans avant J. C., les mouvemens célestes et la longueur des années solaires et lunaires. Dès l'an 2255, sous Chun, on faisoit des observations astronomiques. D'autres auteurs affirment que l'on possédoit ces connoissances sous Hoang-ty, 2608 ans avant J. C. Mais ces rapports sont contredits par le Ouay-ky, qui dit que ce ne fut que sous l'empereur Ty-ky, l'an 2197, qu'on fixa la durée du mois lunaire, et qu'on lui donna trente jours ; ce qui est probable, puisque les astronomes Chinois ne sont pas d'accord entre eux, et ne savent pas à quelle année ni à quel jour du cycle correspond l'éclipse arrivée sous Tchong-kang, 2159 ans avant J. C.

Depuis le commencement de la troisième dynastie des Tcheou, en 1122 avant J. C., jusqu'à l'année 722, c'est-à-dire, dans l'espace de 400 ans, on trouve seulement, sous le règne de Vou-vang, une observation de solstice faite entre les années 1104 et 1098. Depuis cette époque jusqu'au règne de Yeou-vang, on ne cite qu'une éclipse arrivée sous ce prince en 776.

Telles sont les observations faites à la Chine depuis Yao jusqu'à Yeou-vang, c'est-à-dire, dans un espace de 1600 ans : mais celles de solstice faites sous Yao, sont présentées avec tant d'obscurité, que les astronomes ne peuvent se concilier dans leurs calculs ; et les autres observations sont si douteuses et en si petit nombre, qu'on ne peut s'en servir, ni en rien conclure sur l'habileté des observateurs. Quoi qu'il en soit, si les Chinois ont

ont fait des observations dès le commencement de leur empire, ils n'en sont pas devenus meilleurs astronomes. Plus adonnés à l'astrologie qu'à l'astronomie, ils ont observé les astres et examiné les changemens qui arrivoient dans le ciel, non pour en découvrir la cause, mais seulement afin d'en tirer des pronostics pour l'avenir. La persévérance de leurs observateurs, et les connoissances qu'ils ont reçues des étrangers, leur ont été inutiles; et l'on ne peut dire des Chinois ce que l'on a dit des autres peuples, que chez eux l'astrologie a beaucoup contribué aux progrès de l'astronomie.

Depuis les Han, 206 ans avant J. C., ils eurent des liaisons avec les Indiens, les Perses, les Arabes et les Romains. Vers l'année 164 de J. C., ils parcouroient les pays qui s'étendent depuis la Chine jusqu'à la mer Caspienne, et ils profitèrent à cette époque d'un traité d'astronomie venu du Ta-tsin. En l'an 440 de J. C., ils eurent recours à un prêtre Indien pour observer et calculer les solstices, n'ayant pas eux-mêmes de méthode exacte.

En 719, le roi de Samarcande envoya à l'empereur de la Chine un traité d'astronomie.

En 721, les Chinois voulurent calculer une éclipse, mais le calul se trouva faux.

En 1290, le Mahométan Dgemaleddin composa pour eux un livre d'astronomie.

## OBSERVATIONS

Il y avoit trois cents ans que les Arabes avoient la direction du calendrier, lorsque le père Adam Schaal en fut chargé; mais ce missionnaire ayant été mis en prison en 1664, de nouvelles erreurs remplirent tellement le calendrier, que le père Verbiest, auquel la cour ordonna de le corriger, en 1669, se vit forcé d'en retrancher un mois entier. Depuis cette époque, les missionnaires ont la direction du calendrier; mais actuellement même ces pères ne s'occupent que de la partie astronomique des trois almanachs qui se publient tous les ans; les Chinois continuent de rédiger la partie astrologique.

Le calendrier ordinaire divise l'année par mois lunaires; il contient une table du lever du soleil, calculée pour chaque jour, suivant les latitudes des principaux lieux; il indique les nouvelles et pleines lunes, et le nom du cycle de 60 qui répond à chaque jour. Le second calendrier fait connoître le mouvement des planètes; c'est ce qui sert aux Chinois à former des conjectures sur l'avenir. Le troisième calendrier, réservé pour l'empereur, indique les conjonctions des planètes avec la lune, et la situation de cet astre par rapport aux étoiles.

La publication du calendrier est une affaire d'état. L'empereur en distribue des exemplaires aux grands, aux mandarins et aux peuples tributaires.

Il s'en vend aussi un très-grand nombre, parce que chaque individu cherche à se procurer un livre qui le guide dans les opérations futures de la vie. Depuis le chef de l'empire jusqu'au dernier des sujets, tous sont occupés de pensées chimériques, tous croient aux malheurs prédits par les astres. Cette superstition, qui entretient chez les hommes l'opinion funeste qu'un événement annoncé est inévitable, doit avoir de terribles conséquences dans les temps de trouble; et il est étonnant que les empereurs n'aient pas cherché à détruire dans l'esprit de la multitude cette fatale croyance, qu'une planète éclipsée ou moins lumineuse menace leur trône et leur tête ; mais, comme je l'ai déjà remarqué, l'empereur est aussi crédule que le peuple.

D'après cette manière de penser, on peut croire que cette nation produira peu d'habiles astronomes, et ce que je vais rapporter le confirme. Des nuages ayant un jour empêché d'observer une éclipse, les missionnaires se plaignirent de ce contre-temps, tandis que les Chinois, enchantés de n'avoir rien vu, allèrent en rendre compte à l'Empereur, et le félicitèrent de ce que le ciel, touché de ses vertus, lui avoit épargné le chagrin de voir le soleil éclipsé *(a)*.

---

*(a)* Lettres édifiantes, *tome XXII, page 192.*

L'astronomie, ajoute le père Parennin, languira toujours à la Chine, puisque ceux qui sont chargés d'observer le ciel, desirent qu'il n'y paroisse rien d'extraordinaire.

Les Chinois comptent sept planètes, qu'ils nomment Tsy-yao *[ les sept brillans ]*, en y comprenant le soleil et la lune. Les planètes, suivant leurs idées superstitieuses, influent sur tous les événemens qui arrivent en ce monde, et sur la vie et la mort des hommes ; leur couleur plus ou moins sombre, menace de quelque accident.

Le soleil tient le premier rang parmi les astres ; il préside à l'année et aux saisons ; sa couleur pâle annonce des malheurs ou la mort d'un prince ; des révoltes doivent suivre nécessairement une éclipse de soleil. La lune sert à indiquer le temps ; lorsque sa clarté ordinaire est ternie, les hommes doivent s'attendre à des événemens fâcheux. Les Chinois représentent le soleil par la figure d'un oiseau dans un cercle, et la lune par celle d'un lapin pilant quelque chose dans un mortier. Ces peintures ne sont pas faites pour les enfans, car elles existent sur les drapeaux de l'empereur, ainsi qu'on peut le voir dans le recueil des objets destinés à son usage. Les cinq autres planètes, appelées en chinois Ou-sing *[ les cinq astres ]*, sont :

Tou *[ la terre ]*, qui répond à Saturne, et règne à la fin de l'été ;

Mo *[le bois]*, qui répond à Jupiter, et préside au printemps et même à l'année ;

Ho *[le feu]*, qui répond à Mars, et préside à l'été, aux deuils et aux travaux publics ;

Kin *[le métal]*, qui répond à Vénus, préside à l'automne, et protége les ministres ;

Chouy *[l'eau]*, qui répond à Mercure, et préside à l'hiver et à l'eau.

Les Chinois ont rangé toutes les étoiles sous différentes constellations, dont les noms particuliers ont rapport au gouvernement de la Chine ; ils ont installé dans le ciel un empereur, un prince héritier, ses femmes, ses fils et ses enfans ; ils ont établi des tribunaux ; enfin, ils ont donné aux étoiles les titres des dignités, les noms des hommes, des animaux, des lacs, des fleuves, des rivières, des villes, et des instrumens de toute espèce que l'on trouve dans l'empire.

Ils ont placé dans le nord un palais du milieu, au centre duquel réside l'étoile polaire ; et à peu de distance un autre palais appelé Ou-ty-tso *[trône des cinq empereurs]*, composé des cinq étoiles de la queue du Lion, qui préside à toutes les parties du monde. Les sept étoiles de la grande Ourse sont nommées Pe-teou *[boisseau du nord]*, ou mesure de la vie des hommes et des divers événemens qui arrivent sur la terre.

Ils ont mis dans le ciel un marché céleste, dont

la principale étoile Ty-tso [ *trône de l'empereur* ] répond à l'alpha d'Hercule : ce marché renferme plusieurs constellations dont les noms ont rapport aux objets qui se trouvent dans un marché.

Ils ont divisé en outre le firmament en quatre parties, dont chacune contient sept constellations *(a)*.

*Dans la partie orientale,*

Kio [*la corne*]............⎫
Kang [*la cour*]............⎬ répondent à la Vierge.

Ty [*la fin*]............... répond à la Balance.

Fang [*la maison*]..........⎫
Sin [*le cœur*]..............⎬ répondent au Scorpion.
Ouey [*la queue*]...........⎭

Ky [*le crible*]............ répond au Sagittaire.

*Dans la partie septentrionale,*

Nan-teou [*le boisseau du Sud*]. répond au Sagittaire.
Nieou [*le bœuf*]............ répond au Capricorne.
Niu [*la fille*]..............⎫
Hiu [*le vide*]..............⎬ rép.ᵗ au Verseau et au petit Cheval.
Goey [*le danger*]........... répond au Verseau et à Pégase.
Che [*la chambre*].......... répond à Pégase.
Pie [*la muraille*].......... répond à Pégase et à Andromède.

*Dans la partie occidentale,*

Kouey [*le fondement*]....... rép.ᵈ aux Poissons et à Andromède.
Leou [*la récolte des fruits*].... répond au Belier.
Goey [*l'estomac*]........... répond à la Fleur de lys.

---

*(a)* On peut consulter mon Planisphère Chinois. *Acad. des sciences, tome X, 1782.*

Mao *[le soutien des choses de la nature]*............ } répond aux Pleyades.

Py *[espèce de filet]*.......... répond au Taureau.

Tsu *[les cornes de hibou]*..... } répondent à Orion.
Tsan *[bois]*................

*Dans la partie méridionale,*

Tsing *[le puits]*............ répond aux Gémeaux.
Kouey *[le génie]*........... répond à l'Écrevisse.
Lieou *[le saule]*............
Sing *[l'étoile]*............. } répondent à l'Hydre femelle.
Tchang *[l'ouverture]*.......
Ye *[l'aile]*................
Tchin *[le timon]*.......... répond au Corbeau.

Ces vingt-huit constellations composent le zodiaque, que les Chinois nomment Hoang-tao *[voie jaune]*. L'équateur est appelé Tche-tao *[voie de couleur de chair]*; il est partagé en douze Kong *[palais]*, c'est-à-dire, en douze portions de 30°, chacune divisée en deux, et formant les vingt-quatre Tsie-ky qui ont rapport aux saisons et aux différens temps de l'année.

Ces vingt-quatre Tsie-ky sont :

1. Ly-tchoun *[commencement du printemps]*......... } 1.er palais, Se-kong, répondant au Verseau.
2. Yu-chouy *[eau de pluie]*..

3. King-tche *[mouvement des vers]*................ } 2.e palais, Yeou-kong, répondant aux Poissons.
4. Tchoun-fen *[équinoxe du printemps]*...........

5. Tsing-ming *[pure clarté]*. } 3.e palais, Chin-kong, répondant au Belier.
6. Ko-yu *[pluie pour les semences]*..............

D d 4

7. Ly-hia [*commencement de l'été*]............ } 4.<sup>e</sup> palais, Ouy-kong, répondant au Taureau.
8. Siao-man [*petite abondance*]............ }

9. Mang-tchang [*semence de riz*].............. } 5.<sup>e</sup> palais, Ou-kong, répondant aux Gémeaux.
10. Hia-tchy [*solstice d'été*].. }

11. Siao-tchou [*petite chaleur*]............... } 6.<sup>e</sup> palais, Se-kong, répondant à l'Écrevisse.
12. Ta-tchou [*grande chaleur*]............... }

13. Ly-tsieou [*commencement de l'automne*]......... } 7.<sup>e</sup> palais, Chin-kong, répondant au Lion.
14. Tchou-tchou [*fin de la chaleur*].............. }

15. Pe-lou [*rosée blanche*].... } 8.<sup>e</sup> palais, Mao-kong, répondant à la Vierge.
16. Tsieou-fen [*équinoxe d'automne*]............. }

17. Han-lou [*rosée froide*]... } 9.<sup>e</sup> palais, Yn-kong, répondant à la Balance.
18. Choang-kiang [*bruine tombante*]............ }

19. Ly-tong [*commencement de l'hiver*]............ } 10.<sup>e</sup> palais, Tcheou-kong, répondant au Scorpion.
20. Siao-sueu [*petite neige*].. }

21. Ta-sueu [*grande neige*].. } 11.<sup>e</sup> palais, Tse-kong, répondant au Sagittaire.
22. Tong-tchy [*solstice d'hiver*]................ }

23. Siao-han [*petit froid*].... } 12.<sup>e</sup> palais, Hay-kong, répondant au Capricorne.
24. Ta-han [*grand froid*] ... }

Le premier Tsie-ky répond au 15.<sup>e</sup> degré du Verseau; le second, au 1.<sup>er</sup> degré des Poissons; le troisième, au 15.<sup>e</sup> degré, et ainsi de suite.

## De la Manière de compter les Jours, les Heures et les Mois.

Avant l'arrivée des Européens, les Chinois ne connoissoient pas les montres; ils se servoient de cadrans solaires, d'horloges d'eau nommées Kou-leou, pour mesurer le temps; et l'on annonçoit l'heure en frappant sur un grand tambour. Les Chinois comptent douze heures dans un jour, ainsi une heure chinoise répond à deux des nôtres. La première heure commence à onze heures du soir, et finit à une heure du matin. Chaque heure se partage en deux Poen-chy [ *moitié d'heure* ] ; chaque Poen-chy est divisé en quatre quarts, nommés Chy-ke.

La première partie de l'heure s'appelle Chang, et la seconde Hia; le milieu se nomme Tchong, et la fin Mo. Pour exprimer *midi*, on dit Chang-ou; *midi passé*, Chang-ou-tso; *l'après-midi*, Hia-ou; *minuit*, Poen-ye. On place le mot Poen avant le mot Ye; car s'il le suivoit, le sens ne seroit plus le même. Poen-nien veut dire, *au milieu de l'année;* et Nien-poen, *une année et demie*.

Les jours du mois sont désignés par les caractères du cycle de soixante, qui paroît avoir été dans le principe la seule grande division du temps. Les Chinois disent, tel événement arriva Eul-yue [ *à la seconde lune* ], Ky-se-y, au jour Ky-se [ *sixième du cycle* ].

## Noms des heures.

| | |
|---|---|
| 1.re heure, Tse-chy. | 7.e heure, Ou-chy. |
| 2.e..id...Tcheou-chy. | 8.e..id...Ouy-chy. |
| 3.e..id...Yn-chy. | 9.e..id...Chin-chy. |
| 4.e..id...Mao-chy. | 10.e..id...Yeou-chy. |
| 5.e..id...Chin-chy. | 11.e..id...Se-chy. |
| 6.e..id...Se-chy. | 12.e..id...Hay-chy. |

Les douze heures portent aussi les noms de différens animaux.

| | |
|---|---|
| Chu *[rat]*. | Ma *[cheval]*. |
| Nieou *[bœuf]*. | Yang *[brebis]*. |
| Hou *[tigre]*. | Heou *[singe]*. |
| Tou *[lièvre]*. | Ky *[poule]*. |
| Long *[dragon]*. | Keou *[chien]*. |
| Che *[serpent]*. | Tchu *[porc]*. |

La nuit se divise en cinq veilles, qui sont plus ou moins longues, suivant la durée de la nuit : la première veille dure de huit heures à dix heures, la seconde, de dix à douze heures ; la troisième, de douze à deux heures ; la quatrième, de deux à quatre heures ; et la dernière, de quatre à cinq ou à six heures.

La première veille s'annonce par un coup de tambour ; la seconde, par deux coups ; la troisième, par trois coups, et ainsi de suite.

Les Chinois comptent les jours en suivant le cours de la lune, un, deux, &c. ; mais quelquefois ils se servent du mot Nien *[vingt]*, après le vingtième jour du mois, et disent Nien-y *[vingt-un]*, Nien-ou *[vingt-cinq]*.

L'année est de douze lunes; on en intercale une tous les trois ans pendant l'espace de neuf années, et une autre deux ans après; ensuite on en intercale une tous les trois ans, pendant l'espace seulement de six ans, et une autre deux ans après *(a)*; de manière qu'on intercale d'abord quatre lunes dans l'intervalle de onze années, et puis trois lunes dans l'intervalle de huit ans, c'est-à-dire, sept pendant le cours de dix-neuf ans. Dans les années communes, on compte les lunes depuis la première jusqu'à la douzième; mais dans les années intercalaires, on compte deux fois de suite la même lune; cette lune reçoit le nom de Joun. Depuis la seconde lune jusqu'à la dixième inclusivement, on les répète indifféremment; mais on ne répète jamais la première, la onzième et la douzième. L'année lunaire est de trois cent cinquante-quatre jours; elle commence à la première nouvelle lune qui paroît après le premier degré du verseau. Il y a des mois de trente jours, et d'autres de vingt-neuf; les premiers s'appellent Yue-ta *[grande lune]*; et les seconds, Yue-siao *[petite lune]*.

La première lune qui commence à la fin de

---

*(a)* Table des Cycles, ouvrage Chinois, fait par ordre de l'empereur.

janvier ou en février, se nomme Tching-yue; la seconde, Eul-yue.

 La conjonction est appelée, Yue-so;
 Le 1.<sup>er</sup> quartier...... *id.* Yue-ouang;
 Le déclin........... *id.* Yue-hia-ouang;
 Le dernier quartier.... *id.* Yue-hia-hien.

Les Chinois partagent quelquefois le mois en trois. Depuis le premier de la lune jusqu'au dixième jour, ils disent Tse-chy-kien; depuis le dixième jusqu'au vingtième, Chang-siun; et depuis le vingtième jusqu'au trentième, Hia-siun.

 Une éclypse est appelée, Yue-che;
 Le d.<sup>er</sup> jour de l'an. *id.* Tse-y;
 La d.<sup>re</sup> nuit de l'an. *id.* Nien-ye.

L'année, en chinois, se dit Nien; une période de trente ans, Y-chy; un siècle ou une génération, Chy-kiay ou Jin-chy; année nouvelle, Sin-Nien; année courante, Kin-nien. Le mot Nien *[année]*, est très-ancien, puisqu'on l'employoit plus de 2500 ans avant J. C., dans la même signification. Depuis Ty-tchy, 2366 avant J. C., on appela les années Tsay. Yu, premier empereur de la dynastie des Hia, leur donna le nom de Souy; et Tching-tang, en 1766, celui de See; mais, en 1134 avant J. C., Ouen-vang rendit à l'année le nom de Nien.

Les Chinois donnent à leur empereur, pendant

sa vie, un nom propre différent de celui qu'ils lui donnent après sa mort; le premier sert à compter les années de son règne, et n'est plus d'usage après lui; le second sert à le désigner dans la salle des ancêtres et dans l'histoire. Par exemple, Kang-hy n'est pas le vrai nom de l'empereur Tartare, qui commença à régner en 1662 après J. C., son nom est Ching-tsou-jen.

Cet usage de donner un nom à la première année du règne, et de compter à partir de cette année, a commencé sous Hiao-ouen-ty, empereur des Han, 179 ans avant J. C., qui fit appeler la dix-septième année de son règne, Heou. Cette année répond à l'an 163 avant J. C.: on comptoit auparavant par l'ordre numérique des années du règne de l'empereur.

*Manière de compter les Années et les Jours.*

Cette manière de compter consiste à combiner deux cycles, celui des heures et celui des années; de sorte que le dernier fait six révolutions, et le premier cinq, avant que les deux premiers termes des cycles, des heures et des années, se retrouvent ensemble. Le cycle de dix, ou des années, s'appelle Che-kan *[les dix troncs]*; et le cycle des heures, Che-eul-tchy *[les douze branches]*; ce cycle sert pour les années et les jours.

## CYCLE.

| | | | | |
|---|---|---|---|---|
| 1. Kia-tse. | 11. Kia-se. | 21. Kia-chin. | 31. Kia-ou. | 51. Kia-yn. |
| 2. Y-tcheou. | 12. Y-hay. | 22. Y-yeou. | 32. Y-ouy. | 52. Y-mao. |
| 3. Ping-yn. | 13. Ping-tse. | 23. Ping-se. | 33. Ping-chin. | 53. Ping-chin. |
| 4. Ting-mao. | 14. Ting-tcheou. | 24. Ting-hay. | 34. Ting-yeou. | 54. Ting-se. |
| 5. Meou-chin. | 15. Meou-yn. | 25. Meou-tse. | 35. Meou-se. | 55. Meou-ou. |
| 6. Ky-se. | 16. Ky-mao. | 26. Ky-tcheou. | 36. Ky-hay. | 56. Ky-ouy. |
| 7. Keng-ou. | 17. Keng-chin. | 27. Keng-yn. | 37. Keng-tse. | 57. Keng-chin. |
| 8. Sin-ouy. | 18. Sin-se. | 28. Sin-mao. | 38. Sin-tcheou. | 58. Sin-Yeou. |
| 9. Jin-chin. | 19. Jin-oü. | 29. Jin-chin. | 39. Jin-yn. | 59. Jin-se. |
| 10. Kouey-yeou. | 20. Kouey-ouy. | 30. Kouey-se. | 40. Kouey-mao. | 60. Kouey-hay. |

Les Chinois disent Kien-loñg première année, Ping-chin (53.e du cycle), répondant à l'année 1736.

## GOUVERNEMENT.

LES premiers Européens qui pénétrèrent à la Chine, et qui croyoient qu'excepté l'Europe, toute la terre étoit barbare, furent bien étonnés de trouver aux extrémités du Monde une nation policée, ayant des lois, des mœurs, des usages réglés, et un gouvernement établi depuis un grand nombre de siècles. Ils revinrent dans leur patrie raconter ces merveilles; mais leurs récits parurent aussi extrordinaires à leurs compatriotes, que ces peuples lointains l'avoient paru eux-mêmes aux yeux de ces voyageurs. On révoqua en doute leurs rapports, et ce ne fut que long-temps après qu'on reconnut qu'ils avoient dit la vérité; mais autant on s'étoit montré difficile à croire les relations de ces premiers voyageurs, autant on devint crédule et enthousiaste à mesure qu'on fréquenta davantage les Chinois; on les représenta comme formant un empire depuis plusieurs milliers d'années; leur morale, leurs lois, leur gouvernement furent dépeints comme parfaits; enfin, d'un peuple ordinaire on fit un peuple de sages, gouverné par un empereur qui étoit plutôt le père que le maître de ses sujets. Je ne prononcerai pas sur un éloge aussi pompeux; mais je rapporterai, en simple voyageur, ce que j'ai vu.

L'empereur a le pouvoir d'abroger les lois établies,

et d'en faire de nouvelles. Maître absolu, si dans certaines circonstances, la hardiesse de quelques censeurs s'oppose à sa volonté suprême, l'exil ou la mort l'a bientôt délivré de cet obstacle. Dispensateur de tous les honneurs, il nomme et casse les mandarins à son gré. Les seuls princes titrés ne peuvent être dépossédés sans avoir subi un jugement; mais comme l'empereur nomme les juges, il a toujours le moyen de disposer de la vie ou de la liberté de ceux qui ont encouru sa disgrace; c'est ce qui est arrivé sous Yong-tching *(a)*.

Le pouvoir du chef de l'empire, déjà immense de sa nature, s'accroît encore par le respect filial que le gouvernement Chinois entretient avec soin dans toutes les classes des sujets. Le respect pour l'empereur va jusqu'à l'adoration; le peuple le regarde comme le fils du Ciel; ses ordres sont sacrés, et lui désobéir est un crime irrémissible. Mais, comme les grands, dont l'autorité dérive du prince, ont droit à une partie de ce même respect de la part du peuple, l'empereur, pour les empêcher d'en abuser, les change tous les trois ans, les oblige de se présenter devant lui chaque fois qu'ils quittent ou qu'ils vont occuper un emploi; et, pour avoir un gage de leur bonne conduite,

---

*(a)* Année 1724, Lettres édifiantes, *tomes XVII et XVIII*.

il fait élever leurs enfans dans le collége impérial de Peking. Ce moyen facile de s'opposer à tout agrandissement des mandarins, et de les tenir dans la dépendance, est encore fortifié par un antique usage qui les force de faire eux-mêmes la confession de leurs propres fautes; et comme il est naturel à l'homme de déguiser, ou du moins de pallier le mal qu'il a pu commettre, l'empereur, pour connoître la vérité, expédie secrétement dans les provinces des inspecteurs qu'il charge d'examiner la manière dont les peuples sont gouvernés. Sur l'avis de ces inspecteurs, il punit ou récompense; et afin que les exemples servent de frein ou d'encouragement, il fait insérer dans la gazette de la cour, les noms de tous les mandarins cassés ou élevés, blâmés ou approuvés.

Ce système de n'accorder des places qu'à ceux qui se comportent bien, cette surveillance continuelle exercée sur les dépositaires de l'autorité, produiroient un excellent effet si l'empereur pouvoit tout voir par lui-même; mais cela est impossible, car vouloir gouverner un peuple comme on gouverneroit sa propre famille, ainsi que le recommande Confucius, est une de ces belles maximes qui font honneur au philosophe, et qui ne peuvent être strictement mises en pratique. Ces commissaires impériaux si redoutables, puisqu'ils représentent l'empereur, et en ont toute l'autorité;

ces examinateurs de la conduite des grands officiers, qui peuvent les accuser et les destituer, n'exécutent pas toujours fidèlement les ordres qu'ils ont reçus. Aussitôt qu'ils arrivent dans une province, tous les mandarins s'empressent d'aller au devant de leurs desirs, et de leur offrir des présens ; et comment les refuseroient-ils, puisque l'empereur lui-même en reçoit de très-considérables !

L'amour des présens a toujours existé à la Chine : il est ordinaire de faire des dons de quatre-vingt et cent mille francs. Une charge de gouverneur de ville coûte plusieurs milliers d'écus, et quelquefois de vingt à trente mille. Un vice-roi, avant d'être en possession de sa place, paie de soixante à deux cent mille francs ; il n'y a pas de visiteur ou de vice-roi, qui ne se retire avec deux ou trois millions. J'ai vu moi-même un Hopou de Quanton, quitter sa place après un an de résidence, emportant avec lui un million de piastres [5,400,000 liv.]. Tous les mandarins chargés d'une commission de la cour, sont nommés par le ministère : lorsque les commissions sont achevées, les personnes qui les ont remplies font des présens aux ministres, aux princes du sang, et aux présidens et assesseurs des tribunaux ; mais ces mandarins ne donnent pas tout, ils en gardent une bonne partie pour eux, bien persuadés qu'on ne les inquiétera pas pour leur administration. En effet, ceux qui auroient quelques plaintes à faire, n'ont pas la faculté de s'adresser à l'empereur, mais seulement aux ministres ou aux officiers principaux de la chambre; or, tous ces personnages étant liés d'intérêt, aucune requête ne parvient, et les plaignans ne peuvent réussir à obtenir la moindre justice *(a)*.

Yong-tching voulant arrêter les funestes effets de cette vénalité, fit augmenter, en 1730, les appointemens des gouverneurs des villes, et leur défendit de recevoir aucun don. Kien-long renouvela les mêmes défenses; mais les mandarins trouvent facilement les moyens de les éluder; car nulle part on n'est aussi industrieux que dans ce pays, à imaginer un biais pour arriver sûrement à ce que l'on desire; et celui qui demande, comme celui auquel on s'adresse, trouvent toujours les moyens, l'un d'offrir un présent, et l'autre de le recevoir. Par exemple, à Quanton, les mandarins chargés des commissions des grands de Peking, font demander aux marchands de cette ville des objets d'Europe; ceux-ci, soit par crainte, soit pour faire leur cour, les offrent d'abord à moitié prix; mais bientôt ils se réduisent au quart, lorsqu'on leur objecte qu'ils veulent trop gagner. Ces effets ainsi achetés à Quanton pour le quart de leur valeur,

---

*(a)* Voyage au Nord; Lange, *tome VIII, page 295.*

sont envoyés dans la capitale, et vendus après avoir subi une nouvelle diminution. C'est de cette manière que les grands se procurent des marchandises à vil prix. Nous avons vu entre leurs mains des montres qui valent ordinairement quatre cents piastres à Quanton, et qu'ils n'avoient payées que cinquante, ou le huitième du prix du premier achat.

Si les mandarins des provinces n'employoient que ces moyens pour contenter les fantaisies des ministres, et si ces mêmes fantaisies n'alloient pas plus loin, le mal ne seroit pas très-grand ; mais étant forcés, pour conserver leurs places, de faire des présens d'une valeur considérable, et n'ayant pas d'ailleurs des traitemens suffisans pour leurs propres dépenses, ils se trouvent dans la nécessité de rançonner tous ceux qui dépendent d'eux, de commettre mille vexations, de ne s'occuper que de leur fortune, et de fermer les yeux sur la conduite des autres mandarins, ou de leurs subalternes. Ainsi, les ordres du prince deviennent nuls, et cette surveillance réciproque des mandarins est souvent chimérique. Dans certaines circonstances, il est vrai, et sur-tout dans les troubles, on écrit à Peking : l'Empereur fait mettre les vice-rois coupables aux fers, il les casse et confisque leurs biens ; mais en intimidant les mandarins, ces punitions ne les corrigent pas, elles ne font que suspendre pour un moment leurs brigandages, et ne remédient pas efficacement au mal, puisque ces mêmes mandarins disgraciés rentrent bientôt en faveur, et sont envoyés pour gouverner d'autres provinces, où ils réparent leur fortune. L'empereur se sert des grands, comme d'une éponge, pour pomper les richesses de ses sujets ; lorsque l'éponge est pleine, il la presse et la reporte ailleurs, afin qu'elle se remplisse de nouveau. Je le répète, les Chinois aiment prodigieusement l'argent ; ils saisissent avec avidité tous les moyens de s'en procurer : ce n'est jamais que l'occasion qui leur manque ; on en jugera par les faits que je vais rapporter.

Un Fou-yuen de la province de Quang-tong l'avoit gouvernée avec intégrité ; il en fut nommé vice-roi : une fois en possession, il imita la conduite de ses prédécesseurs. *Auri sacra fames.*

Le mandarin dont le lord Macartney s'est plaint dans son ambassade, avoit été vice-roi du Quang-tong et du Quang-sy. L'empereur, en le nommant, lui avoit dit : « je vous place dans une ville » où il y a beaucoup de curiosités d'Europe, et » d'où on ne m'envoie rien. » On peut présumer que, comprenant le sens de ces paroles, le vice-roi rendu dans sa province, n'oublia ni l'empereur ni lui-même. Les Chinois qui avoient à lui demander des grâces, n'entroient chez lui qu'avec un présent de quinze à vingt mille piastres ; et un particulier ne put obtenir de le voir, parce que la somme qu'il pouvoit offrir, ne s'élevoit qu'à dix mille piastres [ 54,000 liv. ] ; mais les secrétaires en firent leur profit et lui promirent de parler en sa faveur à leur maître. Ce mandarin, dont la conduite étoit connue des Anglois, dut nécessairement les voir de mauvais œil, aussi fit-il tous ses efforts pour les éconduire.

Certains auteurs ont regardé le gouvernement Chinois comme parfait. « Chez ce peuple de sages, » disent-ils, tout ce qui lie les hommes est reli- » gion ; et la religion elle-même n'est que la pra- » tique des vertus sociales. C'est un peuple mûr » et raisonnable, qui n'a besoin que du frein des » lois civiles pour être juste *(a)*. »

J'ai vécu long-temps à la Chine ; j'ai traversé ce vaste empire dans toute sa longueur ; j'ai vu par tout le fort opprimer le foible, et tout homme ayant en partage une portion d'autorité, s'en servir pour vexer, molester et écraser le peuple.

Les mandarins des villes cherchoient à s'emparer d'une partie du salaire dû à nos coulis et à nos porteurs ; ils les frappoient même lorsqu'ils vouloient se plaindre.

Un de nos petits mandarins ne rougit pas de

---

*(a)* Raynal.

prendre une somme de vingt mille francs qui devoit être distribuée à nos domestiques Chinois.

Les Mandarins de Peking chargés de nous fournir des vivres, en vendoient la moitié. Le Ho-tchong-tang *(a)* lui-même se réserva les deux belles pendules apportées par les Hollandois, alléguant pour prétexte qu'il ne vouloit pas compromettre le mandarin qui avoit été chargé du soin de les escorter ; comme si cet homme pouvoit être responsable de ce que les porte-faix avoient fracassé ces machines en tombant dans les mauvais chemins.

Mais ne nous arrêtons pas à des faits d'une aussi foible importance ; examinons le gouvernement lui-même, et jugeons-le par ses résultats.

Le Tsong-tou de Quanton fit faire, en 1794, des galères, pour poursuivre les pirates qui infestoient les côtes ; il écrivit à Peking que tout étoit prêt. L'empereur répondit : « Votre prédécesseur » m'a dit qu'il n'y avoit plus de pirates, les frais » de l'armement seront pour votre compte. » Qu'arriva-t-il ! les galères restèrent là ; le Tsong-tou paya ce qu'il voulut, et les pirates existent encore. Le fait est que le Vice-roi précédent avoit fait réellement armer des galères ; mais les mandarins, au lieu d'aller attaquer les voleurs,

―――――――――――――――

*(a)* Premier ministre de Kien-long.

préférèrent de faire le commerce d'opium, et écrivirent à leur retour que tout étoit fini. J'ai vu moi-même une quarantaine de têtes, soi-disant de pirates, envoyées d'Haynan; ce devoit être là sans doute une preuve bien évidente de l'expédition : point du tout; la plupart de ces têtes appartenoient à des cadavres qu'on avoit déterrés. Passons à un autre fait.

Le Tsong-tou de Quanton est chargé d'aller au Tonquin pour en rétablir le prince détrôné ; il est surpris par les troupes du rebelle ; les Chinois sont taillés en pièces, et le vice-roi se sauve avec peine. Écrire à l'empereur qu'il a été battu, c'étoit exposer sa tête. Que fait-il ! il mande à Peking qu'il a transigé avec le rebelle, qu'il l'a proclamé roi, et que celui-ci se rend lui-même à la cour pour obtenir l'agrément de l'empereur. Ce simulacre de roi fut reçu par toute la Chine avec les honneurs dus à un souverain, tandis qu'il n'étoit qu'un très-petit officier du vainqueur, et que, retourné dans son pays, il rentra dans ses fonctions. Des personnes dignes de foi m'ont assuré l'avoir vu depuis.

Mais, me dira-t-on, peu importe que ce roi du Tonquin soit allé à Peking ou soit resté chez lui : que fait à la Chine la perte de quelques soldats ? c'est dans le régime intérieur que la bonté du gouvernement se fait admirer : c'est dans le temps des disettes qu'il faut voir la vive sollicitude de l'empereur pour la conservation de son peuple.

Les mauvaises récoltes arrivent malheureusement assez souvent à la Chine, soit qu'elles proviennent du vice de la culture, ou plutôt de la nature du grain qui y est cultivé le plus ordinairement. Dans ces temps de calamité, où l'homme ne connoît que le besoin, le Chinois se livre avec fureur à tous les excès qu'il lui inspire. Les vols, les brigandages, les meurtres, deviennent communs alors, et l'on voit même les hommes se manger les uns les autres. Il y a eu des exemples de cette dernière barbarie lorsque j'étois à la Chine.

Dans ces circonstances désastreuses, les mandarins envoient des mémoires à Peking. Les tribunaux les examinent avant de les présenter à l'empereur. Lorsque ces mémoires sont parvenus sous ses yeux, il ordonne aux grands de délibérer sur les moyens à employer pour soulager la misère des peuples. Les tribunaux s'assemblent et supplient l'empereur d'envoyer des hommes sages et désintéressés. L'empereur donne aussitôt un Chang-yu pour nommer tels ou tels mandarins. Cet édit, qui respire une bonté paternelle, s'imprime dans toutes les gazettes, pour faire voir aux Chinois la vigilance du chef de l'État; cependant les personnes désignées ne partent pas. Si l'on veut qu'elles fassent diligence, on leur fournit des chevaux de poste, et elles voyagent au compte du gouvernement. Si on ne leur en donne pas, il faut qu'elles marchent à leurs frais; alors elles demandent du temps pour se préparer : enfin, après avoir pris les ordres de sa majesté, elles sortent de Peking. Par-tout où le mal n'existe pas, elles reçoivent des applaudissemens ; mais ceux qui souffrent de la disette, ont le temps de mourir avant que le remède parvienne, et souvent il n'arrive que lorsque tout le monde a péri. Les commissaires de la cour, une fois rendus sur les lieux, visitent les greniers; s'ils se trouvent vides, ils cassent les mandarins et punissent les subalternes; mais tout cela ne donne pas de riz ; et pendant deux ou trois mois qu'on a différé d'en faire venir, un grand nombre d'habitans sont morts de faim et de misère.

L'usage à la Chine est de déposer dans les greniers publics une partie des grains provenant du tribut annuel. Cette précaution est louable ; mais ces greniers sont ou mal administrés, ou insuffisans. Le P. d'Entrecolles a bien raison de dire que les lois Chinoises sont bonnes, mais qu'il seroit à souhaiter qu'elles fussent mieux observées *(a)*. Un trait rapporté par M. Barrow fait connoître la

---

*(a)* Lettres édifiantes, *tome XV*, page 122.

manière dont les mandarins se conduisent et exécutent les générosités de l'empereur, et vient à l'appui de la réflexion du missionnaire.

Une inondation ayant submergé, en 1791, un village dans le Chan-tong, les habitans n'eurent que le temps de se sauver, et se trouvèrent réduits à la plus profonde misère. L'empereur s'étant rappelé qu'il avoit logé chez ces paysans, ordonna de les secourir d'une somme de cent mille taëls [750,000 liv.]. Cette somme sortit du trésor; mais le premier trésorier prit pour lui vingt mille taëls, le second dix mille, le troisième cinq mille, et ainsi de suite; de sorte qu'il ne revint à ces infortunés que la somme de vingt mille taëls [150,000 l.].

Ceci fait voir de quelle manière l'empereur vient au secours des peuples, et comment ses intentions généreuses sont remplies; mais s'il se montre compatissant dans certains cas, il ne faut pas conclure d'après cela, et d'après le style tendre et paternel de ses édits, qu'il est le père de ses sujets, car ce seroit tomber dans une grande erreur. Cette sollicitude apparente, les expressions ménagées qu'il emploie, sont uniquement pour la forme, et ce n'est qu'une marche adroite pour entretenir les Chinois dans la soumission. Quelques troubles s'élèvent-ils, et les disettes en occasionnent toujours, alors la sévérité est déployée, on tue, on massacre, et le gouvernement calcule froidement la nécessité de faire périr un grand nombre d'individus pour faire renaître le calme : en un mot, les Chinois sont conduits sévèrement, et s'ils ne se plaignent pas toujours, c'est qu'ils n'y gagneroient rien.

Les marchands sont méprisés ; les mandarins de Quanton traitent avec dureté les hannistes *(a)*, et ceux-ci paient pour ne pas être forcés de ramper. Si des gens riches sont aussi mal regardés, il est facile de conclure le traitement que peut attendre un homme du peuple qui est pauvre et sans appui.

Les Tartares, en s'emparant de la Chine, n'ont rien changé à la forme du gouvernement ; ils ont seulement partagé l'autorité en doublant les places, dont ils se sont réservé la moitié : aussi remplissent-ils tous les grands emplois militaires et une partie des offices civils. Ils sont généralement haïs des anciens habitans, et les empereurs actuels, quoique Tartares, déférant à ce sentiment national, traitent les mandarins Chinois avec bien plus de ménagement et d'indulgence que les mandarins Tartares. Mais, si les princes qui occupent présentement le trône, ont fait quelques innovations dans la forme du gouvernement, ils ont, en habiles politiques, maintenu les usages établis, et continué sur-tout à surveiller les examens,

---

*(a)* Marchands Chinois, qui traitent avec les Européens.

persuadés que, par ce moyen, ils consolideroient leur puissance. En effet, comme il faut généralement, pour parvenir aux emplois, obtenir des grades, l'espérance de devenir mandarin tient un grand nombre de Chinois dans la soumission et la dépendance. De plus, le choix d'un sujet sortant de la dernière classe, donne au peuple une haute opinion de son gouvernement, et lui fait croire qu'il sera plus ménagé par un tel magistrat que par tout autre. Il se trompe cependant : plus la condition d'un Chinois parvenu à la dignité de mandarin étoit obscure auparavant, et plus il croit la faire oublier, en traitant avec mépris ceux qui étoient ses égaux. Il s'imagine que la figure d'un oiseau ou d'un tigre, brodée sur le devant ou sur le dos de son habit, lui donne tous les genres de mérite ; il sollicite des places, devient gouverneur d'une ville, d'une province ; il parvient au poste éminent de Tsong-tou : alors, abusant de l'autorité que le prince lui a confiée, et s'abandonnant aux sentimens peu délicats qu'il puisa dans sa première éducation presque toujours vicieuse, il pille, vole et vexe les peuples, jusqu'à ce que l'empereur, instruit de ses excès, le casse, l'exile, et le fasse rentrer dans la foule d'où le hasard l'avoit fait sortir.

Le premier ordre des mandarins est celui des Colao, ou ministres d'État, des premiers présidens des cours et des principaux officiers militaires.

Le nombre des Colao n'est pas fixe, mais il ne surpasse pas cinq ou six.

Le conseil de l'empereur, appelé Nouy-yuen *[cour du dedans]*, est composé des Colao, des présidens des tribunaux et des secrétaires. Il décide des affaires du dedans et du dehors.

Outre ce conseil, il y en a un autre formé des Colao, des présidens des cours et de leurs assesseurs. Il y a dans Peking six cours souveraines ou tribunaux.

1.° Le Ly-pou, ou tribunal des mandarins, est chargé de tout ce qui les concerne ; il veille sur leur conduite et en rend compte.

2.° Le Ho-pou a le soin des pensions ; il veille sur les revenus, les impôts, l'agriculture, les monnoies, le sel, le transport des grains, la paye des employés et les secours accordés aux peuples.

3.° Le Ly-pou règle l'étiquette envers l'empereur, l'impératrice, les princes et les mandarins ; il veille aux cérémonies qui ont lieu dans les mariages et les enterremens ; il a l'inspection sur les rites religieux, sur la religion, sur les ambassades, sur les examens et les écoles.

4.° Le Ping-pou a soin de tout ce qui regarde la guerre, soit pour les réglemens et les ordonnances, soit pour les examens militaires : les postes sont de son ressort.

5.° Le Hing-pou a l'inspection sur les crimes, sur les délits, et sur le défrichement des terres.

6.° Le Kong-pou dirige les ouvrages publics, les canaux, les routes, les palais, les ponts ; il veille sur les manufactures, les mines de charbon : c'est lui qui paie les dépenses ou les provisions des autres tribunaux, et les armes et munitions demandées par le tribunal du Ping-pou.

Après ces six tribunaux il y a celui des princes, nommé Tsong-gin-fou. Ce tribunal règle le traitement des princes du sang ; il veille sur leur conduite, et toutes les affaires criminelles qui les concernent sont de son ressort : il a la surveillance des esclaves, des eunuques et des officiers de l'intérieur du palais.

Tous les princes descendans du fondateur en droite ligne, portent la ceinture jaune : ceux qui descendent de ses oncles et de ses frères, portent la ceinture rouge.

Les titres de principauté sont héréditaires et passent aux enfans ; il faut leur faire leur procès pour les en priver.

Tous les princes qui n'ont pas de principauté et qui ne sont pas pourvus d'emplois avec des revenus, reçoivent la haute-paye des soldats Tartares, et cent taëls [750 liv.] lorsqu'ils se marient. Ce traitement est foible ; aussi y a-t-il des princes fort misérables. Lorsqu'ils meurent, l'empereur fait donner à leur famille la même somme pour subvenir aux frais d'enterrement.

Chacun des six grands tribunaux a deux présidens et vingt-quatre conseillers, moitié Tartares et moitié Chinois. Aucun tribunal ne peut juger seul en dernier ressort, et a besoin du concours des autres : c'est ce qui empêche chacun d'eux de devenir trop puissant.

Outre ces six grands tribunaux, il y a le tribunal appelé Tou-tche-yuen, tribunal des Yu-tche *[censeurs publics]*. Ces censeurs ont, avec les premiers magistrats des tribunaux, le droit de faire des remontrances à l'empereur. Ce tribunal fournit des inspecteurs généraux appelés Ko-tao; chacun des six grands tribunaux en a un auprès de lui, qui examine et rend secrétement compte à l'empereur de ce qui s'y passe. Ce tribunal est aussi chargé d'envoyer, tous les trois ans, des visiteurs dans chaque province. Ces officiers, lorsqu'ils sont arrivés dans les lieux qui leur sont assignés, sont au-dessus de tous les mandarins; ils inspectent leur conduite; mais l'usage est de ne dénoncer que ceux dont les injustices sont trop criantes et trop visibles.

Le tribunal des Yu-tche envoie en outre des visiteurs secrets. Il fait partir tous les trois ans, pour toutes les provinces, les Hio-yuen ou mandarins chargés des examens, et nomme aussi
le

le Siuen-ho ou inspecteur du canal impérial : cette place est une des plus lucratives. Tous les mandarins qui composent ce tribunal des censeurs, ne sont que du septième ordre, mais ils jouissent d'une grande autorité.

Après le tribunal des Yu-tche, il y a celui nommé Jong-tching-fou, qui veille sur les soldats et les officiers de la cour; il a sous lui cinq tribunaux d'armes, appelés Ou-fou. Au-dessous de ces tribunaux il y en a encore un grand nombre d'autres particuliers, qui relèvent des six premières cours, ou du tribunal des Yu-tche.

C'est par ces tribunaux que l'empereur entend et voit, pour ainsi dire, tout ce qui se passe; mais c'est par les vice-rois qu'il gouverne et qu'il règne. Maître suprême, mais vigilant, méfiant et sévère, il inspecte, élève et abaisse les grands tour-à-tour, et c'est sur l'instabilité des places, et sur le desir qu'on a d'en obtenir qu'il fonde sa sûreté et celle de l'État. La politique des empereurs de la Chine est de faire dépendre tout d'eux-mêmes, de changer à leur gré les gens en place, d'entretenir une méfiance et une surveillance continuelles parmi les mandarins, de s'opposer à ce qu'ils ne deviennent trop riches ou trop puissans, et par conséquent de diviser sans cesse les richesses et le pouvoir, afin d'empêcher qu'il ne se forme dans l'État aucun corps capable de contre-balancer l'autorité du souverain, et de fomenter des factions ou des troubles. Sous un empereur despote, il en doit résulter, il est vrai, des abus de pouvoir, mais ces abus retombent plutôt sur les grands que sur le peuple. L'expérience prouve que les mouvemens populaires arrivent plus souvent sous les princes débonnaires et faciles, que sous ceux qui sont sévères, parce que les grands, sûrs de l'impunité avec les premiers, se portent à des excès qui révoltent les peuples.

Telle est la manière de gouverner à la Chine ; elle diffère de celle qu'on emploie en Europe, mais tous les hommes ne peuvent être conduits de même. Les opinions, les institutions impriment aux habitans de chaque pays un caractère différent, et il est impossible de régir des Asiatiques comme des Européens. Les abus qui existent dans le gouvernement chez les Chinois, tiennent sans doute à la disposition et au génie de ce peuple, et vouloir les réformer, seroit peut-être dangereux. Quoi qu'il en soit, il est facile de se convaincre, par ce que j'ai rapporté, que c'est à tort que certains écrivains ont avancé que la manière de gouverner à la Chine l'emporte sur celle des autres pays, que la législation y est parfaite, et que cet empire ne forme qu'une seule famille, dont l'empereur est comme le patriarche *(a)*.

---

*(a)* Raynal, *tome I, page 145*, et *tome VII, page 254*.

Une seule chose sur laquelle le gouvernement soit blâmable, et cependant excusable en même temps, c'est la défense de sortir du pays ; car en empêchant la sortie des hommes, c'est fermer une issue à la population surabondante, qui se trouve par-là forcée de se dévorer elle-même ; mais les Chinois ont prévu que l'émigration et la libre communication des peuples amèneroient des opinions étrangères, peut-être aussi des étrangers mêmes, et ils ont craint que leur admission ne devînt funeste à la tranquillité publique.

Depuis que la Chine subsiste, combien d'empires culbutés ! que de peuples anéantis et tombés dans l'oubli ! Si elle est encore intacte, elle le doit autant à sa manière de voir qu'à sa situation géographique. En permettant aux Européens de s'établir chez elle, son antique gouvernement crouleroit bientôt : le renversement du trône des Mogols et l'asservissement de l'Inde sont des exemples assez frappans.

## CLASSES DES CITOYENS.

Il n'y a point de noblesse à la Chine ; aucun état n'est fixe ni héréditaire. Un fils succède aux biens de son père, mais non à ses dignités. Les seuls descendans de la famille régnante ont le rang de princes ; ils possèdent des revenus, mais ils ne jouissent d'aucun pouvoir. On regarde comme nobles tous ceux qui sont ou qui ont été mandarins, et ceux qui ont obtenu quelques degrés. C'est encore un titre de noblesse que d'avoir reçu quelque marque d'honneur de l'empereur : ces titres s'accordent même aux ancêtres des personnes que le prince veut honorer, mais ne se transmettent pas aux enfans. Les fils du plus puissant mandarin, s'ils n'ont pas de talens, rentrent bientôt dans la classe ordinaire, d'autant plus que les biens du père, ne passant pas à un seul enfant, mais étant partagés entre tous les frères, les richesses diminuent en proportion du nombre des héritiers : aussi les familles ne subsistent pas long-temps dans le même état de splendeur.

La famille la plus ancienne est celle de Confucius ; c'est la seule qui jouisse d'un titre d'honneur qui passe au descendant direct.

Il y a sept classes de citoyens ; les mandarins, les militaires, les lettrés, les bonzes, les laboureurs, les ouvriers et les marchands. Tous les citoyens, lorsqu'ils ont les degrés nécessaires, peuvent parvenir aux emplois ordinaires ; mais il faut du talent, du crédit et des services pour en obtenir de plus importans.

Les mandarins de robe et d'épée sortent presque tous des trois dernières classes de citoyens. L'état de mandarin, soit civil, soit militaire, est le plus respecté ; tous les Chinois aspirent à le posséder, d'autant plus que celui qui en est revêtu jouit d'une portion d'autorité, et se trouve à même d'acquérir des biens et des honneurs.

Les lettrés sont des aspirans qui briguent les places, et font tous leurs efforts pour les obtenir ; car un lettré sans emploi est peu considéré. Les noms des lettrés sont inscrits au tribunal du Ly-pou ; c'est lui qui est chargé de la nomination de tous les mandarins, et qui instruit l'empereur lorsqu'il y a des places vacantes.

Les bonzes sont en grand nombre. La superstition étant générale à la Chine, ils savent en tirer parti ; aussi possèdent-ils des maisons, des terres et des fermes.

Les laboureurs sont nombreux : c'est la classe que le gouvernement protège le plus ; c'est elle aussi qui est la moins riche. Les Chinois, soit qu'ils cultivent leurs propres terres, soit qu'ils fassent valoir celles des autres, sont en général peu fortunés.

Les marchands sont peu considérés, et l'on méprise même ceux qui, sortant de leur patrie, s'exposent à toutes sortes de dangers pour aller commercer au loin. Nous ne devons pas nous étonner, après cela, si les Chinois n'ont pas une grande estime pour les marchands Européens qui fréquentent la Chine, puisque, les mettant sur la même ligne que leurs compatriotes qui vont chercher fortune hors de leur pays, ils les regardent à-peu-près comme des vagabonds. C'est d'après cette opinion que les Chinois préfèrent le laboureur au marchand : encore placent-ils avant ce dernier l'ouvrier et l'artisan.

Beaucoup d'auteurs ont écrit qu'à la Chine les enfans exercent le même métier que leurs pères : selon eux ils ne peuvent en changer. Il est de fait, au contraire, que les fils apprennent rarement le métier de leur père, et que ce n'est que la nécessité qui les y contraint. Aussitôt qu'un Chinois a de l'argent, il se livre au commerce ; et lorsqu'il est devenu plus riche, il achète quelque titre qui le mette à même d'obtenir de petits mandarinats, et de jouir plus tranquillement du bien qu'il a gagné ; car les marchands qui continuent leur profession après s'être enrichis, sont obligés de cacher leur fortune, dans la crainte d'éveiller l'avidité des mandarins, ou d'inspirer de l'ombrage au gouvernement, qui n'aime pas qu'on fasse parade de son opulence.

Les comédiens, ainsi que les ministres de débauche, sont réputés infames et inadmissibles aux examens pour être mandarins. L'empereur Kien-long a rendu une ordonnance, portant qu'il faudra trois générations pour effacer la tache d'avoir été comédien et pour pouvoir obtenir un grade civil. Les geoliers, les bourreaux sont mal vus, à cause de leur état; mais ils peuvent le quitter quand ils ont de quoi vivre.

Il existoit il y a quelques années une classe d'hommes appelés To-min, qu'on regardoit comme infames : ces gens se trouvoient dans la province de Tche-kiang, et particulièrement à Chao-hing, où ils vivoient dans une rue séparée, et ne pouvoient remplir que les métiers les plus vils. Ces To-min descendoient cependant des seigneurs qui vivoient lors de la destruction des Song par les Yuen, en 1279 après J. C. Mais l'empereur Yong-tching leur a rendu l'état civil par un édit portant qu'ils seroient traités et regardés à l'avenir comme les autres citoyens.

Les conducteurs des barques impériales, appelés Kan-kia, sont encore mal famés, parce que les gens qui sont employés à tirer ces bateaux, sont ordinairement des Chinois condamnés à l'exil pour quelque crime.

## *MANDARINS.*

LES mandarins sont changés tous les trois ans; aucun d'eux, excepté les militaires, ne peut posséder un emploi dans la province où il est né; il faut qu'il en soit éloigné de cinquante lieues, et ce n'est qu'à l'âge de soixante ans qu'il acquiert le droit d'en être plus rapproché.

Nul officier n'a la liberté de se marier dans la

province ou dans la ville qu'il gouverne. Tous les mandarins doivent quitter leurs places à la mort d'un père, d'une mère, d'un grand-père et d'une grand'mère.

Lorsqu'un mandarin obtient un poste supérieur dans une province où l'un de ses parens est employé, celui-ci est obligé d'avertir les tribunaux de Peking, qui le font passer ailleurs.

Le père et le fils, l'oncle et le petit-fils ne peuvent être dans le même tribunal. Un petit mandarin a tout pouvoir dans son district; mais il dépend d'autres mandarins plus élevés, qui eux-mêmes à leur tour sont subordonnés aux grands officiers de la province. Les mandarins doivent se surveiller les uns les autres, et rendre compte de la conduite de leurs inférieurs; ils sont même responsables des fautes que ceux-ci peuvent commettre; mais les inférieurs savent les tromper de toutes les manières. Quant aux grands officiers, s'ils s'accusent quelquefois entre eux, ce n'est que lorsqu'ils n'ont rien à craindre de ceux qu'ils cherchent à détruire.

Si un vol ou un assassinat est commis sans qu'on découvre l'auteur, le mandarin du district où s'est passé le crime est destitué.

Les mandarins travaillent de grand matin, et ne doivent prendre aucune nourriture avant d'avoir été au conseil.

Aucun d'eux n'est justiciable tant qu'il est en place, parce qu'il représente le souverain ; il faut qu'il soit cassé pour que la justice puisse avoir droit sur lui.

Ces réglemens prouvent assez les vues sages du gouvernement ; il a cherché tous les moyens de contenir les gens en place ; et, comme le dit très-bien un auteur, rien ne seroit comparable à l'ordre établi à la Chine, si les mandarins n'écoutoient pas autant leurs passions *(a)* ; mais il est si rare de voir un homme sortir de son emploi sans être devenu riche, que les Chinois regardent comme un phénix tout mandarin désintéressé même jusqu'à un certain point *(b)*. Enfin, c'est un proverbe en Chine, que l'empereur lâche autant de loups et de voleurs, qu'il crée de mandarins *(c)*.

Les mandarins, ainsi que je l'ai dit plus haut, sortent des trois dernières classes des citoyens, qui sont, les laboureurs, les artisans et les marchands ; cependant le peuple leur obéit aisément, et leur donne en parlant, les titres de Lao-ye *[seigneur]*, Ta-lao-ye *[grand seigneur]*, Ta-jin *[grand homme]*.

On ne parle aux mandarins qu'à genoux, à

---

*(a)* Duhalde, *tome II*, *page 37*.
*(b)* Missionnaires, *tome VIII*, *page 41*.
*(c)* Magalhens, *page 166*.

moins qu'on ne soit revêtu d'un office, ou qu'on ne jouisse d'un grade qui en dispense. L'appareil des magistrats en impose, mais plus encore la manière sévère dont un Chinois seroit puni s'il ne se retiroit pas à l'approche d'un mandarin, et s'il n'attendoit pas respectueusement, la tête droite et les bras pendans, que cet officier soit passé.

Lorsque les missionnaires *(a)* ont écrit que les grands craindroient de heurter un vendeur d'allumettes, ils ont un peu exagéré la politesse des mandarins. A la Chine, ce n'est pas le sentiment qui porte au respect, c'est la force et la crainte; le chemin des devoirs est marqué, quiconque s'en écarte, y est promptement ramené par le bambou.

Les mandarins ne paroissent jamais dans les lieux de leur juridiction, sans être accompagnés d'un cortége considérable, composé de tous les gens de leur tribunal; la marche est ouverte par deux Chinois, armés de deux bamboux longs et plats, servant à donner la bastonnade; ils crient de temps en temps, pour avertir de l'arrivée du mandarin, et sont suivis par deux autres hommes, qui, pour le même motif, battent sur un large bassin de cuivre : après eux viennent un certain nombre de bourreaux pourvus de chaînes, de fouets, de sabres; ensuite ceux qui portent les parasols, les

---

*(a)* Missionnaires, *tome VIII, page 218.*

étendards et les marques de dignité de l'officier public; quelques soldats à cheval précèdent le palanquin qui est porté par quatre hommes, et entouré des principaux domestiques; d'autres soldats mêlés de personnages tenant à la main les choses nécessaires au service du mandarin, terminent le cortége. Si c'est pendant la nuit que la marche a lieu, on porte des lanternes et l'on en suspend autour du palanquin. Le cortége d'un homme en place est quelquefois de plus de cent personnes; mais cette suite si nombreuse et si pompeuse en apparence, est peu de chose lorsqu'on l'examine de près. La pompe consiste dans le nombre des serviteurs, mais non dans leur belle tenue. La cour même de Peking n'a rien de magnifique. Excepté les personnes qui approchent d'un mandarin, tout le reste est fort mal habillé; souvent les parasols sont déchirés, et la soie qui les couvre au lieu d'être rouge, est presque jaune de vieillesse ou de saleté. La discipline et l'ordre ne sont pas mieux observés; car à peine le mandarin est-il sorti de son palanquin, que les cavaliers quittent leurs chevaux et se mettent à jouer par terre avec les autres soldats; les bourreaux, les estaffiers, les coupe-têtes en font autant; enfin, personne ne garde sa place. Mais, si la suite d'un mandarin n'est ni bien entretenue, ni bien habillée, elle est néanmoins nombreuse; et pour nourrir tout ce monde et fournir à mille autres frais, les appointemens que donne l'État ne suffisent pas, car les mandarins n'ont positivement que le juste nécessaire (a). Le gage le plus élevé, dit le P. Trigaut, ne monte pas à mille écus : ce taux est un peu foible; mais il est constant que les mandarins ne voleroient pas autant s'ils étoient mieux payés. Les injustices ne leur coûtent que la peine de les tenir secrètes, et ils ne manquent pas de tirer du peuple de quoi subvenir à toutes leurs dépenses.

Les officiers civils et militaires sont tous soldés sur les revenus de la province, dans les différens lieux où ils sont employés : ceux qui sont attachés au trésor, reçoivent en outre un droit sur les sommes qui leur passent par les mains.

### MANDARINS CIVILS.

Les Tsong-tou sont les premiers officiers qui régissent le peuple : leur juridiction s'étend sur une ou deux provinces ; on n'en compte que onze dans tout l'empire.

Le Fou-yuen est le gouverneur de la province.

Le Pou-tching-sse, est le grand trésorier, et grand juge civil. Ces trois grands officiers ne relèvent que des tribunaux de Peking. Dans les

---

(a) Missionnaires, *tome IV*, page 139.

provinces de Quang-tong et de Fo-kien, il y a un Hopou ou grand douanier, qui relève directement du tribunal des finances de la capitale de l'empire : le Hopou de Quanton n'est chargé que de l'inspection du commerce avec les Européens ; il marche après les premiers mandarins de la province. Les autres mandarins sont :

Le Ngan-cha-sse, premier juge criminel ;

Les Tao-ye, intendans de deux villes du premier ordre, chaque province étant partagée par districts ;

Le Tching-tchou-kao, président des examens : il vient de Peking tous les trois ans ;

Le Hio-yuen, inspecteur des écoles : il vient également de Peking, et fait deux examens dans trois ans ;

Le Yen-yuen, intendant du sel ;

Le Y-tchouen-tao, intendant des postes, des bâtimens et des bateaux ;

Le Pin-py-tao, inspecteur des troupes ;

Le Tun-tiao, intendant des chemins ;

Le Ho-tao, inspecteur des fleuves ;

Le Hay-tao, inspecteur des côtes de la mer ;

Le Tchy-fou, gouverneur des villes du premier ordre ;

Le Tchy-tcheou, gouverneur des villes du second ordre ;

Le Tchy-hien, gouverneur des villes du troisième ordre.

Lorsqu'on parle de ces trois dernières classes de mandarins, on ajoute le nom de la ville : par exemple, pour dire le gouverneur de Quanton, on dit, Quang-tchy-fou. Dans les grandes villes, comme à Quanton, il y a deux Tchy-hien, c'est-à-dire, que la ville et son territoire sont partagés en deux portions, dont chacune est gouvernée par un Tchy-hien. Cette dénomination a souvent trompé les étrangers, qui ne concevoient pas comment une ville du premier ordre pouvoit être, en même temps, une ville du troisième ordre. Peking, dont le nom est Chun-tien-fou, renferme deux Hien, l'un appelé Tay-tsing-hien, et l'autre Ouang-ping-hien.

La ville de Hang-tcheou-fou, dans le Tche-kiang, a deux Hien; savoir, Gin-to-hien, et Tsien-tang-hien.

Les villes ont en outre des sous-gouverneurs, nommés Eul-fou; des assesseurs, appelés Eul-ya; et plusieurs autres mandarins; savoir :

Le Nan-hay, chef de police, et ses assesseurs ou lieutenans de quartier;

Le Chouy-ko-tse, receveur des droits sur les boutiques des marchands;

Le Sse-yu, gardien des prisons;

Le Chouy-ta-che, douanier;

Le Kou-ta-che, inspecteur des magasins;

Le Y-tcheng, inspecteur des postes;

SUR LES CHINOIS. 463

Le Hio-tcheng, inspecteur des écoles.

Outre ces mandarins il y en a d'autres qui ont la direction du sel; chacun de ces mandarins a ses assesseurs, et les personnes nécessaires pour former son tribunal appelé en Chinois Ya-men. Tous ces officiers sont entièrement soumis à leurs supérieurs.

Les bourgs et les villages ont aussi de petits officiers chargés du soin d'y établir et d'y maintenir le bon ordre.

Le nombre des mandarins varie suivant les différens auteurs qui en ont parlé. Le P. Amiot met huit mille neuf cent soixante-cinq mandarins, dont mille huit cent soixante-deux supérieurs; M. Macartney porte le nombre de ceux-ci à mille neuf cent vingt-un, et ne parle pas des subalternes. D'autres écrivains en mettent neuf mille, et le P. du Halde treize-mille six cents; cette différence ne provient que de ce que ces auteurs ont compté tout ensemble, et n'ont point fait de distinction entre les grands et les petits officiers.

## MANDARINS MILITAIRES.

Il y a à Peking cinq tribunaux nommés Ou-fou, qui comprennent les cinq classes dans lesquelles sont rangés tous les mandarins militaires:

La 1.re Heou-fou [*arrière-garde*];

2.e Tso-fou [*aile gauche*];

La 3.ᵉ Yeou-fou *[aîle droite]* ;
4.ᵉ Tchong-fou *[corps du milieu]* ;
5.ᵉ Tsien-fou *[avant-garde]*.

Ces cinq classes, qui ont à leur tête un président et deux assesseurs toujours pris parmi les officiers les plus élevés, dépendent d'un tribunal suprême nommé Jong-tching-fou, dont le chef est un des plus grands seigneurs de l'empire; il a un mandarin de lettres pour adjoint, et deux assesseurs. Ce tribunal veille sur tous les officiers et soldats de la cour; mais dans les affaires importantes il dépend du tribunal nommé Ping-pou.

### *Mandarins Tartares.*

Le général Tartare se nomme Tsiang-kiun, et ses deux lieutenans Tou-tong. Viennent ensuite

Les Kou-chan *[colonels]* ;
Les Tsang-ling *[lieutenans-colonels de cavalerie]* ;
Les Fang-yu *[capitaines]* ;
Les Hiao-ky-kiao *[lieutenans]* ;

### *Mandarins Chinois.*

Le premier officier s'appelle Ty-tou; il commande toutes les troupes de la province.

Le lieutenant-général se nomme Tchong-kiun; sa place est au centre de l'armée.

Le Ty-tou a sous lui six Tsong-ping *[généraux]* ; des Fou-tsiang *[maréchaux-de-camp]* ; des Tsantsiang *[brigadiers]* ; des Yeou-ky *[colonels]* ; des Cheou-pey

Cheou-pey *[lieutenans-colonels]*, des Tsien-tsong *[capitaines]*, des Pa-tsong *[lieutenans]*, des Pe-tsong ou *centeniers*, qui commandent à cent soldats.

Le nombre des officiers militaires est de sept mille quatre cent dix-sept ; d'après les Anglois, il seroit de sept mille neuf cent soixante-cinq, ce qui ne diffère pas beaucoup. Le P. du Halde compte dix-huit mille mandarins de guerre ; mais il a compris dans ce calcul les bas-officiers commandant cent soldats.

## COSTUME DE L'EMPEREUR ET DES MANDARINS.

LA couleur jaune-clair est réservée pour l'empereur et ses fils ; ses parens même, et tous les mandarins ne portent que des habits violets.

Les grades déterminent les habits des mandarins, et personne ne se permet de porter un vêtement qui ne lui convient pas ; les femmes même des gens en place suivent cet usage, et leurs robes sont conformes au rang de leurs maris. Un particulier n'oseroit avoir sur son habit de la broderie en or, c'est le privilége des mandarins.

On n'a pas été tout-à-fait exact lorsqu'on a dit que les dragons brodés sur les robes de l'empereur et des mandarins ne différoient que dans le nombre des griffes. L'empereur, ses fils et les Régulos *[princes du premier ordre]* du 1.$^{er}$ et du 2.$^{e}$ rang,

portent des dragons à cinq griffes, nommés Long;
les Régulos du 3.ᵉ et du 4.ᵉ rang portent aussi
les mêmes dragons, avec quatre griffes; mais ceux
du 5.ᵉ rang, ainsi que tous les mandarins, portent,
au lieu de dragons, des espèces de serpens à quatre
griffes appelés Mang.

Les grands seigneurs et les mandarins se reconnoissent aux habits, à la plaque, à la ceinture et au bouton placé sur le sommet de leurs bonnets, qui sont de deux espèces, l'un d'hiver et l'autre d'été: le premier, garni de pelleteries, se prend au 15 ou vers le 25 de la neuvième lune [ milieu d'octobre ]; et le second, au 15 ou vers le 25 de la troisième lune [ milieu d'avril ].

Le bouton de cérémonie, pour le Bonnet de l'empereur, consiste dans trois perles, supportées chacune par un dragon d'or; ces trois dragons sont placés l'un au-dessus de l'autre, et ornés chacun de quatre perles, le tout surmonté d'une belle perle; ainsi cet ornement est composé de seize perles.

Le bonnet d'été a un bouton pareil, mais il est de plus orné par devant d'une figure d'or de Fo, entourée de quinze perles, et par derrière d'une broderie avec sept perles.

Les bonnets ordinaires d'hiver et d'été, n'ont qu'une seule perle pour bouton; quelquefois même le bouton est seulement formé par de petites gances de soie entrelacées.

L'habit de dessus de l'empereur a quatre cercles brodés avec des dragons à cinq griffes; deux de ces cercles sont sur les épaules, un sur la poitrine, et le quatrième sur le dos.

Son collier contient cent douze perles, dont quatre grosses, et divers autres ornemens composés de rubis, d'azur et de succin. L'empereur peut seul avoir un collier de perles; il se sert ordinairement d'un collier de corail; mais souvent il ne porte ni bouton, ni collier, non plus que ses fils et petits-fils; sa ceinture est jaune-clair, avec quatre cercles d'or ornés de rubis, de saphirs et de perles.

Le premier fils de l'empereur, appelé Hoang-tay-tse, porte sur son bonnet d'hiver et d'été, un bouton formé de trois dragons d'or, enrichis de treize perles et surmontés d'une plus grosse; mais le devant du bonnet d'été est orné d'une figure d'or de Fo, entourée de treize perles, et le derrière, d'une broderie avec six perles; son collier est de corail avec des ornemens de saphirs; sa ceinture est jaune-clair, avec quatre cercles d'or ornés de pierres d'azur et de perles.

Les autres fils de l'empereur, nommés Hoang-tse, ont le même bouton que le fils aîné, pour le bonnet d'hiver et d'été; mais le haut n'est terminé que par un rubis, et au lieu d'une figure de Fo, ils n'ont au bonnet d'été que cinq perles par devant, et quatre par derrière ; leurs colliers sont pareils à celui du fils aîné.

Les Tsin-vang, Régulos du premier rang, portent sur leurs bonnets d'hiver et d'été, deux dragons d'or ornés de neuf perles avec un bouton de rubis ; leur bonnet d'été est de plus orné par devant de cinq perles, et de quatre par derrière posées sur une fleur d'or ; leur habit est violet avec des dragons à cinq griffes.

Les Kiun-vang, Régulos du second rang, ont sur leur bonnet d'hiver, deux dragons d'or ornés de huit perles avec un rubis pour bouton ; leur bonnet d'été a quatre perles par devant, et trois par derrière ; leur habit est le même que celui des princes du premier rang.

Les Pey-le, Régulos du troisième rang, ont au bonnet d'hiver, deux dragons d'or ornés de sept perles avec un rubis pour bouton ; leur bonnet d'été porte trois perles sur le devant, et deux sur le derrière ; la plume de paon qui est attachée au haut du bonnet, et qui pend en arrière, a trois yeux ; leur collier est de pierre d'azur ; leur habit est violet avec un dragon à quatre griffes brodé au milieu d'un cercle placé sur la poitrine, et un pareil sur le dos.

Les Pey-tse, Régulos du quatrième rang, ont au bonnet d'hiver, deux dragons d'or ornés de six perles, et un bouton de rubis ; le bonnet d'été n'a que deux perles en avant et une derrière. La plume de paon a trois yeux, et leur habit est le même que celui des Pey-le.

Les Koue-kong, Régulos du cinquième rang, ont sur le bonnet d'hiver, deux dragons d'or ornés de cinq perles, avec un rubis pour bouton; le bonnet d'été n'a qu'une perle en avant, et une pierre verte en arrière. La plume de paon qu'ils portent a deux yeux; le bonnet ordinaire de tous ces Régulos, n'est surmonté que d'un simple rubis pour bouton; l'habit est violet avec une plaque carrée sur la poitrine et sur le dos; au milieu de ces plaques est un grand serpent à quatre griffes, appelé Mang.

Les Min-kong *(a)* portent sur le bonnet d'hiver et d'été, un bouton d'or travaillé, orné de quatre perles et surmonté d'un bouton de rubis. Leur bonnet ordinaire n'a qu'un bouton rond de corail; leur habit est violet et pareil à celui des Kouekong; leur collier est de corail avec des ornemens en azur, en or et en succin; ce collier sert pour les quatre ordres qui précèdent celui-ci, et pour les cinq qui le suivent.

Les Heou portent sur leur bonnet d'hiver et d'été, un bouton d'or travaillé, orné de trois perles et surmonté d'un rubis.

---

*(a)* Les Min-kong, les Heou et les Pe, sont des princes du second ordre.

Les Pe portent sur le bonnet d'hiver et d'été, un bouton d'or travaillé, orné de deux perles et surmonté d'un rubis. Les princes de ces trois classes ont le même habit, et le même bouton pour le bonnet ordinaire.

### COSTUME DES MANDARINS.

On compte neuf ordres de mandarins, distingués par le bouton, la plaque et la ceinture. Il y a deux sortes de boutons dans chaque ordre, l'un rond, et l'autre oblong taillé en aiguille à pans ; mais je n'ai vu porter ce dernier qu'une seule fois.

*Premier ordre.*

Ces mandarins portent en cérémonie un bonnet avec un bouton d'or travaillé, orné d'une perle et surmonté d'un bouton oblong de rubis, *rouge transparent.*

Leur habit est violet avec une plaque carrée sur la poitrine, et une autre sur le dos, dans lesquelles il y a en broderie une figure de Ho [*pélican*].

Leur ceinture est ornée de quatre pierres d'Yuche [*agate*], enrichies de rubis.

Les officiers militaires du même ordre portent les mêmes décorations, mais la broderie des deux plaques est différente, c'est un Ky-lin [*animal fabuleux des Chinois*].

### Second ordre.

Le bonnet de cérémonie porte un bouton d'or travaillé, orné d'un petit rubis surmonté d'un bouton de corail travaillé, *rouge opaque*.

Le bonnet ordinaire n'a qu'un bouton rond de corail travaillé; l'habit est violet, les plaques ont en broderie un Kin-ky *[poule dorée]*.

La ceinture est ornée de quatre plaques d'or travaillées et ornées de rubis.

Les officiers militaires portent les mêmes décorations; ils ont dans la plaque un Su *[lion]*.

### Troisième ordre.

Le bonnet de cérémonie porte un bouton d'or travaillé, orné d'un petit rubis surmonté d'un bouton de saphir, *bleu transparent*. La plume de paon n'a qu'un œil.

Le bonnet ordinaire n'a qu'un simple bouton rond de saphir.

L'habit est violet, les plaques ont en broderie un Kong-tsio *[paon]*.

La ceinture est ornée de quatre plaques d'or travaillées.

Les officiers militaires portent les mêmes décorations; la figure de la plaque est un Pao *[panthère à taches rondes]*.

### Quatrième ordre.

Le bonnet de cérémonie porte un bouton d'or

travaillé, orné d'un petit saphir surmonté d'un bouton de pierre d'azur, *bleu opaque.*

Le bonnet ordinaire n'a qu'un bouton rond de pierre bleue opaque.

L'habit est violet, les plaques ont en broderie un Yen *[grue].*

La ceinture est ornée de quatre plaques d'or travaillées, avec un bouton d'argent.

Les officiers militaires ont les mêmes décorations; mais la figure de la plaque est un Hou *[tigre].*

### *Cinquième ordre.*

Le bouton du bonnet de cérémonie est d'or travaillé, orné d'un petit saphir surmonté d'un bouton de cristal de roche, *blanc transparent;* le bouton ordinaire est rond et de cristal.

L'habit est violet; sur la plaque est brodé un Pe-hien *[faisan blanc].*

La ceinture est ornée de quatre plaques d'or unies, avec un bouton d'argent.

Les officiers militaires portent les mêmes décorations, et dans la plaque un Hiong *[ours].*

### *Sixième ordre.*

Le bonnet de cérémonie porte un bouton d'or travaillé, orné d'un petit saphir surmonté d'un bouton fait d'une coquille marine, *blanc opaque;* la plume pour cet ordre n'est pas une plume de paon, mais une plume bleue.

Le bonnet ordinaire n'a qu'un bouton rond, blanc opaque.

L'habit est violet ; la broderie des plaques est un Lu-su *[cigogne]*.

La ceinture est ornée de quatre plaques rondes d'écaille, avec un bouton d'argent.

Les officiers militaires portent les mêmes décorations ; la broderie des plaques est un Pien *[petit tigre]*.

### Septième ordre.

Le bonnet de cérémonie porte un bouton d'or travaillé, orné d'un petit cristal surmonté d'un bouton d'or uni ; le bouton ordinaire est aussi d'or, mais sans ornement.

L'habit est violet ; la broderie de la plaque représente un Ky-chy *[perdrix]*.

La ceinture a quatre plaques rondes d'argent.

Les officiers militaires ont les mêmes décorations, excepté que la figure brodée de la plaque représente un Sy *[rhinocéros]*.

### Huitième ordre.

Le bonnet de cérémonie porte un bouton d'or travaillé, surmonté d'un bouton d'or également travaillé ; le bouton ordinaire n'est formé que d'un seul bouton d'or travaillé.

L'habit est violet, avec la figure d'un Ngan-chun *[caille]*, brodée dans la plaque.

La ceinture a quatre plaques faites de corne de belier, avec un bouton d'argent.

Les officiers militaires ont les mêmes décorations; la figure brodée de leur plaque est la même que celle du septième ordre.

*Neuvième ordre.*

Le bonnet de cérémonie porte un bouton d'or travaillé, surmonté d'un bouton d'argent travaillé; le bouton ordinaire est d'argent travaillé.

L'habit est violet; la figure brodée de la plaque représente un Tsio [ *moineau* ].

La ceinture est ornée de quatre plaques faites de corne noire, avec un bouton d'argent.

Les officiers militaires prennent les mêmes décorations; la figure brodée de leur plaque est un Hay-ma [ *cheval marin* ].

Après les mandarins, les Chinois qui ont obtenu des grades dans les examens, soit civils, soit militaires, portent aussi une marque distinctive.

Les Tsin-tse ou docteurs, portent sur le bonnet un bouton d'or travaillé, surmonté de trois rameaux d'or à neuf feuilles; le bouton ordinaire est le même que celui des mandarins du septième ordre.

Les Kiu-jin portent un bouton d'argent travaillé, surmonté d'une figure d'oiseau en or; le bouton ordinaire est composé d'un bouton rond, d'or uni, posé sur une base d'argent; l'habit est gros bleu, bordé de bleu céleste ; la ceinture est celle des mandarins du huitième ordre.

Les Kien-seng portent un bouton d'argent uni, surmonté d'une figure d'oiseau en or ; l'habit et la ceinture sont les mêmes que ceux des Kiu-jin.

Les Seng-yuen, que les missionnaires appellent Sieou-tsay, portent un bouton d'argent, surmonté d'une figure d'oiseau en argent ; le bouton ordinaire est rond, il est d'argent et uni ; l'habit est bleu céleste, bordé de bleu plus foncé ; la ceinture est celle des mandarins du neuvième ordre.

Le bonnet des mandarins est toujours recouvert d'une houpe rouge ; les officiers du Ly-pou que nous vîmes au palais à Peking, au lieu de l'avoir de poil uni et droit, la portoient de poil crépu.

La plume de paon est, comme on l'a déjà vu, une distinction accordée par l'empereur, et reçue de sa main.

Le collier appelé Chao-tchu, sert à distinguer les grands mandarins ; il est composé de cent huit grains partagés en quatre divisions par quatre gros grains ; ceux d'en bas sont un peu plus forts que ceux d'en haut. La plaque brodée que les mandarins portent sur la poitrine et sur le dos, représente dans le haut des nuages, et dans le bas de la terre sur laquelle pose l'animal.

Le jaune étant une marque de distinction réservée à l'empereur, les habits de ses gens, et ses voitures sont de cette même couleur. Les premiers ministres et les grands seigneurs se servent de palanquins couverts en drap vert ( n.º 42 ). Cette couleur est rarement employée, sur-tout dans les provinces, et je n'ai vu qu'un seul grand mandarin de Quanton se servir d'un palanquin de drap vert; mais peut-être n'auroit-il pas osé le faire dans la capitale. L'empereur peut employer le nombre de porteurs qui lui plaît; nous l'avons vu porté par huit, par seize et par trente-deux hommes. Les premiers mandarins se font porter par huit hommes, et les mandarins inférieurs par quatre. Les particuliers n'oseroient aller en palanquin avec ce nombre de porteurs; ils ne peuvent en employer que deux; leurs chaises même ont une forme différente, elles sont moins carrées, plus hautes et plus étroites ( n.º 20 ).

FIN DU TOME SECOND.

IMPRIMÉ

Par les soins de J. J. MARCEL, Directeur général de l'Imprimerie impériale, et Membre de la Légion d'honneur.

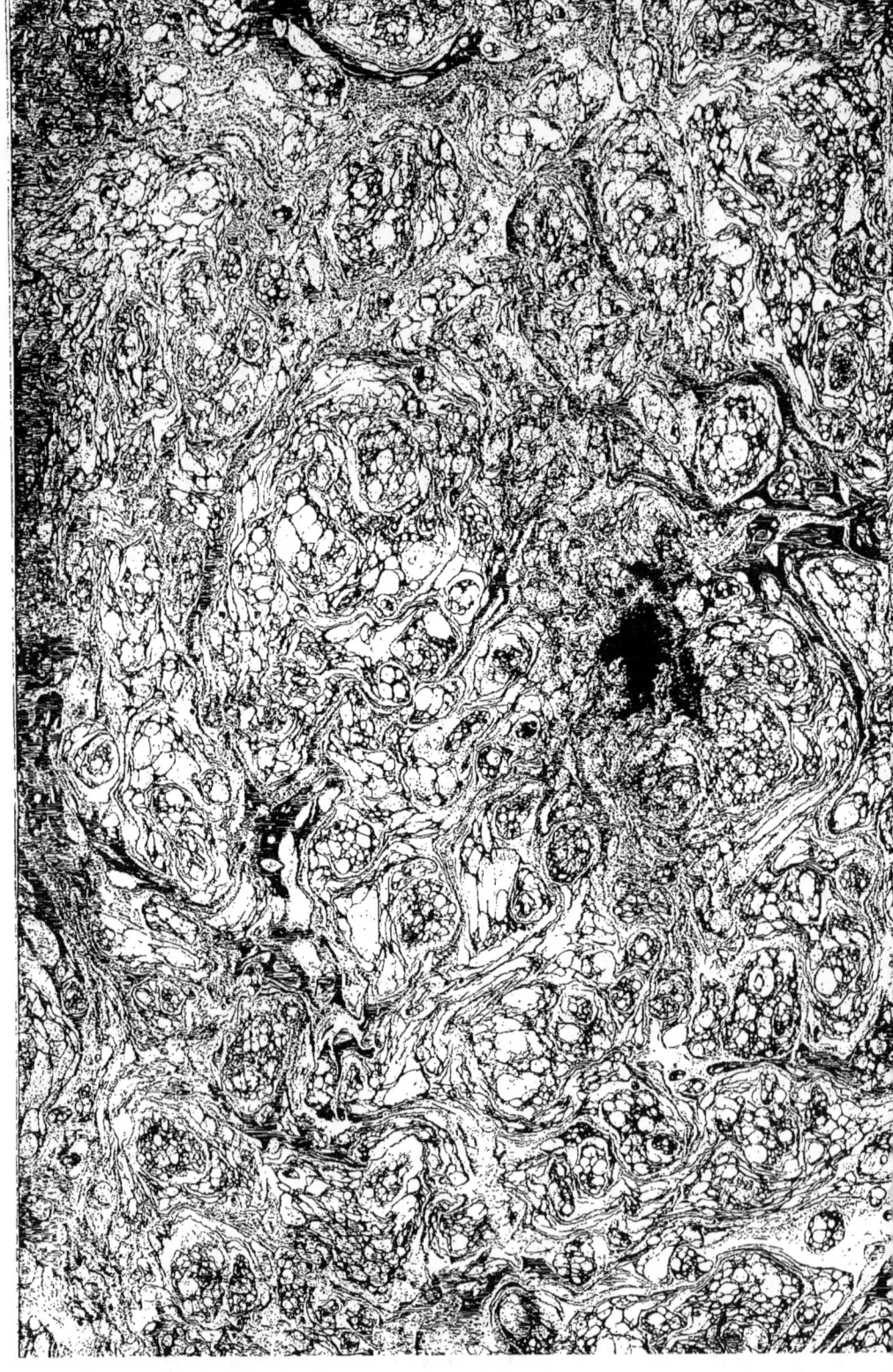

www.ingramcontent.com/pod-product-compliance
Lightning Source LLC
Chambersburg PA
CBHW050236230426
43664CB00012B/1724